전 세대와 소통하는
선교적 교회 교육

가정교회마을연구소 · 총회한국교회연구원 '마을목회' ⑫

전 세대와 소통하는 선교적 교회 교육

2022년 3월 7일 처음 펴냄

기   획 | 총회한국교회연구원
지은이 | 고성휘 김경숙 김도일 반광준 심경미 양승준
         이승훈 조은하 한경호 한국일 황인성
책임편집 | 김도일
펴낸이 | 김영호
펴낸곳 | 도서출판 동연
등   록 | 제1-1383호(1992년 6월 12일)
주   소 | 서울시 마포구 월드컵로 163-3
전   화 | (02) 335-2630
팩   스 | (02) 335-2640
이메일 | yh4321@gmail.com
블로그 | https://blog.naver.com/dong-yeon-press

Copyright ⓒ 가정교회마을연구소 · 총회한국교회연구원, 2022

ISBN 978-89-6447-766-3 04230
ISBN 978-89-6447-765-6 (마을목회 시리즈)

가정교회마을연구소·총회한국교회연구원 '마을목회' ㉒

전 세대와 소통하는
선교적 교회 교육

고성휘 김경숙 김도일 반광준 심경미 양승준
이승훈 조은하 한경호 한국일 황인성 **함께 씀**

김도일 **책임편집**

동연

Research Center of PCK Maeul-ministry Series 22

Educating All Generations with Missional Ecclesiology

Written by

Doil Kim, Seung-Joon Yang, Kwang Jun Ban, Seonghwi Ko, Eunha Cho,

Kuk Il Han, Kyeongho Han, Kyungsook Kim, Kyungmi Shim,

Insung Hwang, Sung Hun Lee

Doil Kim, editor-in-chief

Family Church Maeul Research Center

Research Center of Presbyterian Church of Korea

2022. 3. 7.

Dong Yeon Press

책을 펴내며

마을목회 시리즈 22번째 책으로『선교적 교회 교육』을 출간하게 된 것을 축하드립니다. 기독교교육 학자인 김도일 교수와 조은하 교수, 선교신학자인 한국일 교수가 공동소장으로 있는 '가정교회마을연구소'가 주관하여 오늘의 시대에 필요한 좋은 책을 만들어 주셨다고 생각합니다. 선교적 교회(missional church)론은 마을목회와 긴히 연결된 개념으로 서양의 선교학자들이 제기한 바 있는데, 요즈음 우리 한국교회가 말하는 '마을목회'와 통하는 점이 적지 않습니다. 선교적 교회론은 우리의 교회가 교회 안으로 폐쇄되는 것이 아니라, 마을을 향하여 나가야 함을 강조합니다. 지역의 주민들을 적극적으로 만나고 그들과 소통하려고 노력함을 통해 오늘의 상황 속에서 공동적 목표를 발견하고 그것을 민주적 과정을 통해 수렴하여 실천하려는 노력이 필요하다는 것입니다. 이 책은 이런 하나님의 선교로서의 세상을 품는 노력을 위한 기독교교육의 역할에 대해 설명하고, 마을목회를 실현 가능케 한다고 봅니다. 이 같은 기독교교육적 성찰과 구체적인 노력이 우리의 교회를 더욱 교회답게 하는 일에 일조하기를 마음 깊이 소망합니다.

채영남 목사
(본향교회 담임목사, 총회한국교회연구원 이사장)

이제까지 선교적 교회는 주로 당위론 차원에서 다루어져 왔을 뿐 이것이 각각의 세대가 경험하고 있는 삶의 현실에서 어떻게 가르쳐지고 적용되어야 하는지에 대해서는 충분한 논의가 이루어지지 못했습니다. 이 책은 바로 이러한 문제에 대해서 답을 주고 있다고 생각합니다. 그것도 원론적인 차원에서의 제안이 아니라 구체적인 사역 현장의 경험 속에서 도출해 낸 원리와 방법들을 제시하고 있어 매우 실제적입니다. 한국교회의 위기 극복과 미래 준비를 위해『선교적 교회 교육』을 반드시 일독하기를 권합니다.

안광수

(수원성교회 담임목사, 가정교회마을연구소 이사장)

이 책에 담긴 11편의 글들은 준비할 겨를도 없이 닥쳐온 코로나 뉴노멀 시대의 파도 앞에 바른 목회, 건강한 목회 세우기를 고민하며 비대면 시대의 새로운 목회와 교회를 상상해야 하는 신학과 현장에 시의적절한 통찰과 실제를 안내하는 내비게이션의 모음이라고 느낍니다. 한국교회로 하여금 교회 안의 전 연령, 전 세대와 함께 경계를 넘어 세상과 이웃을 향하여 '모이는 교회를 넘어 흩어지는 교회로', '성 쌓는 교회가 아니라 길 닦는 교회로', '성장하는 교회가 아니라 부흥하는 교회'로 나아가기 위한 '선교적 교회 교육'의 방향과 내용을 한눈에 볼 수 있는 책으로 코로나의 광풍 앞에 서 있는 목회 현장의 모든 이들에게 필독과 활용을 권하며 추천합니다.

정재영

(실천신학대학원대학교 종교사회학 교수)

『선교적 교회 교육』은 우리에게 가장 중요한 세 개의 키워드를 제시합니다. '소통', '선교', '교육'이 그것입니다. 교회는 21세기에 접어들면서 커다란 변화를 경험하던 중 코로나 사태가 가져온 광폭한 도전으로 총체적 위기 앞에 서 있습니다. 비대면 소통, 방향 잃은 선교, 영성 없는 교육은 교회의 미래를 암울하게 합니다. 교회는 교육과 선교를 통해 하나님 나라 비전을 전하고 살아내면서 세대를 잇는 공동체입니다. 교육과 선교의 위기는 교회 생태계의 황폐화를 초래합니다. 교육과 선교 분야에서 이런 위기 상황을 주시해 온 11명 공저자는 전 세대와 소통하는 선교적 교회론을 제시함으로써 건강한 교회 담론을 펼칩니다. 다음 세대 교회공동체를 진지하게 숙고하는 독자라면 이 책을 필히 읽기를 추천합니다.

김홍선

(안산명성감리교회 담임목사)

총회한국교회연구원에서는 이 책을 포함하여 '마을목회'(Maeul Ministry)에 관한 22번째의 책들을 출간한 바 있습니다. 최근엔 21번째 책으로 『코로나19 팬데믹 시대의 마을목회와 교회 건물의 공공성』이란 책을 편집하였습니다. 이런 작업들을 하며 이 책의 필진들 가운데 한국일 교수님, 김도일 교수님, 한경호 목사님 등과 여러 번의 작업을 같이하기도 했습니다. 우리 교단을 중심으로 그간 벌였던

'마을목회' 운동은 이제 본 교단뿐 아니라, 한국의 전 교단에서 관심을 갖는 주제가 되었습니다. 어제도 감리교 목사님이 연구원에 찾아와 이에 대한 의견을 나누었으며, 우리 연구원에서 나온 책 몇 권을 드리기도 하였습니다. 특히 이 책은 선교적 교회론으로서의 '마을목회'를 전 세대에 어떻게 교육할 것인가를 질문하는 책입니다. 저도 '마을목회' 운동을 하며 가장 중요한 것이 교육이라는 생각을 하곤 합니다. 교육을 통해 사적인 삶의 모습들을 보다 공동체적 삶의 모습으로 변화시키며, 마을을 행복하게 하는 방법들에 대해 차분히 배우지 않고서는 이런 운동을 실행하기 쉽지 않기 때문입니다. 이 책은 청소년, 청년, 노년, 싱글들을 포함한 전 세대를 위한 선교적 교회교육 방안에 대해 설명합니다. 이 책이 제시하는 바 각 세대에 적절한 기독교교육의 길을 배움으로써 우리의 '마을목회'가 더 왕성하여지길 기대하며 추천의 글에 갈음합니다.

이상명

(미주장로회신학대학교 총장)

요즘 우리는 기후변화, 생태계 파괴, 자연재해 등의 표현을 자주 듣습니다. 뜻하지 않은 환경의 변화로 전 세계가 신음하는 가운데 설상가상 코로나19가 나타나 벌써 3년째 우리의 삶을 전방위적으로 괴롭히고 있습니다. 여기저기서 깊은 한숨과 절망의 소리가 나옵니다. 하지만 진실한 그리스도인이라면 이런 위기 속에서도 우리가 무엇을 해야 하는지를 생각하게 됩니다. 특히 팬데믹 이후의 시대를 바라보며 그리스도의 몸 된 교회가 어떻게 세상과 소통하고 세상을 섬기며 복음으로 세상을 변화시킬 것인가를 고민해야 합니다. 이 책에서는 선교적 교회론을 우리가 당면한 위기 상황에 재조명하면서 각 연령층에 필요한 방향을 제시하고 있습니다. 청소년 세대부터 노년 세대에 이르기까지 모든 세대를 아우르며 각 세대에 필요한 내용을 다루고 있다는 점에서 큰 도움이 됩니다. 『선교적 교회 교육』은 팬데믹으로 지쳐 있는 한국교회와 해외 한인교회에 필요한 소망과 신선한 도전이 될 것으로 믿습니다.

송민호

(토론토영락교회 담임목사)

오늘의 한국교회는 큰 위기에 처해 있습니다. 교회는 사회로부터 외면당하고 있고, 젊은이들도 점점 교회를 떠나가고 있습니다. 교회학교에 아이들이 없어 교회학교가 문을 닫는 경우도 늘어가고 있는 실정입니다. 교회는 건물도 아니고 조직도 아닙니다. 하나님의 부르심을 받은 거룩한 하나님의 사람들이 모인 공동체가 바로 교회입니다. 이 신앙 공동체가 세상의 빛이 되고 소금이 될 때 교회는 비로소 세상의 신뢰를 받게 되고 하나님의 선교 도구로 쓰임 받게 될 것입니다. 이러한 선교적 교회론을 어른들만이 아닌 전 세대와 나누고 소통하면서 한국교회를 다시 한번 일으켜 세우는 것은 이 시대에 우리에게 주어진 가장 큰 사명이라고 생각합니다. 이러한 때에 『선교적 교회 교육』이 세상에 나오게 된 것을 진심으로 기뻐하며 저자들의 통찰과 경험적 지식이 많은 이들에게 나눠지기를 소망합니다.

노영상 목사

(총회한국교회연구원 원장)

머 리 말

　"…인자가 올 때에 세상에서 믿음을 보겠느냐"(눅 18:8)는 말씀이 요즘처럼 실감 나게 느껴지는 때가 없는 것 같습니다. 한국뿐 아니라 지구적으로 기독교와 교회는 사회 속에서 이전의 영향력을 잃어버리고, 세속화의 물결 속에 함몰되어 가고 있는 모습을 부인하기 어렵습니다. 신자유주의의 파도 속에서 수많은 나라의 사람들이 신음하고 양극화현상이 뚜렷한 것을 두 눈으로 보면서도 예언자적 역할을 하지 못하는 무기력한 교회의 모습에 무한한 책임을 느낍니다. 한국교회는 한국 사회가 경제적으로 성장하고 문화가 발전함과 결을 같이 하여 장족의 발전을 이룩한 것이 사실이고, 실제 수많은 젊은이가 복음을 받아들이고 성령의 기름 부으심을 받아 목사, 선교사도 되고, 활발한 성도로 세움을 받았던 것이 사실입니다. 그러나 너무 풍족해지고 부족한 것이 없어져서 그런 것인지, 아니면 형식적인 교회 생활에 젖어 들어서 그런 것인지 오늘날에는 명목상의 그리스도인들이 눈에 띄게 많아졌고, 매스컴에서는 너무도 자주 목회자의 일탈과 낯 뜨거운 범죄 소식까지 쉬지 않고 터져 나오는 지경에 이르게 되었습니다. 물론 여전히 순수함과 열정을 지닌 사역자들과 교우들이 많은 것이 사실이지만 분명, 이 시대는 불신의 시대입니다. 이 불신은 신학과 실천의 부조화 문제가 야기한 것이라고 생각합니다.

　다음 세대를 품지 못하는 교회의 무능함, 물질문명에 빠져 버린 기독교인들, 성경을 읽고 묵상하여 실천적 삶을 추구하기보다는 실천 없는 사변적 그리스도인들이 많아진 것 같습니다. 무엇보다 요즘은 교회를 아예 등한시 내지는 적대시하는 가나안 비성도가 많아졌음을 피부로 느낍니다. 코로나19가 우리를 위협하며 마스크와 거리두기가 절실하던 때에 소위 사회적 거리두기(Social Distancing)를 강조하는 사회적 유행어가 이제는 실제의 삶에서와 신앙적 담론에서 빠지지 않는 요소가 되어 버렸습니다. 사회적 거리두기라는 용어는 사실 어폐가 있습니다. 사회적이라 함은 공동체를 염두에 두고 사용하던 용어인데 이와 정반대되는 거리두기가 복합적으로 사용되다 보니 이제는 공동체 형성이 매우 어렵게 되는 지경에 이르지 않을까 걱정도 됩니다. 코로나19로 인하여 우울증에 빠지는 코로나블루 시대 현상이 심화되다 보니 이제는 코로나 블랙, 즉 포기 상태에 빠지는 이가 많아졌다는 보고는 우리로 많은 생각을 하게 합니다. 이 사회는 이미 위험사회가 되었고, 바이러스뿐만 아니라 우리 곁에 아주 가까이 온 기후 위기를 넘어선 기후 전쟁 내지는 기후 대란의 생태적 공멸의 시대를 말하는 시대가 되었습니다. 탄소제로를 2030년까지 실현하지 않으면 이제 지구는 이 우주에서 생물이 살기 어렵게 될 것입니다. 요즘은 북극 빙하를 인근에 두고 있는 알래스카의 기온이 섭씨 20도인 날이 잦아진 현실이 되었습니다. 결과는 치명적입니다. 얼음이 다 녹으면 지구의 반이 넘는 바다의 수온이 올라가고, 온갖 자연재해는 일상이 되어 버릴 것입니다. 선진국이 되어 버린 대한민국도 이 지구 온난화에 큰 역할을 했습니다. 많이 벌고 풍족하게 사는 것이, 다가 아닙니다. 이는 교회도 마찬가지입니다. 건강한 교회가 되어야 하나님을 모르는 이들도 교회를 귀하게 여길 것입니다. 여기까지를 생각해 보면 우리에게 소망이란 전혀 없어 보입니다.

그러나 여전히 교회는 세상의 소망입니다. 교회는 모든 피조물의 생명의 근원이신 예수 그리스도의 몸이기 때문입니다. 그리스도의 몸인 교회의 성장은 늘 성숙을 동반하는 것이어야 합니다. 무엇보다 사회 전반과 다음 세대가 자랑스럽게 여기는 교회가 되어야 합니다. 존경과 신뢰의 회복은 믿는 사람 각자가 가정에서, 마을에서 그리고 마을이라는 지역사회에서 자신의 역할을 충실하게 하고, 나보다는 다른 이들을 위하고, 사회를 위해 헌신하고 봉사하는 일에 매진해야 일어날 것입니다. 하나님이 예수 그리스도를 통하여 우리 모두를 불쌍히 여기셔서 구원의 복음을 들려주고, 당신이 친히 십자가에 달리셔서 누구든지 저를 믿는 자마다 하나님의 자녀가 되는 권세를 주신 이유는 우리 삶에 생명의 풍성함을 주시기 위함을 잊지 말아야 할 것입니다(요 10:10).

선교적 교회론은 레슬리 뉴비긴과 학자들을 통해 서양에서 시작되었으나 결코 서양의 것이 아니며, 이 분야를 공부하는 몇 학자들이나 교회의 현재와 미래를 걱정하는 몇 어른들만의 전유물이 아닙니다. 더욱이 선교적 교회론을 근간으로 하는 마을목회는 결코 목회의 수단이 되어서는 안 될 것입니다. 어려움에 빠진 이웃이 어느 때보다 많은 이때 선교적 교회론을 실천하는 마을목회가 우리의 삶이 되어 돌봄 사역이 일상화되기를 간절히 소망합니다. 미션얼의 근본이신 하나님의 정신을 이어받아 지역 교회가 존재하는 그곳의 모든 피조물을 사랑하고 섬기며 조화롭게 존재하면서 마을을 섬기는 것이 마을목회의 정신입니다. 하나님의 백성인 교회는 오늘이나 내일이나 굳건히 세워지고 성장하고 성숙하여 가정과 지역 교회와 마을 그리고 사회와 지구촌을 살려야 할 것입니다. 선교적 교회는 전통적 교회와 어떻게 다른지와 무엇을 극복해야 하는지에 대한 자세하고 친절한 설명은 송민호 목사의 『선교적 교회로 가는 길』(나눔사)을 참고하기를 권합니다.

　선교는 교육 없이 바로 설 수 없고, 교육은 선교 없이는 시작조차 될 수 없습니다. 그러기에 이 책은 기독교교육학과 선교학 간 협력(collaboration) 사역의 열매라고 볼 수 있습니다. 이 책을 위하여 열한 명의 학자들과 실천가들이 적어도 일 년 이상을 함께 공부하고 연구하며 심혈을 기울여 왔고, 다분히 경험적인 선교적 교회 교육의 결과물을 이제 세상에 내어놓습니다. 10~20세대, 20~30세대, 40~50세대, 60세대, 은퇴 후 세대 그리고 싱글 세대까지를 다루었습니다. 각 분야에 대한 집요한 관심과 애정을 가진 이들이 이 작업에 동참하였습니다. 진지하고 겸허한 자세로 온라인으로 여러 번 만나 함께 상의하고 공부하면서 사역 현장의 필요에 귀를 기울이는 가운데 이 글을 썼습니다. 그럼에도 불구하고 부족한 점이 많이 있겠으나 가정교회마을연구소의 선택과 집중을 통한 연구물임을 밝힙니다. 함께 해 주신 열한 명의 저자들께 감사드리고, 출판을 위해 협조해 주신 총회한국교회연구원에도 진심 어린 감사를 드립니다. 하나님께서 우리 한국교회를 불쌍히 여겨 주시고, 모든 것을 아끼지 않고 내어 주신 그리스도의 희생을 본받아 새롭게 거듭나기를 소망합니다. 부디 생명력이 넘쳐나는 계절이 다시 돌아오기를 기도하며 『선교적 교회 교육』이 그 일에 다소나마 일조하기를 바랍니다.

　2022년 봄의 문턱에서 안타까움과 소망을 갖고…

책임편집자 김도일

차 례

··

전 세대와 소통하는 선교적 교회를 위한 기독교교육

― 현대 사회의 변화와 위기 상황 대응을 위한 선교적 교회론 교육의 필요성과 기독교교육적 함의

김도일*

I. 들어가는 말

선교적 교회론(Missional Ecclesiology)은 하나님이 온 피조 세계 (οἰκουμένη)의 주인이시며, 죄로 죽을 수밖에 없는 인류를 위해 독생 자 예수님을 십자가에 내어 주시기까지 사랑하시어 구원해 주신 하 나님 백성의 무리인 교회가 신앙 공동체로서 선교하시는 하나님의 뜻을 따라 선교적으로 사는 것이 매우 지당하다는 의미를 담은 교회 론이다. 선교적 교회론은 교회 안의 삶과 교회 밖 삶의 조화와 통합 을 강조한다. 그러므로 교회의 담을 넘어 길을 닦고, 예수님처럼 마 을로 나가 사람들을 섬기고 사랑할 수 있도록 가정에서 시작하여 교회와 마을이라는 삶의 현장에서 선교적 삶을 가르칠 것을 명한

---

* 장로회신학대학교 기독교교육학 교수. 가정·교회·마을연구소 공동소장.

신명기 6장 4-9절의 쉐마는 구약시대 아니 창세 이래로 우리 모두의 사명이었다. 이 글은 어린이에서부터 노인에 이르기까지의 '전 세대의, 전 세대를 위한 그리고 전 세대와 소통하는 선교적 교회를 위한 기독교교육'의 필요성을 다루었다. 글의 대략을 간단하게 소개하면 다음과 같다.

오늘날 인류는 현재 급변하는 격동기 속에 있다. 기독교와 교회도 마찬가지로 최대의 격동기 가운데 놓여 있으며 위기에 처해 있다. 이 시대를 격동기로 부를 수 있는 근거는 세 가지의 커다란 변화인데, 문화적으로는 포스트모더니즘, 산업 기술적으로는 제4차 산업혁명, 자연 생태적으로는 코로나19 사태가 그것이다. 본 연구는 이러한 세 가지 변화가 낳은 전 지구적 위기와 이에 대한 과거의 대처를 살피게 된다. 즉, 빗장을 걸어 잠근 세계와 환경의 악화라는 위기, 사회적 약자에게 더 가혹하게 느껴질 수 있는 전 지구적 위기의 시대에 각자도생하는 기독교인들의 이기적인 태도의 위기, 종교개혁 시대 교회의 흑사병 팬데믹 위기 대처 경험도 더불어 살펴보았다. 이러한 위기의 상황 가운데서 극복의 대안으로써 선교적 교회론을 제시하였다. 그리고 선교적 교회론이 태동하게 된 한국적 상황을 다루었고, 선교적 교회론을 세상 속에서 펼쳐나갈 때는 필연적으로 이론과 실천의 조화를 이루는 가운데 수행해야 함을 강조하였으며 학문과 실천이 조화를 이루는 가운데 이루어지는 실제의 사역 현장의 분석도 시도하였다. 마지막으로 선교적 교회론 교육의 기독교교육적 함의를 다루었다.

첫째, 선교적 교회론은 성인뿐만 아니라 전 세대 연령의 교우들 모두에게 교육해야 하며 이때 선교적 이중언어를 구사할 수 있도록 가르쳐야 함을 주장하였다. 둘째, 한국 사회 속 개신교 청년 세대들의 현실 인식을 바로 읽어야 함을 논하였다. 셋째, 민주적 공공성을 담보하는 기독교교육을 수행해야 함을 주장하였다. 넷째, 마을 속에서 함께 경쟁하지 않고 살아가기에 대하여 다루었다. 비록 쉽지 않은 상황이지만 한국개신교가 이론과 실천의 균형을 다시 찾고 미션얼(Missional Spirit)을 갖고 선교적 교회론을 삶의 현장 속에서 실천하여 이 세상에 하나님의 나라를 세워 나가는 일에 실망하지 않고 끈기를 갖고 매진한다면 역사와 민족 앞에 자랑스러운 유산을 남기게 될 것을 소망하는 가운데 이 글이 마무리되었다.

II. 세 가지 흐름이 가져온 사회 변화

21세기의 한복판에 들어선 오늘 인류는 세 가지 사회 변화에 직면하여 있다. 문화적으로는 포스트모더니즘, 산업 기술적으로는 제4차 산업혁명, 생태적으로는 코로나19가 그것이다. 여기에서는 인류가 대처해야 할 세 가지 흐름과 변화의 핵심 사상을 짚어볼 것이다.

1. 포스트모더니즘

포스트모더니즘은 인류의 사고와 문화적 흐름을 바꾸었다고 말할 수 있으니 곧 철학, 문학, 예술 그리고 신학에까지 지대한 영향을 끼친 일종의 사상적 프레임 전환을 가져왔다. 혹자는 이를 탈구조주의, 해체주의, 후기 근대주의, 탈근대주의로 부르는데 이는 분명 근대주의의 탈피를 의미하는 것이었다. 이것은 이른바 어떤 중심으로부터의 탈피를 꾀하고 다원주의적 사고를 추구하는 것이며, 대다수가 속한 집단이 받아들이던 이성주의에 대한 반항이며, 계몽주의적 동의에 머물기를 거부한 반발의 흐름이라고 볼 수 있겠다. 결국 감성적 · 경험중심주의, 자기중심주의, 다원 · 상대주의를 포스트모더니즘의 특징으로 요약할 수 있다.[1] 이 세 가지 특징은 현대 사회를 살아가는 호모 사피엔스의 성향을 이해하는 데에 매우 중요하다. 이렇게 포스트모더니즘은 모더니즘으로부터의 탈피를 꾀하며 극복하려는 시도로써 이성 대(對) 감성, 자율성 대 자기중심, 지식 · 원리 대 다원 · 상대로 표현되는바 상극(相克)의 양태를 띤다. 그러기에 극단적 갈등(conflict)이 양산되기 쉽다. 양극단(extreme)이 화해하기는 쉽지 않은 이야기이다. 적어도 상극의 상황에서 서로를 이해하려는 시도가 간단하지는 않다는 말이다. 홍정수는 '상극성'을 '다원성'의 지혜를 품는 지혜를 발휘하여 상생(相生)하는 길로 나아가야 한다고 주장하는데 그의 논지가 매우 흥미롭고 오늘 우리 사회 속에 깊이 자리 잡은 갈등을 풀어나갈 일말의 해결을 위한 실마리가 될 수 있겠다고 본다.[2] 포스트모더니즘은 예술과 다양한 인문학의 시각을 변화시킨 일대 문화적 혁명이며 개인의 지성, 관념, 의지가 몸과 자연보다 우월한 것으로 보고 심지어는 인간은 지적, 도덕적 능력을 발휘하여 신이 될 수 있다고까지 본 사조라고 볼 수 있다.[3]

---

1 모더니즘의 특징은 이성중심주의, 자율성중심주의, 지식-원리중심주의로 요약된다. 그러므로 'after' 혹은 'out of'의 의미를 가진 post라는 접두어를 모더니즘에 붙이면 이에 상대적인 의미가 될 것이다. 김도일 · 장신근, 『기독교 영성교육』(서울: 동연, 2009), 19-30.

2 홍정수, "포스트모더니즘 시대와 상생의 신학," 「신학과 세계」 21(1990. 12.): 104-106.

3 이형기, "포스트모더니즘과 선교," 「선교와 신학」 12(2003. 12.): 15.

2. 제4차 산업혁명

제4차 산업혁명은 격동기에 인류가 대처해야 할 산업 기술적인 변화이다. 산업생태계를 바꾸어 놓은 제4차 산업혁명은 사물인터넷, 클라우드 컴퓨팅, 인공지능, 3D 프린팅, 첨단 정보통신 기술 등의 신기술을 사용하여 산업계의 거의 모든 사물을 연결시킴으로 슈퍼컴퓨터에 빅데이터가 축적되게 함으로써 소비자의 소비패턴을 파악한다. 인공지능은 딥러닝(deep learning)을 하게 되므로 자가 학습이 가능케 되어 쉬지 않고 학습하게 되므로 인류의 지식을 24시간 축적한다. 그러기에 슈퍼컴퓨터를 소유하고 사물 인터넷망을 갖춘 대기업은 불패 신화를 창조하게 되어 끊임없이 부를 창출하고 소비자의 소비 욕구까지 선도하게 되기에 이르러 산업생태계를 좌지우지하게 될 것으로 보인다. 이미 이러한 현상은 구글, 애플, 나이키, 테슬라와 같은 기업의 발전 과정 가운데 드러나고 있으며, 빈익빈 부익부의 현상은 가속화되어 갈 것으로 보인다. 아주 적은 수의 소수가 세상 전체의 부를 장악하게 되는 불균형이 초래될 것이다. 그러므로 제4차 산업혁명은 인류가 살며, 일하고, 쉬고, 서로 연결하며 상호 간에 영향을 주고받는 방식을 근본적으로 바꾸고 있으며 생산, 관리, 거버넌스 전체의 시스템이 변화될 것임을 예고한 슈밥(Klaus Schwab)의 전망대로 흘러가고 있다고 해도 과언이 아니다.[4] 조난심은 제4차 산업혁명 시대를 사는 우리가 꾀해야 할 교육의 핵심을 사회적 역량을 갖춘 인간상으로 보았다. 건강한 정체성을 확립한

---

4 Klaus Schwab, "제4차 산업혁명: 그 의미와 대응 방법," 2016년 세계경제포럼(World Economic Forum) 연설문.

개인을 양성하고, 주위 사람의 필요를 파악하고 도움을 줄 수 있는 사회적 역량을 갖추고, 전문적 지식과 사람에 대한 풍부한 이해를 갖춘 사람을 양성하는 것이 교육의 의미라고 본 것이다.[5] 제4차 산업혁명 시대에는 풍부한 문화감수성과 공감 능력을 갖춘 사람들이 많아져야 하며, 이것에 실패하게 되면 인간은 강한 인공지능보다도 못한 부속물로 전락할 위험이 있음을 기억해야 할 것이다.[6] 제4차 산업혁명은 인류의 산업생태계를 변화시킨 일대 혁명적 사건으로 볼 수 있다.

3. 코로나19 팬데믹

코로나19 팬데믹이 이토록 급작스럽고 파괴적으로 인류를 찾아올 것인지 아무도 예견하지 못했다. 이는 자연 생태계의 성난 반란이며 반격이다. 피상적으로만 보면 생태계의 문제만인 것 같으나 실제 속을 들여다보면 병적인 자본주의 경제의 문제이며, 이기적인 인간의 필요 충족에 집착한 나머지 벌어진 기현상이다. 말없이 착취만 당하던 생태계가 급기야 인류의 탐욕에 제동을 건 일종의 반항이다. 코로나 팬데믹은 언택트 문화를 가속화시키고 있으며 인류는 포노사피엔스(Phono Sapiens)로 전락하여 전화기나 노트북 컴퓨터

---

5 조난심, "제4차 산업혁명과 교육," 「교육비평」 39(2017. 5.): 334-336.
6 강한 인공지능이라는 개념이 처음 소개된 것은 유태인 러시아계 미국인 소설가 Isaac Asimov(아시모프)의 『로봇1: 강철도시』(서울: 현대정보문화사, 1992)에서 소개된 바 있다. 이를 바탕으로 아이로봇이라는 헐리우드 영화가 만들어졌다. 소위 싱귤래리티(기술적 특이 시점)의 한계를 넘어서면 인류를 위협할 약한 지능이 강한 지능화되는 변곡점에 도달하게 된다. 김도일, "제4차 산업혁명 시대의 호모 에두칸두스," 『현대 기독교교육의 흐름과 중심사상』(서울: 동연, 2020), 342-344 참고.

한 대씩을 손에 들고 작은 방으로 격리되고 있다. 초등학교 교실에서 대학원 교실까지, 크기에 상관없이 거의 모든 교회의 구역 모임에서 제자훈련까지, 트로트 경연대회에서 오스카 영화시상식까지, 동사무소 회의에서 국무회의와 나라 정상 간 회의까지 줌(Zoom)과 같은 소프트웨어를 통한 화상회의가 이제는 주류를 이루게 되었다. 진정 인류는 만나지 않고도 의사소통하고 교제할 수 있는 길을 모색할 수밖에 없게 되었다. 이를 최재붕은 신인류의 출현으로 보며 포노사피엔스로 불렀다.[7] 모든 것은 스마트폰의 화면으로 소통한다는 의미가 되겠다. 그의 상황에 대한 분석은 매우 적확한 것으로 보인다. 사람과 사람이 만나 교제하는 것이 당연한 것이 아니었고, 매우 소중한 선물이었음을 코로나19를 맞닥뜨리고 나서야 인류는 깨닫고 있다. 시장 문명의 시각으로 살펴보아도 코로나 팬데믹은 지구의 현 모습을 무너뜨리고 있다. 홍기빈의 말을 빌리면, "산업의 지구화, 생활의 도시화, 가치의 금융화, 환경의 시장화" 등의 네 기둥이 완전히 새로운 모습으로 재편되는 듯하다. 중국 공장에서 화장실 휴지를 만들어 전 세계에 공급하고 있듯이 산업의 지구화가 형성되었고, 서울, 홍콩, 도쿄, 뉴욕 등과 같은 대도시가 전 지구에 설립되었고, 모든 세계 경제의 중심에 금융이 있어 금융이 자산의 가격을 계산해서 조정하고 있으며, 산업의 지구화, 생활의 도시화, 가치의 금융화는 환경을 무한대로 착취할 때만 가능했었다는 것이다. 그는 인류가 새로운 가치체계를 만드는 결단을 내리지 않으면 혹 백신과 치료제를 개발하여 코로나 팬데믹을 무력화시킨다고 하여도 이와 유사한 팬데믹 사태는 언제라도 재현될 수 있다는 것을 이제 모든 사람이

---

7 최재붕,『포노사피엔스』(서울: 쌤앤파커스, 2019).

다 알게 되었다.[8] 코로나19 팬데믹은 4차 산업혁명의 산업기술 혁명을 빛의 속도로 가속화시켰으며 인공지능, 로봇, 사물인터넷, 전기자동차 등의 실용화를 한 세기 이상 끌어당기는 효과를 낳게 되었다.

코로나19는 바이러스, 즉 일종의 기생충과 같아서 세균처럼 독자적인 증식을 못 하는 미생물이며, 그 시초는 연약한 중성적 기생 생명체이나 일단 남의 유전체에 기생하기만 하면 증식을 얼마든지 하는 아주 못된 전파성을 갖고 있다는 것이 최재천의 변이다. 자연의 박쥐나 천산갑이나 코뿔소 같은 동물의 몸에서 서식하던 바이러스가 결국 인간에게 옮기게 되어 퍼진 것이 코로나19와 같은 바이러스라는 것이다. 숲속에서 동물들을 숙주로 하여 살던 바이러스가 무분별한 사냥, 채취, 숲 파괴 그리고 석유 온난화로 인하여 서식지를 잃어버린 채로 밖으로 뛰쳐나와 결국은 인간의 몸을 숙주로 삼는 일까지 벌어진 사태가 바로 과거의 흑사병, 오늘의 코로나19 전염병이다. 최재천은 자신의 해법을 인간 삶의 변혁에서 찾는다. 일단 이제 진정한 대안은 인간의 사고방식, 세계관, 경제관을 바꾸는 일인데 이를 그는 생태 백신과 행동 백신으로 명명하며 모든 문제의 중심에도 해법의 중심에도 인간이 있다고 말했다. 일리가 있는 접근이라고 본다.[9] 코로나19로 인하여 인류는 전에 없던 통제사회를 경험하고 있고 이는 국가 공동체를 지키기 위한 불가피한 선택이었다고 강변하며 거의 모든 나라가 국민으로 하여금 효율성의 이름으로 공공성이 무너지는듯한 디스토피아, 코로나 블랙 현상을 경험케 하고

---

8 홍기빈, "새로운 체제: 자구 자본주의 떠받들던 4개의 기둥 모두 무너져,"『코로나 사피엔스』(서울: 인플루엔셜, 2020), 103-116.

9 최재천, "생태와 인간: 바이러스, 3~5년마다 창궐한다,"『코로나 사피엔스』(서울: 인플루엔셜, 2020), 20-43.

있다.[10]

앞서 다룬 포스트모더니즘, 제4차 산업혁명, 코로나19 팬데믹은 상호 간 연관성을 지니고 있다고 보겠다. 근대주의에 대한 반항으로 인간이 주인이 되어 감성적·경험중심주의, 자기중심주의, 다원·상대주의로 대표되는 성향을 지향한 포스트모더니즘은 철저하게 이기적인 인간, 자신의 추구가 제일 중요하다는 인간중심의 사고와 행동 그리고 나는 너, 너는 나의 삶의 양태를 있는 그대로 인정하고 절대 관여해서는 안 된다는 일종의 문화적 혁명이라고 볼 수 있다. 한마디로 세상에 제일 중요한 것은 '나의 느낌'이며 나는 나를 위하여 존재하므로 남들이 객관적인 진리라고 말하는 것에 귀 기울이지 말고 '자신의 음성과 느낌에 충실하라'는 것이 포스트모더니즘의 핵심이다. 이러한 생각이 증기기관을 통한 기계적 혁명인 1차 산업혁명, 전기의 힘을 이용한 대량생산의 시작인 2차 산업혁명, 컴퓨터와 인터넷을 통한 자동화 정보화 혁명인 3차 산업혁명 그리고 이전 혁명을 기반으로 한 산업간 경계를 융합하는 기술적 혁명을 가져온 제4차 산업혁명은 산업의 지구화, 생활의 도시화, 가치의 금융화를 가속화시켰고, 끊임없는 인간 욕심 충족을 극대화함으로 말미암아 환경마저 시장경제의 논리로 무참하게 망가뜨렸다고 볼 수 있다. 그리고 결과적으로 인류는 자연생태계의 반격을 받았고, 피부로 드러나게 느낀 것이 전 인류적, 전 지구적 코로나19 팬데믹 재난이다. 이 세 가지 도전은 인류에게 엄청난 위기를 초래하였고, 결국 코로나를 경험하지도 못했으나 선지자적으로 예견한 백(Ulich Beck)의 글

---

10 김용섭,『언컨택트』(서울: 퍼블리온, 2020), 296. 공공성에 관한 논점은 본 연구의 후반부에 자세히 다룰 것이다.

로벌 위험사회,[11] 세계평화 포럼의 김진현이 경고했던 재난지구[12]가 우리 눈앞에 펼쳐지게 되었고, 오대양 육대주에 사는 모든 인류는 이로 인하여 한없이 신음하며 울분을 토하게 되었다.

III. 세 가지 변화가 가져온 전 지구적 위기

1. 빗장을 걸어 잠근 세계와 환경의 악화라는 위기

인간의 자기중심적 욕망은 끊임이 없으며 자기 힘으로 멈추기도 쉽지 않다. 코로나19 팬데믹 상황은 자기가 인생의 주인이 되어 필요(needs)의 이름을 빙자하여 한없는 욕심(greed)을 품고 달려가던 인류에게 경각심을 던져 준 일종의 엄청난 경고이다. 한동안 전 세계는 그야말로 정지(pause) 상태에 머물게 되었다. 각국은 감당할 수 없이 늘어가는 확진자의 유입을 막기 위해 공항의 문을 걸어 잠그고 출입국을 저지하였으며, 이는 급기야 기독교의 핵심 사역인 선교에

---

11 글로벌 위험사회의 징조는 불확실성의 일반화 내지는 세계화로 나타난다. 예컨대 이러한 현상은 국경을 무너뜨릴 뿐만 아니라 토착민과 이방인을 섞는 일이 벌어지며 "먼 타자가 내부의 타자"가 되는 현상이 나타난다. 오늘날 패닉에 빠진 이들이 선량한 흑인을 괴롭히고, 사회적 약자의 범주에 든 흑인이 아시아인을 괴롭히는 양상이 벌어지는 것도 이와 유사한 패턴이라고 보겠다. Ulich Beck/박미애·이진우 역, 『글로벌 위험사회』(서울: 도서출판 길, 2010), 40.

12 김진현은 21세기 한국과 한국인의 생명을 위협하는 요인은 무엇이며 그 위험, 위협, 재난을 어찌 대처하며 예방할 것인가에 대한 연구에서 벡의 시각과 유사한 논리를 펼치면서 근대화의 세계화와 위험의 세계화를 논하면서, "핵, 생화학무기, 기후 온난화, 사막화, 신종 전염병 … 자원 부족, 대규모 난민"과 같은 위협 요소가 세계화되고 있음을 경고한 바 있다. 김진현, "위험사회, 재난지구, 어떻게 예방할 것인가," 『위험, 재난사회 어떻게 대응할 것인가』(서울: 아산사회복지재단, 2004), 13-56.

도 지대한 영향을 미치게 되었다. 정확한 수치를 확인하기는 불가능하나 현재까지 아시아 지역 많은 부분의 선교사들은 사역하던 나라에서 추방되거나 재입국하는 것이 불가능한 상황이 되어 한국에 머물 수밖에 없는 상황에 직면하게 되었다. 인도는 하루에 수십만 명의 확진자가 속출하고 있고, 인접 국가인 네팔도 하루에 수천 명의 확진자가 발생하는 상태이며, 스리랑카와 같은 나라는 아예 수도 콜롬보 전체에 통행금지를 실시하고 있는 상태여서 대부분 목회자와 선교사들은 아예 활동 자체가 원활하지 않은 상태이다. 이로 인해 반강제적으로 본국인 한국에 들어와 거주하는 선교사들은 미래의 불확실성과 현재의 거주 문제를 비롯한 생활고에 어려움을 겪고 있는 형편이다.[13] 유럽이나 한국같이 인터넷 활용이 비교적 원활하면 영상으로라도 종교활동을 할 수 있겠으나 상기한 나라들은 대부분 서민의 가정에 인터넷이 잘 보급되지 않은 경우가 많은 형편이다. 현재는 각 나라의 경제가 거의 마비된 상태이기에 교회의 목회와 선교 활동이 많은 제한을 받고 있음은 부언할 필요가 없을 정도이다.

자연생태계의 반격, 하나님의 경고에 귀를 기울이지 않는 작금의 현실은 무척 위태롭다. 이미 대한민국과 세계는 엄청난 온실가스 배출로 인한 환경파괴의 대가를 톡톡히 치르고 있으며, 환경 시계(視界)는 너무도 어둡고 멸망의 시계(時計) 바늘은 숨 가쁘게 움직이고 있다. 2020년 말 환경 재앙 시계는 아래와 같이 9시 47분을 가리키고 있는데 마지막은 12시이다.[14] 지구 환경의 상태를 그대로 보여주는

---

13 이재한, "코로나-19 세계적 대유행으로 인한 선교 상황과 선교사 위기관리: PCK의 사례를 중심으로," 「미션네트워크」 8(2020. 12.): 61-68.

14 http://www.af-infor.or.jp/en/ed_clock.

꽃망울은 계절을 무시하고 터지고 있으며, 마치 고장 난 시계처럼 작동하지 않는지 오래다. 실로 인류의 앞날은 어둡기만 하다. 한시라도 파국을 늦추기 위해서는 온실가스 배출을 급격하게 줄여야만 한다. 이를 위하여 환경교육을 교회교육과정에 필수 요소로 넣어야 하며 생활 속에서 생태계 속의 '나와 너, 우리 그리고 자연'을 가르쳐야 할 것이다.[15] 모더니즘 이후에 탈 모더니즘의 경향으로 치닫고 있던 인류가 철저히 자기중심적 사고를 추구하던 인류가 제4차 산업혁명의 기술적 전환으로 그 속도가 가속되던 것이 뜻하지 않게 메르스와 사스 바이러스를 통한 자연의 경고를 무시하던 중 급기야 코로나19 인수공통 바이러스의 전 지구적 공격을 받아 무참하게 무너지게 되었는데 이는 자연 생태적 경고였고, 결국 세 가지 변화가 인류 전체에 대전환, 즉 사고 · 기술 · 생태를 바라보는 패러다임을 전환해야 생존할 수 있다는 도전을 받게 된 것이었다.

2. 사회적 약자에게 더 가혹한 팬데믹 시대에 눈을 감고 있는 기독교인들

오늘날 극심한 자기중심적 개인주의와 자본이 편중되는데 일조하고 있는 제4차 산업혁명과 코로나19 팬데믹 상황에서는 사회적

---

15 김도일 · 조은하, "코로나19와 기독교 생태교육: 교회 환경교육을 중심으로," 『코로나19를 넘어서는 기독교교육』 (서울: 동연, 2020), 279-280 참고. 이 글을 쓰는 동안 지구의 날(4월 23일)을 맞았다. 한 시민이 시장에서 아귀를 사다 요리를 하던 중 그 살아 있던 아귀의 뱃속에서 페트병이 나왔고 온갖 썩은 오물이 그 페트병 속에 들어 있었다. 아귀는 속이 다 썩은 채 억지로 목숨을 부지하던 중 어부의 그물에 걸린 것이다. 임현정, "생선 먹기 겁난다," 「다음 뉴스」 2021년 4월 24일. 지금처럼 자연을 함부로 대하면 곧 모든 생태계는 생존 불능 상태가 될 것이 자명하다.

약자가 더 많이 양산되고 심지어는 백신 편중 현상이 실로 극심하다. 이뿐만이 아니다. 전 세계에 백신을 공평하게 배포하기 위하여 기획된 코백스 퍼실리티(Covax Facility)의 보고에 의하면 선진국들의 입도선매를 일삼는 자국중심주의로 인하여 코백스의 백신 공동구매 프로그램은 자금 부족과 생산 리스크 그리고 복잡한 계약체결 시스템 등으로 인하여 성공하기 힘들다는 것이다.[16] 필자는 그동안 『미래시대·미래세대·미래교육』과 『제4차 산업혁명 시대의 교육목회』라는 공동연구의 책임을 맡아 우리 사회의 트렌드와 극적인 변화에 관한 연구를 통하여 인류와 교회가 어떻게 전환 시대에 대응해야 하는지를 연구한 바 있다. 특히 코로나19 팬데믹이 전 지구를 강타하였던 2020년 12월에는 팬데믹이 얼마나 사회적 약자를 차별하고 반성하기를 게을리했는지에 대한 연구를 수행한 바 있다. 빈부, 성별, 인종, 장애 유무, 국적, 국가의 재정 능력에 따라 물질을 소유하지 못한 이들이 기후변화와 생태환경으로 인해 벌어지는 팬데믹 사태에 너무나도 취약한 현실에 직면해 있음을 밝힌 바 있다. 이 연구에서 백신 불평등을 다룬 담론, 인종별 피해 정도의 상이함을 다룬 담론, 양극화와 디스토피아를 다룬 담론 그리고 교육적 불평등을 다룬 담론 등을 다루면서 이 세상에 얼마나 사회적 약자들이 고통을 당하고 있으며, 소위 가진 자들이 얼마나 무심하고 이기적으로 살아가고 있음을 밝혔다.[17] 팬데믹 상황으로 번져 나가는 전염병은 오늘의 사건이 아니다. 1918~1920년 사이에도 유행한 전염병이 있었는데 그것이 바로 스페인 독감이다. 당시 2년 동안에 4천 3백만

---

16 https://www.msn.com/ko-kr/news/world/ 2021년 4월 20일 접속.
17 김도일, "사회적 약자와 함께 하는 기독교교육," 「기독교교육논총」 64(2020. 12.): 51-79.

명의 사람이 희생되었다. 스페인 독감은 제1차 세계대전 이후 전 세계의 경제 규모가 6% 이상 하락하는 타격을 주었다. 경기침체로 인하여 지구촌 전체의 사람들이 고통을 당했으며 그러한 경험이 오늘날 세계에 공포를 던져 주고 있다. 하루하루를 견디며 살아가는 서민들에게 팬데믹 전염병은 돌이킬 수 없는 타격을 준다.[18]

사회적 약자들에게 진정한 위기는 나눔, 베풂, 연대를 실천해야 할 책임을 갖고 예수의 제자로 살아가는 기독교인들마저 세계화와 물질 이기주의를 당연한 것으로 알고 살아가고 있다는 점이며, 삼위일체 신학을 늘 강조하며 인류는 상호 간 연결되어 있기에 상호책임성과 상호의존성을 인식하는 가운데 주위에 신음하는 이웃을 돌봐야 함을 배우고 있음에도 실천하지 않는 것, 이로 인해 신앙인들조차 사적 신앙의 자리에 맴돌면서 성경이 말하고 있는 공적 신앙을 못 본 체하는 것이 위기가 되었다는 점이다. 더욱이 세상이 변화하고 있는 흐름을 정확히 읽고, 위기 상황의 근원을 올바르게 판단하는 통전적인 분별력 그리고 스마트 기기의 보편적인 보급으로 말미암은 정보의 홍수 속에서도 미디어의 내용을 제대로 읽고 해석하여 실천의 근거로 삼는 미디어 리터러시 교육이 절대적으로 부족한 오늘의 현실이 위기의 본질이다. 그러면 인류가 이러한 전환 시대를 통과하며 배운 교훈은 없었던가를 상고해 보고자 한다. 먼저 수세

---

18 Richard Baldwin, Beatrice Weder di Mauro eds., 매경출판 편역, 『코로나 경제전쟁』(서울: 매일경제 신문사, 2020), 30-31. 스페인 독감은 유럽만을 강타한 것이 아니라 당시 아프리카 사람들에게도 엄청난 타격을 주었고, 친구와 친지와 끈끈한 정으로 묶여 있던 인간관계를 파괴하여 공동체를 붕괴하였고, 주식인 얌(열대 뿌리채소) 재배를 못 하게 되어 식물 공급에도 심각한 파괴를 주었고, 서양식 의료체계가 망가져 억눌렸던 민족주의와 전통 종교가 살아나서 아프리카 전역에서 교회가 큰 곤경에 처했다. 이명석, "20세기 초 스페인 독감과 2020년 코로나19가 아프리카 지역에 끼친 영향에 대한 비교분석과 생태선교적 제언," 「선교와 신학」 52(2020. 10.): 142-147.

기 전 유럽과 아프리카를 강타했던 흑사병 팬데믹을 통하여 교회가 무엇을 배웠는지를 다시 되짚어 보는 것이 중요하다고 생각한다. 역사로부터 배우지 못하는 사람은 앞으로도 희망을 찾기 어렵다고 보기 때문이다.

3. 종교개혁 시대 교회의 흑사병 팬데믹 대처의 교훈

16세기 종교개혁과 1347년부터 유럽에 팽배했던 흑사병 팬데믹의 상황이 무관하지 않음을 생각할 때, 오늘날 기독교회도 각성하여 현재의 팬데믹 상황이 주는 교훈에 귀를 기울여야 할 것이다. 14세기 유럽 전체의 인구가 약 7,500만 명이었다고 하는데, 흑사병으로 사망한 인구가 약 2,500만 명이라고 하니 거의 1/3의 인구가 흑사병 팬데믹으로 인하여 사망했다는 말이 된다. 우리에게 익숙한 종교개혁자 루터(Martin Luther, 1483~1546), 츠빙글리(Ulrich Zwingli, 1484~1531), 칼뱅(Jean Calvin, 1509~1564)은 모두 흑사병을 직간접적으로 경험했으며 그 가운데서 성도로서 그리고 사역자로서 자신의 역할이 무엇인지를 성찰하며 주변의 수많은 이들이 죽어 가는 상황에서 하나님의 섭리와 뜻을 파악해 나가며 사역자로서 최선을 다한 것으로 역사는 기록하고 있다. 김재성에 의하면 루터 부부는 흑사병 환자들에게 목숨으로 바쳐 헌신했다. 실제로 루터는 자신의 동생 둘(하인츠와 바이트)을 흑사병으로 잃었고, 자신이 다니던 에르푸르트(Erfurt)대학에서도 교수 3인과 많은 학생이 흑사병으로 사망한 것을 몸소 체험하였다. 루터의 부인은 임신 중에도 비텐베르크(Wittenberg)에 남아 환자들을 돌보았다고 알려진다. 츠빙글리는 흑사병을 통하여 인생의 제한성을 철저하게 깨달았다고 전해 온다. 그는 역병에 걸려 연약한 그릇인 자신을 깨닫고 하나님께 더욱 헌신하였다. 그는 로마서 9장 20절의 "이 사람아 네가 누구이기에 감히 하나님께 반문하는가? 지음을 받은 물건이 지은 자에게 어찌 나를 이같이 만들었느냐고 말하겠는가?"의 의미를 깊이 깨닫게 되었고, 하나님의 주권적 섭리를 알게 되었다. 그는 흑사병 속에서 어떻게 목회자로서 존재해야 하는지를 수차례 설교하면서 동료 목회자들을 격려하였다. 칼뱅은 주변 친척들과 교우들이 흑사병에 걸려 사망하는 것을 많이 목격했으며 이를 통해 하나님의 주권적 섭리에 대한 교훈을 배운 것으로 보인다. 무엇보다 교회가 수많은 환자를 돌보는 일에 대하여 어떻게 대처해야 하는지를 설교와 가르침을 통해 조심스럽게 권면한 것으로 보인다.[19] 특히 종교개혁자들은 무모하게 전염병에 노출됨으로써 오히려 전염병을 전파하는 일에 매개체가 되어서는 안 된다는 점을 강조했던 것이다. 꼭 만나야 할 사람이나 꼭 가야 할 장소가 아니라면 절제하고 피하여 나와 주변 사람 간의 전염을 피해야 함을 강조했고 혹 나의 무지와 불결로 인해 이웃 사람들이 고통받고 피해를 받게 하지 말자고 강변하였던 것으로 전해졌다.[20] 종교개혁 당시 소수의 신앙인들이 힘을 합쳐 자신을 초개와 같이 던지는 희생으로 말미암아 많은 시민들의 협력과 신뢰를 얻어냈다. 이를 교훈으로 삼아 오늘날의 재난 상황을 헤쳐 나가야 할 것이다.

이러한 위기의 시대, 격동하는 전환 시대에 과연 개신교가 어떤 신학적 확신 위에 교회를 세우고 어떻게 처신해야 하는지에 대한 대안을 탐색하는 일환으로서 선교적 교회론을 제안하고자 한다.

---

19 김재성, "종교개혁자들의 흑사병 체험과 교훈들," 「국제신학」 22(2020. 12): 59-101의 핵심 내용.
20 최샘찬, "흑사병을 보고 루터가 한 말," 「한국기독공보」 2020년 10월 28일.

IV. 위기 극복을 위한 대안: 선교적 교회론

대한민국은 20세기 후반과 2005년(종교인 53%, 비종교인 47%)까지 종교 인구가 증가하는 추세였으나 2015년 어간(비종교인 56%, 종교인 44%)에는 급기야 전체 종교 인구와 비종교인의 분포가 역전되었다. 특히 2016년의 인구 센서스 조사에 의하면 10~39세까지의 종교인의 비율이 40% 미만을 밑돌게 되는 현상이 나타났다. 50세 이상의 종교 인구가 50% 이상임을 감안할 때 2020년 이후에는 종교인이 훨씬 더 줄어들 것으로 예상된다.[21] 목회데이터연구소의 자료에 의하면 한국 내 교회에 출석하는 이들 중 20대는 14%이며 60대 이상 58%인 것으로 볼 때 머지않은 미래에 한국 사회는 종교인이 급격하게 줄어들 것으로 예상한다. 특히 오늘날과 같이 기독교에 대한 신뢰가 급격히 떨어지는 추세가 계속되면 한국의 교회에는 빈자리가 많이 발생할 것이라 어렵지 않게 예상할 수 있다. 현재 개신교회를 출석하는 20대는 14%인데, 60대 이상은 28%인 점을 보아도 그 예상은 비슷하게 맞아떨어진다. 이를 뒷받침하는 통계를 보자면 우리나라의 개신교인들(51%)은 가톨릭교인(40%), 불교인(34%), 무종교인(31%)보다 미래의 종교성이 약화될 것이라고 보았다.[22] 코로나19 팬데믹 상황 중인 대한민국의 국민은 개신교인을 어떤 시각으로 바라보고 있는가에 대한 조사는 더 큰 충격을 준다. 일반 국민은 불교인을 '온화한, 따뜻한 함께하는' 이미지를, 천주교인을 '온화한, 따뜻한, 윤리적인' 이미지를 주로 가진 반면 개신교인은 '거리를 두고

---

21 목회데이터연구소, 『2020 통계로 보는 한국 사회 그리고 한국교회』(서울: 목회데이터연구소, 2021), 215.
22 위의 책, 216-217.

싶은, 이중적인, 사기꾼 같은' 이미지를 떠올린다는 것이다.[23] 그리고 일반적으로 종교인들에게 요청하는 덕목이 '성숙한 인격, 높은 도덕성, 높은 사회 봉사율/기부율'인 것으로 나타난 것을 보면 오늘날 한국의 개신교는 이러한 사회적 요구에 부응하지 못하고 있는 것으로 나타난 것이다.[24] 무엇이 한국의 개신교와 개신교인을 이렇게 불신의 대상이 되게 하고 있는가를 깊이 반성하며 성찰할 필요가 있다. 이런 상황 가운데 선교적 교회론이 위기 극복을 위한 대안이 된다는 것이 필자의 생각이다. 사회로부터의 신뢰 회복, 신앙의 신조와 생활 속 실천의 일치 그리고 성숙한 시민 정신의 회복 등이 선교적 교회론의 일상화를 통해 성취될 수 있기 때문이다.

1. 선교적 교회론이 태동하게 된 한국적 상황

레슬리 뉴비긴(Lesslie Newbigin)이 하나님의 선교(Missio Dei)라는 개념을 영국과 유럽교회의 현실을 조망하는 신학적 틀로 사용하고, 대럴 구더(Darrel Guder)가 북미교회의 사회와 교회의 변화를 분석하는 틀로 사용한 선교적 교회(Missional Church)라는 용어가 미국에서 주를 이뤘던 교회 성장론을 비판하는 채널 내지는 도구로 사용된 단어였다고 볼 수 있다.[25] 선교적 교회론은 한마디로 선교를 교회 성장의 도구로만 사용하는 것은 선교의 주인이신 하나님의 뜻을 곡해하는 것이며 모든 세상의 주인이신 하나님의 백성으로서 하나님

---

23 위의 책, 43.

24 위의 책, 47.

25 성석환, 도시공동체연구소, "선교적 교회에 대한 이해,"『선교적 교회의 오늘과 내일』(서울: 예영, 2016), 1장 참고.

의 선교의 참여자로 교회가 존재해야 한다는 의미이다. 여기서 교회는 예수 그리스도의 몸에 속한 하나님의 백성을 의미하며 그런 의미에서 요즘은 영어의 미셔널(Missional)이라는 단어를 우리말로 체화시켜 '미션얼'이라는 정신을 드러내는 용어로 바꾸어 부르는 경향이 있는데, 이것이 하나님의 백성이 교회이며 선교를 도구적으로 사용하기보다는 하나님이 세상을 향하여 품으신 정신을 하나님의 백성도 품어야 한다는 뜻을 선호하는 사람들이 많아지고 있는 것은 매우 고무적인 현상이라고 볼 수 있다.

선교적 교회론은 하나의 이론에 그치기를 거부하는 하나님 나라 세우기 운동이다. 선교적 교회론은 하나의 성장 프로그램이 아니며 특수한 사역의 모델이 아니다. 그러나 이는 선교적 교회론이 전적으로 성장이나 부흥을 일부러 멀리한다는 의미는 아니다. 교회의 본질인 하나님을 인정하고 하나님의 말씀 위에 교회를 세우게 되면 우리보다 앞서 선교하시는 하나님의 은혜와 섭리 가운데 교회가 수적으로도 부흥할 수 있고, 때로는 인간이 예상치 못하는 결과가 나올 수도 있다. 선교적 교회론은 하나님의 백성을 교회로 보며 그 교회의 머리는 예수 그리스도이시다. 그러기에 건물 중심의 교회론을 기본적으로 배격한다. 그러나 여기에서 우리가 유의해야 할 사항도 있다. 건물 중심의 교회론을 추구하지 않는다는 말이 건물을 무시한다는 말은 전혀 아니다. 교회는 하나님의 백성이지만 조직교회는 일정한 장소에 비도 피하고 더위도 피할 수 있어야 하며 함께 모여서 예배를 드리고 성경공부도 하며 친교도 원만하게 할 수 있는 소박한 장소가 필요하다. 물론 그러한 건물이 없다고 조직교회가 형성되지 않는 것은 아니지만 그렇다고 건물이 필요 없다는 뜻은 전혀 아니라는 말이다.

한국은 다종교 사회이다. 오랫동안 기독교가 전래되지 않아서 130여 년 전에 개신교회가 세워지고 교회가 시작되었을 때 샤머니즘적 토속종교, 불교, 천도교, 유교와 같은 다양한 종교의 토양 위에 교회가 시작되다 보니 내세적인 구원관에 근거한 교리전파가 이루어졌고, '교회와 세상을 대립구조로 보는 이원론적인 이해'가 한국 개신교에 팽배했던 것이 사실이다. 죄 많은 이 세상은 내 집이 아니며 내 모든 보화는 저 천국에 있다는 이원론적인 메시지를 담은 복음성가의 내용처럼, 죄 많은 세상은 결국 망할 것인데 구원을 받으려면 교회라는 구원선에 타야 한다는 '구원의 방주'형 메시지를 전파하며 전도에 힘썼던 것이 사실이다.[26] 그러기에 교회와 세상을 대립구조로 보았다는 한국일의 초기 한국교회의 상황 분석은 일리가 있는 것이다. 이뿐만이 아니라 이미 많은 기존 종교의 영향을 오랜 세월 동안 받아 온 한국인들에게 예수를 믿는다는 의미는 세상을 버리고 예수 그리스도께 온전히 헌신하기 위하여 교회로 들어간다는 의미를 내포한 것이었다. 그러기에 선교적 교회론이 등장하기 전의 한국인에게 개신교인이 된다는 의미는 교회 건물 밖에서 건물 안으로 들어간다는 교회 중심적 신앙을 갖는다는 의미이기도 했다.[27] 이러한 경향은 일제의 식민 지배 중에 신앙을 가졌던 성도들에게는 특히 안식처로서의 개념을 주기도 하였다. 교회는 교회당 안에서 성도들에게 읽기, 쓰기, 노래하기, 교제하기, 섬기기, 구제하

---

26 물론 선교적 교회론을 강조하는 것이 전도의 중요성을 무시하는 것이 되어서는 안 될 것이다. 전도는 여전히 중요하며, 구원의 방주로서의 교회의 역할이 중요하다. 전도는 반드시 필요하며, 전도의 중요성은 아무리 강조해도 지나치지 않다. 다만 전도만을 강조하는 경향은 위험하다는 것이다. 전도와 더불어 선교적 삶이 조화롭게 강조되어야 한다.

27 한국일, 『선교적 교회의 이론과 실제』(서울: 장로회신학대학교 출판부, 2017), 88-90.

기와 같은 다양한 기본 시민교육을 했고, 서양의 신문화를 다른 곳에서 받기 어려웠던 한국인들에게는 교회야말로 본래 한국인이 가지고 있던 고상한 자기 개발에 대한 욕구를 채워주고 수많은 상민들과 여성들에게 평등 교육 등을 가르쳐 주는 그야말로 개안의 기회를 제공하는 곳이었기에 교회당 중심의 신앙생활은 한동안 문제가 없어 보였으며, 일제의 압박을 그나마 피할 수 있는 안식처, 피난처, 교육기관과 같은 역할을 했던 것이다. 이러다 보니 서양에서 파송된 선교사들로부터 시작된 먼저 깨달은 목회자를 중심으로 모이는 교회가 형성되었고 자연스럽게 목회자와 평신도를 구분하는 계층구조가 형성되었던 것으로 보인다. 그리고 교회당 안과 교회당 밖을 구분하는 이른바 성속구분(聖俗區分), 물질세계와 영적세계 구분의 이원론(二元論)의 현상이 고착화되는 계기가 되었다. 한 가지 주지해야 할 사실은 서양에서 한국 땅에 도착하여 선교하였던 선교사들은 각자가 이미 소속된 교단이 있었고, 각 교단의 특성에 따라 한국에는 자연스럽게 교단이 형성되어 그렇지 않아도 개신교가 갖고 있는 개교회, 개교단 중심의 교회 형태가 더욱 굳어지는 불행한 현상도 이 땅에 생기게 된 것이다. 훗날 에큐메니컬 운동이 예장통합이나 기장 같은 교단에 일어나서 교단 간 통합의 운동이 있었던 것은 사실이나 이미 너무 갈라져 있는 한국교회의 균열은 쉽게 하나로 견해를 모으기 쉽지 않게 하였던 결정적인 요소였다.

이러한 상황 속에서 한국 땅에 영국의 뉴비긴, 미국의 구더 그리고 독일의 순더마이어(Theo Sundermeier)와 같은 학자 밑에서 공부한 학자들[28]과 영미권에서 선교적 교회 운동을 여러 교회(세이비어교회,

---

28 이상훈, 『리폼처치: Reform Church Alliance』(서울: 교회성장연구소, 2015)와 『리뉴처치』

크리스천 어셈블리교회, 모자이크교회, 퀘스트교회, 드림센터, 소마공동체, 락하버교회 등)의 방문을 통해 맛보고 훈련받은 목회자들과 영미권에서 가르치고 사역하는 김창환, 이상훈, 송민호와 같은 이들이 선교적 교회를 적극적으로 소개하면서 선교적 교회론이 한국에 알려지게 되었다. 그러나 이러한 현상이 순전히 해외의 영향만을 받은 것은 아니다. 한국일(장신대 은퇴 교수), 조은하(목원대 교수), 황인성(공명교회 목사), 조성돈(실천신대 교수), 노영상(총회한국교회연구원장), 이후천(감신대 교수), 성석환(장신대 교수), 이원돈(새롬교회 목사), 이도영(더불어숲동산교회 목사), 이종명(송악교회 목사), 오필승(신동리교회 목사) 등과 같은 이들은 한국 토양에 적절한 선교적 교회론을 책과 현장에서 배우고 터득하여 이미 오랜 세월 자신들의 마을에서 접목하며 실험하고 있다.

요약하자면 선교적 교회론은 예배당 안과 예배당 밖의 모든 삶을 통합하는 교회론이며 모이는 교회와 흩어지는 교회가 둘 다 중요한 교회론이다. 이 모든 피조세계(오이쿠메네)에서 신앙 공동체(오이코스)를 통하여 하나님 나라를 세워 나가는 운동이다.

2. 선교적 교회론: 이론과 실천의 조화가 필연적

선교적 교회론은 어떤 학자나 목회자의 발명품이 아니다. 오히려 교회론의 재발견이며 선교적 교회론의 원저자는 하나님이시고 실천가는 예수 그리스도이시다. 독생자 아들 예수를 주시기까지 세상을 사랑하신 성부 하나님, 성부의 뜻을 온전히 순복하시고 십자가

(서울: 교회성장연구소, 2017) 참고.

에서 인류의 죄를 위하여 자신을 내어 주신 성자 하나님 그리고 성부, 성자의 뜻을 뭇사람들과 피조세계 안에서 성취하시기 위하여 역사하신 성령 하나님의 혼연일체 사역이 펼쳐지게 순종하며 믿음으로 마을에서 살아가게 하는 것이 선교적 교회론의 핵심이다. 이 땅에 오신 삼위일체 하나님의 작품이 바로 선교적 교회론이며 이를 실제로 살아내신 이가 예수 그리스도이시다. 그는 늘 마을로 나가 사람들의 곁에 계셨으며 가난한 자, 병든 자, 외로운 자, 사랑이 필요한 이들과 함께하셨다. 이 상호내주·상호침투·상호연대하는 페리코레시스(περιχορησις)적인 하나님의 선교 사역이 지상에서 교회를 통해 지속되기에 적당한 교회론이 바로 선교적 교회론이다. 선교적 교회론의 특성에 관한 연구를 실천적으로 정리한 이도영의 『페어처치』에 나오는 핵심 개념 몇 가지는 다음과 같다. 제도적 교회가 성육신적 교회로, 전통적 교회가 이머징 교회로, 조직적 교회가 유기체적 교회로 그리고 양극단의 교회에서 양극단을 품고 더 깊이 있는 교회로 변혁되는 교회가 선교적 교회이며, 공공성을 회복하고 공동체성을 강화하는 것이 선교적 교회의 특성이라고 볼 수 있겠다. 그의 선교적 교회론은 실천 후기와 같은 것이며, 특히 개교회 성장주의에서 지속 가능한 적정규모의 분립을 실행했던 이야기는 귀감이 된다.[29]

한국일은 학문적 연구와 목회 현장 방문을 병행하면서 자신의 선교적 교회론을 형성한 것으로 보인다. 그는 선교적 교회의 열까지 특성을 얘기했는데 여기서는 핵심어를 중심으로 보면 다음과 같다.

---

29 이도영, 『페어처치』(서울: 새물결플러스, 2018). 이도영의 선교적 교회 형성의 체험적 이야기가 매우 역동적이다.

선교적 교회는: ① 공교회로서 선교적 정체성과 역할을 중요시하는 운동, ② 활동(doing) 이전에 존재(being)에서 출발하는 운동, ③ 지역 사회의 신뢰를 회복하는 운동, ④ 지역주민들과 코이노니아를 실천 하는 운동, ⑤ 국내는 전도, 해외는 선교라는 패러다임을 넘어서서 지역을 선교 현장으로 알고 사역하는 운동, ⑥ 목회자 중심을 넘어 서 목회자와 전 성도가 동역하여 삶의 전 영역으로 나가는 운동, ⑦ 교회 중심의 활동을 넘어서서 모든 일상을 선교 현장으로 간주하 고 활동하는 운동, ⑧ 모이는 교회와 흩어지는 교회의 균형을 추구 하는 운동, ⑨ 개교회를 넘어서 교단 간 연합과 협력을 추구하며 같이 일하는 에큐메니컬 선교 운동, 마지막으로 ⑩ 교회를 통해 마 을을 발전시키고 섬기는 하나님 나라의 지역화 운동.[30] 한국일의 가 정 · 교회 · 마을 연구소에서 진행하는 최근 활동은 각주의 블로그에 있다. 즉, 선교적 교회를 지향하는 목회자 세미나 모임, 정기 독서 모임, 전문 연구 모임, 오대양 육대주 현지 사역자 모임, 한국의 마 을목회자 모임, 출판연구 모임이 그것인데, 그가 지향하는 바가 "교 회를 통하여 가정을 살리고, 마을 안에서 하나님의 선교를 이루어 가고자" 하는 것으로 위의 선교적 교회의 열 가지 특성을 실천적으 로 수행하는 것으로 볼 수 있다.[31] 신학적 이론이 현장의 실천으로 이루어지는 것이 매우 중요하며 이를 위하여 신학이 존재한다고 볼 수 있는데 현장의 이원돈(통합), 이종명(감리), 이도영(합동)과 같은 이들의 실제적인 활동을 지지해 주고 지원해 주면서 늘 창조적 비판 을 가함으로 성숙한 선교적 교회를 이루어 갈 수 있도록 신학교와

---

30 한국일, 『선교적 교회의 이론과 실제』, 42-49.

31 https://blog.naver.com/fcvresearch/ 가정교회마을연구소 블로그.

목회 현장이 긴밀한 사역적, 신학적 협력을 하는 것은 매우 중요하다고 보겠다. 한마디로 요약하자면, 선교적 교회론은 이론과 실천의 끊임없는 비판적 그리고 건설적 조화가 필연적으로 시도되어야 부패하지 않는 가운데 성숙되어 질 수 있다.

V. 기독교교육적 함의

본 섹션에서는 우리가 선교적 교회론을 교육할 때 간과하지 말아야 할 주요 내용과 그것의 기독교교육적 함의가 무엇인지를 생각해 보고자 한다.

1. 선교적 교회론을 전 연령에 교육해야: 선교적 이중언어 구사의 중요성

선교적 교회론은 목회자들이나 성인들의 전유물이 아니다. 흔히 기독교교육은 전 세대를 위한 교육이어야 하며 요람에서 무덤까지 교육해야 한다고 주장하는 것과 같은 이치가 된다. 사실 오히려 학령기에 접어들지 않은 어린이에서부터 10~20대, 30~40대, 50~60대, 은퇴 이후 세대에 이르기까지의 전 세대에게 이를 지도하여야 할 것이다. 이도영이 자신의 책 『페어처치』에서 교회가 불평등과 부정의에서 탈피하여 공정한 삶(Fair Life)를 강조한 것처럼, 교회교육을 수행할 때 어린이와 노인을 배제하는 우를 범해서는 안 될 것이다. 기독교교육을 할 때 연령 차별을 하면 안 된다는 의미이다. 사실이는 교회가 유기체라는 특성을 고려할 때 절대 있어서는 안 될 일이다. 오히려 어린이들을 잘 교육하기 위하여 가정에서 온종일 자녀들과 시간을 보내는 부모들과 조부모들에게 선교적 교회론을 잘 가르쳐서 전 세대가 선교적 교회론에 대한 통전적인 이해를 가질 수 있도록 도와야 할 것이다. 또한 의식주와 사회생활 및 경제생활의 중추 역할을 하고 있는 30·40·50대로 하여금 선교적 교회에 대한 이해를 하고, 세상 속에서 존재하며 자신의 달란트를 십분 활용하여 자신이 속한 직장과 마을 속에서 선교적인 존재(being)로 살아가며, 섬김과 돌봄의 사역을 할 수 있도록 교회에서는 지속적으로 교회가 속한 지역사회, 마을의 필요를 교우들과 함께 토론하고, 실제 어떤 사역으로 마을 속에서 선교적 사역을 감당할 수 있을지를 궁리하는 프로그램 개발에 힘써야 한다.

부천 새롬교회의 이원돈 목사와 봉담 더불어숲동산교회의 이도영 목사 그리고 천안 송악교회의 이종명 목사가 가진 공통적인 특징은 그들은 목회를 교회 건물 안 사무실이나 강단에서만 하지 않는다는 것이다. 목사의 방에서 나와 마을을 돌아다니며 사람들을 만날 때 선교적 사역의 일환인 마을 만들기가 시작된다는 것이다. 교우들의 삶의 현장으로 찾아가고, 미(未)교우들을 만나 말을 걸고 그들의 삶의 정황과 필요에 귀를 기울이는 것이 선교적 교회를 이루어가는 출발이 된다. 선교적 교회는 목회자 혼자 하는 것이 아니라, 전 세대 연령을 아우르는 교우들과 같이 만들어가는 것이다. 전도하기 위해 만나는 것이 아니라 거룩한 호기심을 갖고 사람들을 만날 때 마을 사람들은 마음을 열게 될 것이다. 전 교우들이 선교적 교회론에 관심을 갖고 마을 속에서 자신의 삶을 열어 이웃을 초대하고 그들의 삶으로 들어가게 교육하려면 강단에서 온·오프 심방 시간에 모든 연령대의 성도들에게 쉬운 선교적 이중언어[32]로 교육해야 한다. 선교적 이중언어란 일찍이 부르그만(Walter Brueggemann)이 말한 것처럼 세상 속에서 통하는 어휘와 교회당 안에서 통용되는 언어 모두를 구사할 수 있어야 한다는 말이다. 이른바 신앙의 사적 영역에서만 소통이 되는 언어가 아니라 공적 영역에서도 소통이 되는 언어를 구사하는 능력을 교회교육에서 가르쳐야 할 것이다.[33] 이렇게 하기 위해서는 목회자가 먼저 교회당 밖에서 일어나는 일을 치우침 없이 이해하고 분석하며 분별할 수 있는 실력을 갖추어야 한다. 신앙인은 교회당 밖의 일에 대하여 관심을 가질 필요가 없으며 하나님을 모르는 이들의 일에 관여하는 것 자체가 불신앙의 표시라는 식으로 가르쳐서도 안 될 것이다. 한편 진보나 보수의 한편에서만 통용되는 관점이나 정보를 편향적으로 강단에서 주장하거나 선동하는 것도 조심할 일이다. 그러나 목회자가 모든 분야에 다 정통할 수는 없기에 각 분야의 전문가를 초청하여 전문 시각을 배우고, 전문가 집단과 독서 및 대화의 장을 열어 부족한 점을 잘 보완하는 지혜가 필요할 것이다. 결론적으로 선교적 교회론은 전 연령 세대의 교우들에게 교육할 수 있는 방법과 경로 그리고 기독교교육적 교수법을 개발하는 지혜를 갖추고 가장 효율적으로 교육할 수 있는 방법을 늘 모색해야 할 것이고 신학교 내에서 기독교교육 커리큘럼에서도 선교적 교회론에 근거한 하나님의 교육(Educatio Dei)을 추구해야 할 것이다.

---

32 선교적 이중언어라는 표현은 이도영, 『페어처치』, 220 이후에서 빌려온 것이다.

33 Walter Brueggemann, "분파주의적 해석학의 타당성," 메리 보이스 편/김도일 역, 『제자직과 시민직을 위한 교육』 (서울: 한국장로교출판사, 2012), 23-66.

2. 한국 사회 속 개신교 청년 세대[34]의 현실 인식과 다음 세대의 핵심 필요를 바로 읽어야

개신교회 내 전 연령 대에 선교적 교회론을 바로 교육하기 위해서는 사역자들이 다음 세대, 특히 청년들의 현실 인식에 민감하고 예리하게 반응할 수 있어야 한다. 최근 "기독 청년의 신앙과 교회 인식 조사 세미나"에서 공동으로 조사한 바에 의하면 청년들의 최우선 관심사는 다음의 순서와 같다. 경제적 양극화(36.9%), 일자리(34.3%), 부동산 문제(28.7%), 저출산/고령화 문제(24.6%), 환경/기후 문제(16.6%) 그리고 한국 사회에 대한 현실 인식에서 최우선 과제를 다음과 같이 꼽았다. 우리 사회는: 돈이 최고의 가치다(92.3%), 계층 상승이 어려운 사회다(86.4%), 공정한 경쟁이 없는 사회다(85.1%), 착한 사람이 손해 보는 사회다(84.7%). 무엇보다 심각한 것은 우리 사회의 기독 청년들의 성경적 삶에 대한 신뢰 내지는 확신이 턱없이 낮다는 것이다. 61%의 청년들은 성경 말씀을 지키며 사는 이가 주위에 별로 없다고 답했으며, 40.4%의 청년들은 성경 말씀을 지키면서 살게 되면 이 사회에서는 성공할 수 없다고 답한 것이다.[35] 이번

---

34 X세대는 아날로그 세대, Y세대는 스마트폰, 태블릿을 잘 다루는 디지털 세대, Z세대는 태어나면서부터 디지털기기를 접하는 세대이다. 청년 세대를 이른바 MZ세대(Millenial-Z Generation)로 구분하는데 1980~2000년 초반에 태어난 세대인 밀레니얼 세대, 디지털을 손에 쥐고 태어나는 Z세대는 2000년 이후에 태어난 세대다. MZ세대는 나만의 것이 제일 중요하다는 초개인화, 신념에 따라 돈을 쓰는 가치소비자, 인스타/페이스북/트위터로 나를 표현해라고 말하는 세대이다. 강성모, "밀레니얼(M)과 Z세대 이해," 「CG: 월간 교회 성장」 (2021.05): 38-51.

35 한국교회탐구센터, 실천신학원대학교 21세기교회연구소와 목회데이터연구소, "기독 청년의 신앙과 교회 인식 조사 세미나," 『코로나 시대, 기독 청년들의 신앙생활 탐구』(19~39세의 700명 남녀 청년 대상), 2021년 1월 27일에 실시된 온라인 통계 자료.

통계에 대하여 정재영은 경제 수준 정도가 청년들의 신앙생활에 중요한 변수로 작용한다고 보았고, 교회가 청년들의 경제문제에 깊은 관심을 갖고 청년 주거, 일자리 문제 해결 등의 해법을 제시하여야 한다고 보았다.[36] 또한 송인규는 코로나19 팬데믹 사태와 같은 격동하는 전환기에는 청년 사역을 위한 획기적인 소그룹 모임의 대안적 아이디어가 필요하다고 보았다. 코로나19 사태는 전통적인 소그룹에 더해 온라인을 활용한 소그룹 모임이 걸림돌이기보다는 오히려 디딤돌이 될 수도 있다고 보았다. 정재영과 송인규의 견해를 종합적으로 볼 때 청년들의 부모 세대가 자녀 세대들의 경제문제에 많은 관심을 갖는 것이 당연하며, 교회적으로도 공동체적 관점을 가지고 해결책을 제시해 주는 것이 현실적으로 타당하고 시급하며, 온라인 소그룹과 대면하는 소그룹을 적절히 조화하는 노력이 필요한 것으로 보인다.[37] 무엇보다 급변하는 격동기에는 더욱 예민하고 세심하게 청년들의 필요를 잘 파악하고 대처하는 것이 급선무일 것이라고 본다. 무엇보다 교회의 리더십 위치에 있는 이들은 진정성을 가지고 청년들을 대하고 가정과 교회학교에서 기독교인 부모가 어린 시절부터 신뢰와 사랑과 인내 그리고 진실함으로 대하여서 기독교에 대한 거부감이 없게 양육해야 할 것이다.

---

http://www.tamgoo.kr/board/bbs/board.php?bo_table=c_news_1&wr_id=204. 2021년 4월 20일 접속.

36 박세길, 『대전환기 프레임 혁명: 포스트 코로나, 사람 중심 경제로의 전환』(서울: 북바이북, 2020)에서 저자는 오늘날 일자리 위기, 초령 사회 진입에 따른 소비 위축을 거론하며 자본 중심 경제에 너무 치중하지 말고 사람 중심의 경제 패러다임을 구축하고 우리나라의 소프트파워를 키우고 청년을 비롯한 사회 전 구성원들과의 개방적 소통에 힘써야 함을 강조하였다.

37 이연경, "교회가 청년들의 경제 및 온라인 모임에 관심 가질 때," 「주간 기독교」 (2021. 02. 21): 22-23.

3. 민주적 공공성을 담보하는 기독교교육을 수행해야

벨라(Robert Bellah)가 "우리는 누구인가?"라는 질문을 통해서 자문자답하면서 던진 일성, "오늘날 사람들의 마음에는 사적인 영역이 가득 차서 공적인 삶의 공간을 마련할 여유가 없다"는 말은 여전히 유효하다.[38] 그러므로 기독교교육을 수행하는 이들은 사적인 영역과 공적인 영역을 공정하게 나누어 두 영역에서 신앙인들이 해야 할 사고, 말, 행동에 힘을 써야 한다고 본다. 오늘날 한국의 개신교가 너무도 사적인 종교로 전락해 있고, 공공의 영역에서 신뢰를 잃고 있는 것은 너무 오랜 세월 동안 사적인 영역에만 관심을 기울였기 때문이 아닌지 고민할 필요가 있다. 교회가 공공성을 잃어버리게 될 때 희생적으로 구제와 봉사/섬김의 노력을 기울였다고 할지라도 교회 밖 사회에서는 인정하지 않을 수 있으며, 이러한 현상은 이미 낯선 것이 아니다. 그러나 우리가 공공성에 대하여 논할 때 빠트리지 말아야 할 중요한 요점이 있다. 그것은 공공성을 수행할 때 간과하기 쉬운 민주적인 과정이다. 이 점에 대하여 아렌트(Hannah Arendt)와 하버마스(Jürgen Habermas)의 저술을 공공성이라는 주제를 비판적으로 연구한 사이토 준이치(さいとうじゅんいち)는 공공성을 확보할 때도 민주적인 절차를 지키지 않는 가운데 의사 형성 과정에서 아무도 배제하지 않고 공개성을 지키지 않거나 공공적 이유(public reason)를 분명하게 증명하지 않는 가운데 공공성을 주장하게 되면 이런 모든 과정이 오히려 사회적 악이 될 수 있다고 말한다. 그러므

---

38 Robert Bellah et al., *Habits of the Heart* (Berkeley: University of California Press, 1985), vii; 김도일, 『현대 기독교교육의 흐름과 중심사상』, 207에서 재인용.

로 민주적인 의사 형성과 비판적 공개성을 담보할 수 있는 공공성 논의가 되어야 한다고 주장한다. 그리고 공공성은 "닫힌 동일성(identity)이 아니라 열린 상호성을 기반"으로 한 의사결정 과정을 거쳐야 한다는 것이 준이치의 견해인데, 이는 공공성을 회복하면서도 인간의 개별성을 보장한다는 점에서 매우 중요한 사안이다. 그는 아렌트의 공공성은 인간의 복수성(複數性)을 존중하는 것이어야 하며 현대 제4차 산업혁명 시대와 같은 기술사회가 치중하는 시장의 효율성에 얽매여 공공성이 후퇴될 때 그 사회는 민주적인 사회가 될 수 없으며 공공이라는 이름으로 일단의 사람들이 희생될 우려가 있음을 말하였다.[39] 오늘날 사회적 효율성이라는 이름으로 세월호 참사나 광주민주화항쟁 등을 통하여 희생된 이들의 남은 가족들의 목소리를 청종하며 민주적 공공성의 과정을 무시한 채 '이 사회가 할 일이 얼마나 많은데 왜 아직까지도 그런 일에 우리가 에너지를 낭비해야 하는가? 또 그 얘기인가?'라고 반응하며 심지어 기독교인들마저 우리 사회 속에서 신음하며 고통 속에 살아가는 이들과 대화하기를 꺼리는 우리의 상황에서 우리가 귀담아들어야 할 민주적 공공성 담보에 대한 노력을 개신교회가 경주해야 할 것이다. 『민주적 공공성』을 번역한 역자들의 주장, 즉 "공공성을 회복한다는 의미는 사회적 안전망이나 복지제도를 확립하는 것과 동일시해서는 안 되며, 우리 사회 속에서 소외된 구체적인 타자에 대하여 진지한 관심을 갖고 그들의 목소리에 귀를 기울여야 한다는 것이다"라는 외침에 적극 동의하며, 기독교교육을 수행하는 모든 이들에게 민주적

---

39 さいとうじゅんいち(齋藤 純一)/윤대석·류수연·윤미란 역, 『민주적 공공성』(서울: 이음, 2009), 6-8, 132-133.

공공성 확립에 관심을 기울여 주어야 한다.

위의 개념을 설명한 준이치의 통찰은 그의 친밀권(intimate sphere)과 공공권(public sphere)에 대한 분석에서 발견할 수 있다. 일반적으로 현대 사회는 공동체를 강조한다. 이는 하버마스도 강조한 소 가족적인 친밀성의 영역인데, 우리가 주의해야 할 점은 공동체는 사람과 사람 사이(間)의 공간(interspace)이 무시될 위험도 있다는 것이다. 그러므로 사람(人) 사이(間)의 복수성을 존중하는 공공권 보장도 유념할 필요가 있다는 것이다. 오늘날 "민족주의와 가족과 연예인의 삶에 대한 관심은 공리주의적 효율성의 논리에 못지않게 타자에 대한 무관심과 자기애에 근거하고 있다"는 준이치의 생각은 역설적으로 왜곡된 현대인의 공공성에 대한 균형을 추구하는 관심을 일깨워 준다.[40]

4. 마을 속에서 함께 경쟁하지 않고 살아가기를 보여주고 가르쳐야

최근 배우 윤여정이 2021년 오스카 여우조연상을 수상하며 남긴 말이 퍽 인상적이다. "제가 이곳에 있는 훌륭한 배우들과 같이 후보에 올랐으나 결국 제가 이 상을 받게 되었습니다. 우리는 각자 다른 역을 연기했고, 서로 경쟁 상대가 될 수 없습니다. 저에게는 그저 다른 이들보다 조금 더 운이 따랐을 뿐입니다."[41] 뉴욕타임스와 CNN의 기자들도 그녀의 여유롭고 달관한 인생관에 찬사를 보냈다. 주변에 존재하는 작고 큰 마을 사람들과 서로 경쟁하지 않고 살아가

---

40 さいとうじゅんいち, 『민주적 공공성』, 103 이하, 132 참고.
41 신기섭, "쇼 훔친 윤여정의 수상소감, 오스카상 한 번 더 주자," 「한겨레신문」 2021년 4월 27일.

는 법을 배우는 것은 선교적 교회론의 핵심이며, 마을만들기의 기본 자세라고 본다. 현대 사회의 가장 큰 병은 무한대로 치닫는 자기 긍정이다. 자신이 할 수 있는 일보다 남에게 맡겨야 잘 되는 일이 많으며, 자신이 할 수 있는 일에 최선을 다하며 다른 이들과 조화롭게 살지 않고 끊임없이 욕망하며 살아가기에 현대 사회가 피로사회, 욕망사회가 된 것이다.[42] 이제 이런 굴레에서 벗어나야 한다. 적어도 예수 그리스도의 산상수훈을 소중하게 여기며 자유인이지만 일부러 섬기기 위해 자진하여 타인의 종이 된 그리스도인들(갈 5:1, 13)은 타인을 세워 주고 더불어 살아가는 조화와 행복을 추구해야 할 것이다. 김누리의 말처럼 격동하는 전환기를 사는 인류는 자본주의라는 프레임이 인간화되어 공존 공생하며,[43] 공감과 돌봄의 영성을 생활화하는 수밖에 없다. 오늘날과 같이 격동하는 사회 변화 속에서 대전환의 위기에 처한 지구호는 각자도생보다는 팀 휴먼(Team Human)을 이루어 동료들과 같이 어울리는 법을 터득해야 한다.[44] 파머(Parker J. Palmer)가 주장했듯이 행동과 관조/묵상 사이의 역설적 관계를 조망하는 가운데 온전한 영성에 이르는 길을 모색하는 것이 포스트모더니즘, 제4차 산업혁명, 코로나19 '전쟁'으로 시달리고 있는 현대인이 가야 할 길이다.[45]

---

42 성정모/홍인식 역,『욕망사회』(서울: 한겨레출판, 2016)과 한병철/김태환 역,『피로사회』 (서울: 문학과 지성사, 2015)의 핵심. 성정모는 욕망보다는 우정을 선택하는 삶을 추구할 것을 강조했고, 한병철은 무한 자기 긍정이 자기를 착취하고 타인을 괴롭히는 가해자가 된다고 하였다.

43 김누리, "포스트 코로나: 세계관의 전복,"『코로나 사피엔스』, 126 이하.

44 Douglas Rushkoff/이지연 역,『대전환이 온다』(서울: 알에이치코리아, 2019). 러시코프는 인류가 생존하려면 동료들을 뛰어넘기보다는 더 많은 동료와 어울리는 법을 터득해야 한다고 말한다.

45 Parker J. Palmer/홍병룡 역,『일, 창조, 돌봄의 영성』(서울: 아바서원, 1990). 파머는 욕망을

VI. 나가는 말

온갖 통계 자료가 한국교회와 사회의 불안과 희망 없음을 나타내고 있으나 필자는 여전히 한국교회 특히 개신교에 일말의 희망을 걸고 있으며, 결국은 하나님이 이 나라를 그냥 두지 않으시리라는 소망과 믿음을 갖고 있다. 왜냐하면 대한민국은 오천 년 역사 가운데 종종 절체절명의 위기에 빠졌으나 그때마다 온 국민이 가장 지혜로운 방법과 전국민적 희생으로 나라를 살려냈으며, 비록 서양 교회에 비하면 매우 짧은 개신교 역사를 지니고 있으나 그런 와중에도 테오리아와 프락시스의 균형을 잡고자 하는 신학자들이 출현하였고, 앞서 언급한 매우 건강하고 헌신적인 목회자들과 살신성인하는 성도들이 우리 교회와 사회 속에 건재하기 때문이다. 선교적 교회론은 이 시대 하나님이 우리 교회에 주신 선물이다. 우리는 유럽교회가 흥망성쇠 과정 가운데 새롭게 거듭나 하나님의 선교에 동참하는 예를 수도 없이 보았고, 우리나라의 작고 큰 적지 않은 수의 교회들[46]이 상상할 수 없을 정도의 깊이와 넓이 가진 예를 목격하고 있기 때문이다.[47] 선교적 교회론이 이론에 그치지 않고 생활 속에서,

---

채우기 위해 끊임없는 행동하는 현대인들에게 묵상과 관조를 연습해야 인간다워질 수 있다고 권면한다.

46 김도일 책임편집,『교회교육 현장으로 나가다』(서울: 동연, 2016). 이 책에는 도시마을목회의 본보기로 한남제일교회와 가정-교회-마을이 소통하는 교회교육의 본보기로 한사랑교회, 교사대학을 통해 마을을 세울 일군을 양육하는 원주중부교회, 인문학적 신앙교육의 본보기로 신양교회, 초고령화를 대비한 개봉교회, 성찬적 삶과 서번트 교육목회의 본보기로 선한목자교회, 믿음 가진 다음 세대로 양육하는 충신교회, 가정을 세우는 부부, 청년교육의 본보기로 하늘꿈연동교회를 소개하였다.

47 중대형교회인 수원성교회(담임 안광수목사)는 성인 3천여 명, 어린이, 청소년 1,500여 명, 청년 500명의 교회이면서 성균관대역 근처의 마을에서 모범적인 마을목회를 하고 있다.

삶 속에서 진정한 코이노니아로 실천될 때 한국개신교는 역사와 민족 앞에 자랑스러운 유산을 남기게 될 것을 소망하며 이 글을 마친다.

완도성광교회는 전형적인 지역 교회이지만, 민주적인 절차를 중요시하며 전 교우가 참여하여 복음 전도와 공적 책임의 균형을 맞추어 조화롭게 사역하는 교회이다. 그 외 여러 교회에 대한 선교적 교회론을 적용한 사역에 대한 소개와 분석은 필자의『가정-교회-마을 교육공동체』(서울: 동연, 2018), 3부(341-428)를 참고할 것.

● 함께 생각해 볼 질문

1. 오늘날 인류가 당면한 세 가지 도전이 무엇인지 그것이 어떻게 우리의 삶을 변화시키고 있는지 서로 나누어 보세요.
2. 선교적 교회론을 전 세대 연령에 가르칠 필요성에 대하여 동의하는지에 대하여 자신의 생각을 나누어 볼까요?
3. 마을 속에서 경쟁하지 않고 서로를 도와주며 선교적 이중언어를 구사한다는 의미와 실천 방안을 어떻게 모색해 볼 수 있을까요?

● 도움이 될 만한 자료

1. 메리 보이스 편/김도일 역. 『제자직과 시민직을 위한 교육』. 서울: 한국장로교출판사, 2012.
2. Palmer, Parker J./홍병룡 역. 『일, 창조, 돌봄의 영성』. 서울: 아바서원, 1990.
3. 김도일 편. 『교회교육 현장으로 나가다』. 동연, 2016.
　　　　.『미래시대, 미래세대, 미래교육』. 기독한교, 2016.
　　　　.『제4차 산업혁명시대의 교육목회』, 기독한교, 2018.
　　　　.『더불어 함께하는 평화교육』, 동연, 2020.
4. 김도일.『가정·교회·마을 교육공동체』. 동연, 2018.
　　　　.『현대 기독교교육의 흐름과 중심사상』(개정증보판). 동연, 2020.
5. 이도영.『페어처치』. 서울: 새물결플러스, 2018.
6. 노영상 외.『마을교회, 마을목회』. 서울: 한국장로교출판사, 2018.
7. https://blog.naver.com/fcvresearch/ 가정교회마을연구소 블로그

세대를 향한
선교적 교회론

1020세대 청소년을 위한 선교적 교회론과 선교의 관점 형성 교육에 관한 연구

양승준*

I. 들어가는 말

본 연구는 세대를 연결하기 위해 필요한 여러 요소들 중 '가치관'에 비중을 두었다. 현 시대의 청소년 세대를 일컫는 Z세대(영어: Generation Z, Gen Z 또는 Zoomers)는 밀레니얼 세대의 다음 세대를 의미하는데, 인구통계학자들은 일반적으로 2000년부터 2010년까지 태어난 세대를 일컫는다.[1]

Z세대는 정보를 손쉽고 정확하게 이용 가능한 스마트폰과 미디어를 이용해 다양한 국내외 문화를 경험하며 적극적으로 교류하고 있다. 이 과정에서 문화적 감수성과 1인 가구 증가 등 변화된 성장 환경 속에서 이전 세대와는 다른 정체성을 갖게 되었다. 이전 세대가 주로 학교에서 배운 가치관을 중시하고 있는 데 비해, Z세대는 자신이 좋아하고 관심 있는 대상에 대한 호불호가 뚜렷한 삶의 태도와 소비

---

* 세종대학교 교목(초빙교수). 기독교교육.

1 위키피아. https://ko.wikipedia.org/wiki/Z세대.

성향을 보여주고 있다. 더불어 그 어느 세대보다 '자신'에게 가장 솔직하고 확고한 정체성과 자존감을 표현하는 세대로 명명되고 있다.[2]

Z세대라고 칭하는 청소년은 과거와 현재의 가치에 영향을 받아 이를 전승하는 역할과 동시에 새로운 변화를 이끄는 중추 세력이다. 그들의 공통된 가치는 기성세대의 가치와 새로운 변화를 견인하는 독특한 가치가 공존하는 동시성을 갖는다. 특히 10대 청소년 시기는 이전 부모 세대로부터 이어받은 가치를 바탕으로 자신들의 정체성을 형성하는 중요한 시기이다. 따라서 10대에 형성된 가치관은 전 생애를 통해 영향을 미치게 되며, 성인으로 성장하는 과정에서 또래 집단, 가정, 학교, 교회 및 사회단체 등에서 그들의 의식과 무의식을 지배하는 심리 요인으로 자리 잡게 된다. 청소년기에 형성된 가치관은 어른이 된 후에도 기본적인 내재적 가치로 작용하면서 시대적인 환경 변화에도 쉽게 변하지 않는 특성을 지닌다.[3]

그동안 진행된 청소년의 가치관에 대한 선행 연구는 가치관의 개념을 정의하고 하위 영역을 구분하는 범주에 집중하였다. 청소년의 가치와 근대성의 특성을 비교하면서 한국 사회의 서구화가 청소년 세대들의 전통적 가치에 미치는 영향을 김태길, 홍승직이 연구했다. 그리고 청소년의 인생관에 대해 김형립, 문용린이 물질주의, 편법주의, 개인주의가 우선시 되는 경향을 지적하며 탐구하였다. 청소년들의 사회관은 1980년대에서 2000년대에 이르기까지 모두 부정적으로 나타나고 있는데, 한국 사회의 서열 중시와 극심한 빈부격차로 인해 불공정한 사회로 평가하고, 공공 부분에 대해 불신감을 나

2 오해섭·문호영,『Z세대 10대 청소년의 가치관 변화 연구』(서울: 한국청소년정책연구원 연구보고서, 2020), 4.

3 민보경 외,『청소년 미래선호 가치 설문조사 기반 연구』(서울: 국회미래연구원. 2019).

타냈다고 연구하였다.[4]

이 글은 청소년기에 형성되는 가치관과 정체성이 신앙 형성과 함께 이루어져야 함을 제안한다. 특히 선교적 교회론에 입각한 다양한 선교의 관점 형성은 청소년의 가치관과 신앙 형성을 위해 배우고 실천할 수 있는 새로운 기독교교육적 패러다임의 변화이다.

II. 세대의 구분과 교육적 응용 및 Z세대의 특징

'세대' 개념은 어떤 특정 집단의 존재를 전제로 하고 그와 다른 새로운 집단의 출현을 설명하거나, 같은 세대에 속하는 사람들이 갖는 공통점과 이들이 다른 세대에 속하는 사람들과 갖는 차이점을 설명하기 위해 고안된 것이다. 따라서 집단들 간의 '경계'를 기술하려는 목적으로 만들어진 이 개념은 우리가 세대를 이해하기 위해서는 필연적으로 동일한 세대 내의 유사성과 여러 세대 간에 존재하는 이질성을 전제해야 한다. 그리고 이러한 유사성과 이질성의 문제 때문에 어떤 기준으로 세대를 범주화하고 비교할 것인가와 같은 질문에 대한 답을 찾는 것이 모든 세대 연구에서 우선적으로 해결되어야 하는 과제이다.[5]

최샛별은 세대를 규정하는 네 가지 방식을 제시하는데 첫째, 세대를 조부모와 부모, 자녀와 같이 친족 계보에서 같은 항렬에 속하는 사람들이란 의미로 보는 경우이다. 이러한 규정 방식에 따를 경

---

4 한미라, "한국 청소년 가치관의 연구사적 고찰," 「기독교교육정보」 29(2011): 99-143.

5 최샛별, 『문화사회학으로 바라본 한국의 세대연대기』(서울: 이화여자대학교출판문화원, 2018), 19.

우 세대는 '가계 계승의 원리'로 이해될 수 있다. 둘째, 세대를 비슷한 시기에 태어나 특정한 기간에 중요한 사건들을 공통적으로 경험한 사람들로 이루어진 '코호트'(cohort)로 이해하는 것이다. 코호트적 의미의 세대 구분은 각 세대가 차별적으로 보유한 가치관, 생활양식 등을 연구하는 데 주로 사용된다. 예를 들어 어린 시절부터 컴퓨터나 인터넷에 친숙한 삶을 살았던 사람들은 그렇지 않은 사람들에 비해 정보화 기기를 활용한 생활양식을 더 많이 향유한다는 사실이다. 셋째, '생애 주기상 동일한 단계에 있는 사람들'이자 인간의 발달 과정에서 동일한 과제에 마주한 '과제 동질적 집단'으로 보는 것이다. 이때의 과제는 학령기나 결혼 적령기, 은퇴기 등의 용어를 통해 가늠해 볼 수 있듯 학업이나 결혼, 은퇴 등 비슷한 나이대에 있는 모든 사람에게 공통적으로 주어지는 과업을 의미한다. 여기서 세대는 연령 효과에 초점이 맞추어져 있기에 특정 연령대를 지나치면 이들 세대가 갖는 특성은 사라지게 된다. 넷째, 특정한 역사적 시기에 생존한 사람들로 보는 역사학계의 세대 관점이다. 가령 조선시대에 살았던 사람들이나 일제강점기에 살았던 사람들을 각각의 세대로 보는 것을 그 예로 들 수 있다. 이 같은 규정 방식에 따른 세대 구분은 하나의 세대를 규정하는 역사적 시간이 상대적으로 매우 길기 때문에 코호트적 의미의 세대나 생애 주기 과정에 따른 세대와 달리 여러 세대 간 특성을 비교하는 경험적 연구를 수행하기에는 한계가 있다.[6]

　　최샛별이 제시한 세대를 규정하는 방식과 경계로서의 새로운 세대 개념을 정리하면 [그림 1]과 같다.

---

6 위의 책, 20-21.

[그림 1] 세대를 규정하는 방식과 경계로서의 새로운 세대 개념

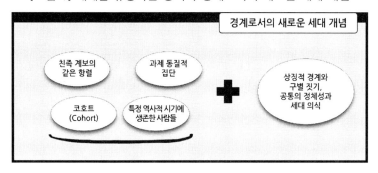

아래의 〈표 1〉은 기독교교육의 관점에서 나타난 세대별 학습자의 특성과 교육적 응용을 김도일이 정리한 것이다.[7] Z세대에 대해서는 항목에 맞게 연구자가 첨가하였다.

〈표 1〉 세대별 학습자의 특성에 따른 교육적 응용

	성장 세대 (1930~1950)	베이비부머 세대(1950~ 1964, 인구 비중 28.9%)	베이비버스터 세대(1965~ 1979, 인구 비중 24.5%)	밀레니움 세대(1980~ 1994, 인구 비중 21%)	Z세대(1995년 이후, 인구 비중 15.9%)
미디어 이용	아날로그 중심 (신문)	아날로그 중심 (신문)	디지털 이주민 (TV)	디지털 유목민 (PC)	디지털 네이티브(모바일)
성향	침묵 세대 공동체 중요	전후 세대 이념적	물질주의 경쟁사회	세계화 경험주의	현실주의 윤리 중시
학습 프로그램에 대한 기대/ 전망	프로그램 · 프로젝트를 실행할능력이약해질 것이다.	관계 중심인인 학습과 프로젝트를 지속적으로 후원할 것이다.	이슈 중심의 학습과 프로젝트에 더 많이 참여할 것이다.	영향력 있는 학습 프로젝트나 인재 양성 프로그램에 더 많이 지원할 것이다.	프로그램에 부분이 되며 일조하는 기회를 주라. 대의를 위해 앞장서는 것에

7 김도일 외,『미래시대 미래세대 미래교육』(서울: 기독한교, 2013), 297.

					열망하고 개인적 보상이 중요하다.
나눔과 소통	은퇴할 때까지 기부를 계속함.	사람에 관련한 전반적 프로젝트에 기부한다.	이슈에 관련하거나 이상에 부합한 학습 프로젝트에 기부한다.	변화를 위한 이슈와 실용적 운동에 기부한다.	수직적 관계 대신 수평적 관계에서 자유로운 의견 제시와 소통을 추구한다.
전도 전략	부흥을 강조하는 전도는 약화된다.	관계 중심 전도가 지배적이다.	구체적인 12단계 전도 프로그램이 성장할 것이다.	실제적인 그리고 개인적인 만남을 통한 전도.	실용적 사고방식, 멀티태스킹, 모바일 활용.
학습 구성원들의 마음가짐	조직에 대한 충성도가 점점 약화될 것이다.	사람들에 대한 충성도가 높아질 것이다.	이슈와 이상에 대한 충성도와 연관성은 계속 높아질 것이다.	실제적 변화를 체험하고 주도해 가는 학습 참여가 높아질 것이다.	세상의 잣대에서 자유롭고 개인주의 성향이 강함. 자신의 경험을 타인에게 소개하거나 소셜 서클에서 인정받고자 함.

    Z세대의 특징적 요소들을 산출하기 위해 청소년의 어원적 의미와 인지발달, 정서발달, 신앙발달의 이론들을 간략히 살펴보고자 한다.

    첫째, 어원적 의미로 청소년기를 뜻하는 영어의 adolescence라는 단어는 '성숙한다' 또는 '성장한다'는 의미의 라틴어 adolescere에서 유래된 것으로 알려져 있다. 성숙 또는 성장이라는 것은 정서적, 육체적, 감정적, 지적, 심리적, 사회적 그리고 영적으로 발달된 상태를 뜻하는 것으로, 청소년기란 전인적인 면에서 발달해 가면서 아동에서 성인으로 전환해 가는 시기를 일컫는다.[8] 따라서 청소년기(adolescence)는 아동기에서 성인으로 성장할 수 있는 12세에서 18세

---

8 한성철 외,『청소년 심리학』(서울: 양서원, 1997), 15.

에 속하는 가장 중요한 인간 발달의 전환기이다. 이 시기의 청소년들은 정체성의 확립을 위해 노력하며, 그 과정에서 발생하는 역할 혼란을 경험한다. 또한 그들은 생식 기관의 급격한 성숙과 신체의 발달로 심각한 심리적인 변화를 경험하며, 불확실한 성인의 역할에 심리적 갈등을 동시에 경험한다. 이러한 이중적인 심리적 변화와 갈등을 해소하기 위해 청소년들은 자신들의 정체성 형성을 주도해 가며, 자기 정체성을 확인해 가는 시기이다.[9]

둘째, 피아제의 인지발달 이론에서 사춘기 아이들은 형식적인 정신작용 또는 추상적인 사고작용을 할 수 있다. 그들은 정보를 캐내고, 학습을 심화하고, 사안들을 생각해 보기 위해 사건들을 정밀히 조사할 수 있다.

셋째, 정서발달을 주장한 에릭슨은 청소년기는 자아 정체성을 형성하는 사춘기라고 했고, 이를 위해 사람들과 세상에 대한 신뢰감을 확신시켜 주는 어른들과의 지속적인 관계들과 심각한 선택들을 해야 하는 기회들이 증가되어야 한다고 말한다. 자아 정체성은 '나는 누구인가?'라는 질문에 대한 답을 모은 것이다. 자아 정체성(self identity)이란 말을 만든 에릭슨(Erik Homburger Erikson)은 인간은 씨앗에서 완전히 다른 형태의 나무로 성장하는 식물처럼 단계별로 성장하며 전혀 다른 수준의 존재가 된다고 주장한다. 그는 좋은 일과 나쁜 일 모두를 겪으며 각각 다른 심리 상태를 경험하는 것으로 미덕을 얻게 되고, 그 미덕을 갖추면서 인간은 성장한다고 피력했다.[10] 이 시기에는 충성심을 쏟는 집단이 다양하고 자아 정체성의

---

9 이숙종, 『현대 사회와 기독교교육』 (서울: 대한기독교서회, 2001), 179.
10 이남석, 『청소년에게 심리학이 뭔 소용이람?』 (서울: 우리교육, 2019), 65-66.

발달 양상도 달라지기에 친구나 모임을 잘 선택해야 한다. 특히 청소년 자신이 되고 싶어 하는 사람을 떠올리고, 그 모습에 가까워지는데 도움이 되는 친구나 모임에 참여하여 노력하는 것이 필요하다.[11]

넷째, 파울러의 신앙발달에 따르면, 청소년들은 종합적-인습적 신앙(synthetic-conventional faith) 단계에 있다. 이 수준의 신앙은 보다 확대된 세계에 대한 경험을 가능하게 해 주고, 가치들이나 정보들을 종합해 주기 때문에 정체성의 형성과 조망의 근거가 되어 준다. 그러나 가치와 신념의 집합체인 이념을 소유하고는 있어도 그것을 객관화시켜 그 의미를 의식하지 못할 뿐 아니라, 대부분 그것의 소유 여부조차 인식하지 못하고 있는 것이 특징이다. 따라서 이들은 아직 스스로 설 수 있고 결단할 수 있는 확고한 신앙의 정체성을 소유하지 못한 전형적인 타인 의존 상태에 있다고 할 수 있다.[12] 그럼에도 불구하고 이 시기의 능력은 새롭게 얻어진 정체성과 신앙에 대한 자신감과 궁극적 환경에 대한 이미지를 통해 과거와 미래를 통합하는 신화를 형성할 수 있다는 것이다. 즉, 인습적인 신앙 양식으로 의심 없이 신성시해 오던 가치들이 심각한 충돌을 맞게 되고, 현실에 대한 반성이나 비판이 가능해지면서 다음 단계인 개별적-반성적 신앙으로의 이동이 시작되는 것이다. 조금 성숙한 청소년들은 증폭하는 자율성으로부터 개별적-반성적 신앙(individuative-reflective faith)이 자라는 것을 경험하기 시작하기도 하지만 대부분의 청소년들은 자신이 속한 종교적인 공동체에 의존한다.[13] 파울러는 그리스도인

---

11 위의 책, 72-73.

12 사미자, 『종교심리학』 (서울: 장로회신학대학교출판부, 2001), 156-157.

13 Iris Cully, *The Bible in Christian Education*, 김도일 역, 『성경과 기독교교육』 (서울: 한국장로교출판사, 2004), 134-135.

의 소명과 성인이 되면서 신앙 발달단계의 최종목표를 '제한 없는 사랑'(limitless love)이라고 강조했다.14 오스머(Richard R. Osmer)는 이 시기의 특징과 교육 방법을 제시하는데 첫째, "대화와 가르침에 참여함으로 신념과 가치를 심어 주는 사역을 하라", 둘째, "따를 수 있는 분명한 신학적, 도덕적 관습을 관계적 형식을 중심으로 제공하라", 셋째, "명확한 관습을 의도적으로 이해시켜야 하는데, 좋은 신자에 대한 분명한 상을 투영하도록 하라", 넷째, 영성의 우정 모형으로써 "함께 시간을 보내고 정직한 의사소통, 필요한 지원과 지침을 주는 친구로서의 예수께 초점을 두라", 다섯째, "개인의 경험 및 주변 세계에 대해 비판적 성찰 능력을 키우라"는 것이다.15

청소년기의 다양한 특징을 탐구하기 위해 어원적 의미 그리고 인지, 정서, 신앙발달의 개념을 살펴보았다. 이러한 특징들을 선교적 교회론과 관련시켜 청소년의 가치관과 신앙 형성을 위한 방법을 고찰하고자 한다.

III. 선교적 교회론

'선교'라는 단어는 흔히 목적이나 목표 지향이란 의미를 지닌 말로도 쓰인다. 일반 사회에서도 사람들은 '공동의 사명'(corporate mission)을 지닌 조직들에 대해 이야기하고, 그 조직의 사명은 간결한 '사명 진술서'(mission statement)로 요약하고 선포한다. 그렇다면

---

14 James Fowler, *Becoming Adult, Becoming Christian* (San Francisco: Harper & Row, 1984), 75.
15 Richard Osmer, *Confirmation* (Louisville: Geneva Press, 1996), 254-286.

"선교(mission)의 사명은 무엇인가?"라는 질문은 사실상 "하나님의 백성이라 하는 이들은 실제로 어떤 목적을 위해 존재하는가? 무엇을 위해 여기에 있는가?"라고 묻는 것이다.[16]

다시 말해서 "그것은 누구의 선교인가?"라는 물음이며, 정답은 '하나님의 선교'이다. 하나님 자신이 사명을 갖고 계시며, 우리의 모든 사명(선교)은 하나님의 앞선 사명(선교)으로부터 나온다. 그리고 그 사명은 참으로 광범위하다는 것이다.

> 선교는 하나님의 마음으로부터 생겨나서, 그분의 마음에서 우리의 마음으로 전달되는 것이다. 선교는 세계적인 하나님의 세계적인 백성이 세계적으로 활동하는 것이다.[17]

근본적으로 선교는 우리가 하나님의 백성으로서 하나님의 부르심과 명령에 따라 하나님 자신의 역사 안에서 하나님의 피조물들을 구속하시기 위해 헌신적으로 참여하는 것을 의미한다.

이러한 하나님의 선교를 목적으로 광범위한 사명을 이루기 위해 선교적 교회론은 다양한 개념과 시각을 제공하여 청소년의 가치관과 신앙 형성을 위한 기독교교육에 통찰을 준다.

선교의 목표는 영혼 구원과 그리스도인의 제자화 그리고 참된 인간성과 창조 세계의 회복을 통해 궁극적으로 하나님 나라를 실현하는 데 있다. 영혼 구원이란 복음의 핵심인바, 죄인된 인간이 그리스도 안에서 하나님의 구원의 복음을 믿음으로 말미암아 의롭다하

---

16 John Stott, *The Contemporary Christian : An Urgent Plea for Double Listening*, 한화룡·정옥배 역, 『현대를 사는 그리스도인』(서울: IVP, 1993), 335.

17 Christopher J. H. Wright/한화룡·정옥배 역, 『하나님의 선교』(서울: IVP, 2007).

심을 얻고 하나님과 화해되어 그의 자녀로 새로운 생명을 얻게 됨을 말하는 것이다. 그리스도의 제자화는 복음을 영접하고 구원받은 자들로 하여금 성숙한 그리스도인으로 양육 받아 교회와 사회 속에서 책임적인 증인의 삶을 살아가도록 하는 것이다. 이를 통한 선교의 궁극적 목표는 하나님의 나라의 실현과 확장에 있다. 하나님의 나라는 하나님의 온전한 통치하에 하나님과 인간, 창조세계 간에 온전한 평화와 화해가 실현되고 모든 피조물이 회복되는 세계이다.[18]

영혼 구원, 제자도, 책임적 증인, 하나님과 인간 및 창조세계와의 온전한 평화와 화해 등을 피력하는 선교적 교회의 담론은 1970년대 뉴비긴(Lesslie Newbigin)을 중심으로 시작되어 그의 영향을 받은 북미 신학자들을 통해 전 세계 교회에 큰 영향을 끼치고 있다. 한국에서도 2000년대에 들어오면서 선교신학자들을 중심으로 선교적 교회에 대한 담론이 빠르게 확산되고 진전된 상황이다.[19] 먼저 현대 선교신학의 흐름과 선교적 교회론의 등장 및 확산을 살펴보고, 뉴비긴이 주장하는 선교적 교회론의 원리와 요소들을 고찰해 보고자 한다.

1. 현대 선교의 흐름과 선교적 교회론

현대 선교의 흐름은 세 시대로 나뉘어 볼 수 있는데 첫째, 선교회 중심의 선교 시대(Mission Agency)이다. 이 시기는 18~19세기로 서구 열강들의 식민지 확장과 함께 세계 선교도 활발하게 확산되어 갔

---

18 기독교대한감리회 본부선교국,『해외선교백서』(서울: KMC, 2008), 9.
19 황병배, "한국의 선교적 교회들로부터 얻는 선교적 통찰: 선교적 교회의 일곱 기둥들,"
「선교신학」 47(2017), 380.

는데 그 중심에는 '선교회'들이 있었다. 해외복음전도협회(Society for the Promotion of Christian Knowledge, 1701), 런던선교회(London Mission Society, 1795), 교회선교회(Church Mission Society, 1799) 등이다. 런던 선교회의 캐리(William Carey), 중국복음전도협회의 테일러(Hudson Taylor) 같은 선교사들도 모두 선교회들이 파송한 선교사들이다. 둘째, 교회 중심(Ecclesiocentric)의 선교 시대이다. 1910년 에딘버러 '세계 선교사대회'(World Missionary Council)를 필두로 근대 에큐메니컬 운동이 시작되었고, WCC(세계교회협의회)를 탄생시키는 모태와 같은 역할을 했다. 이를 기점으로 세계 선교는 점차 선교회 중심의 선교에서 교회 중심의 선교 시대로 이동하기 시작하였다. 교회 중심의 선교는 선교의 주체를 교회로 보게 하고, 선교를 교회의 많은 사역들 가운데 하나로 전락시키는 결과를 가져왔다. 결국 교회가 하나님의 선교를 소유하는 것으로 잘못 이해하게 되었다. 셋째, 하나님 선교 중심의 선교 시대(Theocentric Missio Dei)이다. 1952년 빌링겐 세계 선교대회에서 Missio Dei(하나님의 선교) 신학이 대두되면서 선교의 주체가 교회에서 삼위일체 하나님으로 옮겨가게 되었다. Missio Dei신학은 "선교의 주체가 교회가 아니라 하나님이시다"라는 사고의 전환을 일으켜 이전까지 교회 중심의 선교에서는 교회가 선교를 소유했지만, '하나님의 선교'에서는 더 이상 교회가 선교의 주체도 아니고, 선교의 목적도 아닌 것이 되었다. 즉, 교회는 하나님의 선교를 위해 하나님이 세상으로 보내신 파송 공동체로 하나님의 선교의 참여자이며 도구인 것이다. 교회를 위해서 선교가 존재하는 것이 아니라, 선교를 위해서 교회가 존재한다는 패러다임으로 바뀌게 되었다.

선교적 교회는 현대 선교신학의 세 번째 시대인 '하나님의 선교'

에 기초한 교회론이라고 할 수 있다. 이 선교적 교회에 대한 담론을 시작한 대표적인 인물은 레슬리 뉴비긴(Lesslie Newbigin)이다. 그는 38년 동안 인도의 선교사로 사역하다 영국으로 돌아왔고, 선교에 대한 성찰과 논의를 거듭하여 '선교적 교회'의 개념과 정의를 세우게 된다.

"선교적 교회란 하나님의 선교신학에 근거해서 교회가 세상(지역사회)으로 보냄 받은 하나님의 나라 백성들의 공동체임을 인식하고, 개인의 영혼 구원과 이 땅에 임하는 하나님의 나라(통치)를 위해 통전적 선교를 수행하는 선교(사명) 공동체이다."

2. 뉴비긴의 선교적 교회론과 교육

선교의 일반적 통칭은 'Mission'을 사용한다. 이 단어는 라틴어의 'mitto'에서 '보내기, 넘어가는'이란 의미를 가지고 있으며 또한 '파견한다'의 의미로 사용되기도 한다. 선교를 뜻하는 Mission은 '사명'을 의미하며, 보냄을 받은 사람 또는 '단체에 부과된 일'의 의미를 갖는다. 다시 말해서 Mission은 하나님께로부터 '사명'을 부여받아 '보냄을 받는' 의미가 담겨있음을 정의할 수 있다.[20]

다양한 개인이나 단체가 사명을 받아 보냄을 받는 일을 '선교'라고 통칭할 때 '선교'를 이해하는 관점을 연구함에 있어서 과거의 협의적인 의미를 넘어 다양한 시각이 있다는 것을 전제해야 한다.

---

20 한국선교신학회,『선교학개론』(서울: 대한기독교서회, 2013), 204.

1) 선교적 교회론의 이해

뉴비긴은 서구의 사회 현장이 변화하면서 당면한 도전들을 예리하게 분석하였다. 이를 근거로 선교를 해외나 교회 외부로 나가는 것으로만 한정 짓기는 어려운 시대적 상황을 파악하고, 선교가 더이상 선교단체나 선교에 헌신되거나 관심 있는 그리스도인들만이 직간접적으로 참여하던 모습이 아니라, 하나님의 관점에서 더욱 본질적이고 포괄적인 개념으로 접근하였다. 이러한 연구가 '선교적 교회'이다.[21]

'선교적 교회'는 교회의 본질을 선교에서 찾는다. 뉴비긴과 그의 동료들의 연구와 실천은 하나님의 선교란 예수 그리스도의 교회인 우리들을 각자가 속해 있는 사회와 문화 가운데 선교적 교회가 되도록 부르시고 보내신 것임을 인식하게 한다.[22] 따라서 교회는 선교적인 이해를 받아들이고, 선교적으로 살아가야 한다.

2) 삼위일체 하나님의 선교 이해와 의미

뉴비긴은 선교 사역에 대해 다음의 세 가지 질문을 제안한다. 첫째, "과거 기독교 선교가 활발히 확장되던 때도 있었으나 그리스도인들은 감소하는 소수자인가?" 둘째, "기독교가 권위를 갖고 인간 삶의 영역에 영향을 끼치지 못하고 있는가?" 셋째, "선교에 의해 세워진 교회들이 분열되어 대다수 지역에서 작은 규모의 주변부 공동체로 잔존하는가?"이다.[23]

---

21 황구진, "선교적 교회를 위한 공동목회 연구," 「한국신학논총」 19호(2020), 222.
22 D. K. Guder, *Missional Church*. 정승현 역, 『선교적 교회』(인천: 주안대학원대학교 출판부, 2013), 26.
23 Lesslie Newbigin/최형근 역, 『삼위일체적 선교』(서울: 바울, 2015), 48-52.

다시 말해서 뉴비긴의 질문들은 기독교인의 양적 감소, 사회적 영향력 약화, 교회의 분열과 퇴보를 지적하는 것이다.

기존의 교회 중심적 선교는 교회의 확장과 정복을 선교의 성공으로 보았기 때문에 위의 질문에 대해 만족할만한 답을 내놓지 못했다. 뉴비긴은 정답을 과거 기독교 왕국의 기독론 중심의 선교를 넘어 삼위일체 하나님의 선교에서 찾는다. 그는 선교를 옳게 이해하려면 반드시 삼위일체의 모델로 보아야 한다고 강조한다.[24] 그는 일원론적이고, 목적론적이며 구원사적 관점에서 성경과 세상을 이해하며 삼위일체 하나님께서 궁극적인 종말의 목적을 가지고 세상을 선교하고 계신다고 보았다. 따라서 교회는 삼위일체 하나님의 선교 대상이며, 도구 및 동역자로서 보내심을 받았다. 삼위의 하나님께서 각기 고유한 선교를 하시며, 성부 하나님께서 그 나라를 선포, 성자 하나님의 삶에 동참, 성령 하나님의 증언과 전파의 관점에서 '하나님의 선교 속의 교회 선교'를 해석한다.

3) 교회란 무엇인가?

하나의 교회를 지지하는 성경적이고, 본질적인 이유들은 많이 있으나 현실적으로 하나의 교회는 수많은 벽에 가로막혀 있다. 로마 가톨릭을 제외하고서라도 종교개혁의 후예들은 가시적 교회의 연합이 아닌 불가시적 교회 안에서 이미 우주적 교회를 이루었기에 가시적 연합은 불필요한 것으로 보고 있다. 또 우주적 교회 안에서 각 교단의 차이는 몸의 지체의 차이로 보고 있다. 그러나 그 내면은

---

24 Lesslie Newbigin, *The Gospel in a Pluralistic Society*, 홍병룡 역,『다원주의 사회에서의 복음』(서울: IVP. 2007), 227.

감정적, 이데올로기적으로 나뉘어 있어서 각 다름과 차이를 용납하고 사랑하기보다 그 차이를 정죄하고 스스로에 대한 교단적 우월의식을 내포하고 드러내기도 한다. 감정적, 이데올로기적으로 하나의 교회임을 부정하고 있는 것이다.[25]

이처럼 현재 사분오열되어 있는 교회가 실제적으로 하나 되기 위해서는 서로를 받아들일 수 있는 넓은 관용이 필요한 동시에 분명한 선을 요구한다. 즉, 하나된 선교적 교회의 개방과 제한에 대해 "어디까지 하나가 되어야 하는가?"라는 질문은 중의적 의미를 담고 있다. 뉴비긴은 이 질문에 '교회의 믿음'과 '하나 되어가는 교회의 진행성'에서 답을 찾는다. 먼저 "예수 그리스도를 하나님과 구세주로 고백하는 사람에게만 개방된다"고 말한다. 즉, '예수 그리스도를 하나님과 구세주로 고백하는 사람'을 개방과 제한의 분수령으로 보고 있는 것이다. 그는 예수님을 주님으로 고백하는 자가 모인 교회의 형태에 대해 다음과 같이 말한다. 떡을 떼며 기도하는 가시적인 모임이 있어야 하며, 그 모임의 초점은 말씀, 성례, 사도적 사역이다. 이 사역은 우리가 친구로 택한 자들이 아니라 하나님이 우리에게 이웃으로 주신 자들로 구성된 가시적 친교가 나타나야 한다는 것이 교회의 개방성이 갖는 의미이다.

뉴비긴의 역사 인식에서 하나 된 교회는 지금 완성된 것이 아니라 종말론적 관점에서 보아야 하는 현재 진행형이다. 세계의 교회들이 각각의 문화와 교리로 나뉘어 있지만 선교적 대화를 통해서 서로의 문화에 나타난 순수한 복음을 찾아가며, 순수한 복음의 문화를

---

25 Lesslie Newbigin, *The Household Of God*, 홍병룡 역, 『교회란 무엇인가』 (서울: IVP, 2010), 26-27.

만들어 내는 과정 가운데, 분열에서 연합으로 가는 단계를 걷고 있다는 것이다.

이것이 뉴비긴이 주장한 선교적 교회론의 원리인 교회의 관용과 개방성, 대화와 문화교류를 통해 연합으로 나아가는 위한 현재 진행형의 교회론이다.

4) 개인주의적 구원론의 비판과 선교적 교회

뉴비긴은 하나님께서 교회를 선택하신 목적을 세상의 구원이 아니라 자신의 구원만을 위한 것이라고 생각하는 것은 하나님의 백성으로서 사명을 잃어버린 것이라고 강조한다.[26] 그는 삶의 터전에 세워진 공동체를 단순한 동아리나 신우회로 보지 않고, 교회를 통해 세워진 '교회'로 보았다. 한 직장에 특정 지교회 성도들이 모여 있는 경우는 거의 없다. 각각의 지교회의 성도들이 모이게 되고 그들이 먼저 연합하여 하나의 기독교 공동체를 세워가며 화해의 복음을 증거해야 한다. 삶의 터전에서 선교를 하는 것도 교회이고, 선교를 통해 세워진 것 역시 단순한 동호회의 개념이 아닌 교회이다. 뉴비긴은 교회와 선교회의 이분화를 어처구니없는 현상으로 평가하며, 이 둘이 하나가 되려면 교회의 사고방식에 심대한 변화가 있어야 한다고 보았다. 그것은 교회가 세상을 위해 모든 보물을 위탁받은 것과 선교가 교회의 삶의 핵심에 속한다는 진리를 깨닫고 삶에 실천할 때 가능하다는 것이다.[27]

따라서 선교적 교회에서 성도의 정체성은 교회 안에서만 활동하

---

26 위의 책, 121-122.
27 위의 책, 176.

는 교인이 아니라 교회와 사회를 연결하는 다리 역할을 하는 사람이다. 목회자가 교회를 소명의 현장으로 부름을 받았다면 성도는 세상을 소명의 현장으로 부름을 받았다. 교회 성장주의나 교회 중심적 목회 형태에서는 성도의 역할을 교회 안에서 발생하는 다양한 교회 활동이나 소그룹 인도와 같은 목회 활동에 부분적으로 참여하는 것, 혹은 목회자를 돕는 역할로 한정되어 왔고, 모든 관심과 활동은 교회 자체에 집중되어 있었다. 그러나 선교적 교회론에서는 목회자의 정체성을 '성도를 돕는 자'로서 새롭게 인식한다. 교회가 건물이나 규모, 조직이 아니라 성도와 성도의 공동체이기 때문에 교회를 온전히 세운다는 것은 성도를 세우는 일이다. 그러므로 성장지상주의 시대에는 목회자가 얼마나 큰 규모의 교회를 세우고 교회를 성장시켰는가 하는 것이 목회자의 역량이나 리더십을 측정하는 기준이었다면, 선교적 교회론의 목회 리더십에서는 성도의 은사와 재능을 발견하여 교회 안에서뿐만 아니라 그의 삶의 현장에서 기독교적 가치를 실천하면서 살아가는 성도를 양육하고 세워 주는 일이다.[28]

뉴비긴의 지적과 주장대로 개인의 회심, 세례, 교인 만들기를 배타성을 갖고 강조하는 사람들이 있다. 이들에게는 교회의 양적 성장이 선교의 핵심 목표가 되고, 정의와 평화를 위한 활동은 부차적인 문제다. 그것은 선교의 핵심이 아니다. 복음은 사람을 변화시키는 것이지 구조를 바꾸는 게 아니라고들 이야기한다. 이러한 패러다임이 강조하는 것은 순전히 개인의 영혼 구원과 교회 성장에 치우쳐 있으며, 우선적 과업은 복음 전도, 곧 말과 글로 복음을 직접 전하는 일이다. 사회적 정의와 평화를 위한 활동은 사람들이 복음에 귀를

---

28 한국일, 『선교적 교회의 이론과 실제』 (서울: 장로회신학대학교출판부, 2019).

기울이게 하는 통로가 될지는 모르나, 복음의 본질적 요소는 아니라고 폄하한다. 죄에서 구원받고 영생을 얻으라고 복음을 전파하는 일이 교회의 일차적 과업이라고 고집하는 것이다.[29] 그러나 선교적 교회론에서의 교회의 존재 목적은 교회 자체나 교인들을 위한 것이 아니라 하나님 나라의 표지와 일꾼과 맛보기가 되는 데 있다는 점, 굶주린 자, 병자, 불의의 피해자 등에 무관심하면서 복음을 충실하게 증언하는 것은 불가능하다고 역설한다.

뉴비긴의 선교적 교회론을 탐구하고 분석하면서, 교회는 세상(지역사회)으로 보냄 받은 하나님의 나라 백성들의 공동체이며, 개인의 영혼 구원뿐만 아니라 사회에 하나님의 나라(통치)를 위해 통전적 선교를 수행하는 선교(사명) 공동체임을 알 수 있다. 이러한 교회는 비전의 중심에 외적 성장과 번영이 아닌 하나님 나라를 두어야한다. 그렇다면 뉴비긴의 선교적 교회 이해를 바탕으로 하나님 나라의 구체적인 실현을 위한 선교의 관점 형성(perspective formation)과 교육을 살펴보고자 한다.

IV. 선교의 관점 형성과 교육

예수님은 제자들에게 가까이 오셔서 이렇게 말씀하셨다.

나는 하늘과 땅의 모든 권능을 받았다. 그러므로 너희는 가서 모든 민족을 제자로 삼아 아버지와 아들과 성령의 이름으로 세례를 주고 내가 너희

---

29 "선교적 교회를 위한 공동목회 연구," 「한국신학논총」 19호.(2020), 256.

에게 명령한 모든 것을 가르쳐 지키게 하라. 내가 세상 끝날까지 항상 너희와 함께 있겠다(마 28:18-20).

예수님이 '가르쳐'라고 말씀하셨을 때, 제자들은 새로 신앙을 갖게 된 사람들에게 전할 지식이 아주 단순한 것이라고는 생각하지 않았을 것이다. 제자들이 들은 예수님의 "가르쳐 지키게 하라"는 말씀은 히브리적 사고를 위한 강좌에 학생들을 끌어모으기 위해 받은 것이 아니었다. 그들은 사람들이 예수님을 최대한 알고 따르도록 훈련해야 했다. 그들의 전도는 일차적으로 교리를 신봉하도록 강요하는 것이라기보다 삶 가운데서 순종하도록 만드는 것, 온통 믿음에 관한 것이었다. 그리고 바울이 후에 말했듯이 "모든 이방인 중에서 믿어 순종하게 하는"(롬1:5) 것이 그들의 목표였다. 예수님께 순종한다는 것은 결코 막연하고 주관적인 일, 예수님께 헌신한 사람들이 각자 자기 방식의 제자 훈련 개념을 만들어 내는 것이 아니었다. 예수님은 제자들에게 몇 개의 매우 명확한 명령들을 주셨다. 어떤 사람들은 예수님이 장소를 바꾸거나 문화적 장애물을 넘어가라고 명령하시는 것이 아니라, 사람들이 있는 어떤 장소나 직업에서든 제자 삼는 일이 이루어져야 한다고 명하신다는 주장을 했다. 하지만 헬라어 문장의 구문은 이런 식으로 해석할 수 없다. "헬라어 부정과거는 그 명령을 제한적이라고 긴급한 것으로 만든다." 그것은 "너희가 우연히 가게 되면"이라거나 "할 수 있을 때면 언제나"가 아니라 "가서 어떤 행동을 수행하라"는 것이다.[30]

"가서 어떤 행동을 수행하라!"는 명령을 성서를 근거로 고찰한다면,

30 Cleon Rogers, *The Great Commission, Bibliotheca Sacra,* Volume 130(1973), 262.

네 가지의 관점으로 요약할 수 있다. 복음 전도, 긍휼, 정의, 사랑이다.

예수님은 제자들을 여러 번 특정 사람들과 장소들로 보내셨고, 그때마다 하나님 나라를 소망하는 지속적인 운동을 일으키도록 사람들과 의미 있는 관계를 맺으라고 당부하셨다. 사람들이 사는 곳에는 실제로 가지 않으면서, 복음을 알리기만 해서는 안 된다(마 10:5-6, 11-13; 눅 10:1-3, 6-9). 이제 예수님은 가정 중심의 제자도와 기도 운동을 벗어나 동일한 일을 위해 제자들을 먼 땅으로 보내 "가서 어떤 행동을 수행하라!"고 명하신다. 그 행동은 복음 전도, 긍휼, 정의, 사랑이다.[31]

1. 복음 증거(Evangelism, Witnessing)

이는 그리스도를 모든 이에게 소개하고 증거하며 제공하는 것이다. 복음 증거에 대한 선교 관점을 뒷받침하는 성서적 근거를 제시한다면 다음과 같다.

> 그러므로 너희는 가서 모든 민족을 제자로 삼아 아버지와 아들과 성령의 이름으로 세례를 베풀고 내가 너희에게 분부한 모든 것을 가르쳐 지키게 하라 볼지어다 내가 세상 끝날까지 너희와 항상 함께 있으리라 하시니라"(마 28:19-20).

> 오직 성령이 너희에게 임하시면 너희가 권능을 받고 예루살렘과 온 유대

---

31 S. C. Hawthorne & Ralph D. Winter, R. D. *PERSPECTIVES 1.2.* 한철호·정옥배·변창욱 역, 『퍼스펙티브스 시리즈』(서울: 예수전도단. 2010), 305.

와 사마리아와 땅 끝까지 이르러 내 증인이 되리라 하시니라(행 1:8).

밤에 환상이 바울에게 보이니 마게도냐 사람 하나가 서서 그에게 청하여 이르되 마게도냐로 건너와서 우리를 도우라 하거늘 바울이 그 환상을 보 았을 때 우리가 곧 마게도냐로 떠나기를 힘쓰니 이는 하나님이 저 사람들 에게 복음을 전하라고 우리를 부르신 줄로 인정함이러라 사람이 마음으 로 믿어 의에 이르고 입으로 시인하여 구원에 이르느니라(행 16:9-10).

성경에 이르되 누구든지 그를 믿는 자는 부끄러움을 당하지 아니하리라 하니 유대인이나 헬라인이나 차별이 없음이라 한 분이신 주께서 모든 사 람의 주가 되사 그를 부르는 모든 사람에게 부요하시도다 누구든지 주의 이름을 부르는 자는 구원을 받으리라 그런즉 그들이 믿지 아니하는 이를 어찌 부르리요 듣지도 못한 이를 어찌 믿으리요 전파하는 자가 없이 어찌 들으리요 보내심을 받지 아니하였으면 어찌 전파하리요 기록된 바 아름 답도다 좋은 소식을 전하는 자들의 발이여 함과 같으니라(롬 10:11-15).

사도행전에서는 복음이 퍼져나가는 모습을 세 곳에서 후렴구처 럼 반복하는 것을 발견할 수 있다. 먼저 사도행전 6장 7절은 예루살 렘 도시 안에서 복음이 퍼져나가고 있음을 보도한다. "하나님의 말 씀이 계속 퍼져 나가서 예루살렘에 있는 제자들의 수가 부쩍 늘어가 고, 제사장들 가운데서도 이 복음에 순종하는 사람들이 많았다."
사도행전 9장 31절에 두 번째 후렴이 나온다. "그러는 동안에 교 회는 유대와 갈릴리와 사마리아 온 지역에 걸쳐서 평화를 누리면서 튼튼히 서 갔고, 주님을 두려워하는 마음과 성령의 위로로 정진해서 그 수가 점점 늘어갔다." 복음이 예루살렘의 경계를 넘어 유대 지방과 갈릴리 그리고 사마리아 지방에까지 퍼지고 있다는 말이다.

사도행전 12장 24-25절에 세 번째 후렴이 나오는데, 이 대목은 복음이 팔레스타인을 벗어나 땅끝을 향해 나가는 전환점이다. "하나님의 말씀이 점점 더 널리 퍼지고, 믿는 사람이 많아졌다."

예수는 승천하시기 전에 제자들에게 "성령이 너희에게 내리시면, 너희는 능력을 받고, 예루살렘과 온 유대와 사마리아에서 그리고 마침내 땅끝까지 이르러 내 증인이 될 것이다"(행 1:8)라고 말씀하셨다. 이 말씀에 따라 사도행전은 교회와 복음이 성령의 능력으로 인해 예루살렘에서부터 땅끝을 향해 퍼져 나가는 과정을 그리고 있다.

하나님은 모든 사람을 찾아가 그들의 영혼을 만지기를 원하신다. 복음을 전한다는 말은 하나님께서 하시고자 하는 일에 우리가 참여하는 것이다. 다시 말해서 전도한다는 말은 모든 영혼을 찾아가 그 영혼을 어루만져 구원하시려는 하나님의 계획에 참여하는 것이다. 그러므로 낯선 사람을 찾아가 우리를 통해 하나님께서 그 사람의 영혼을 만지도록 해야 한다. 특히 선교적 비전은 복음을 증거하는 것인데, 소외된 이들에게 복음을 들고 나아가 그들을 만지는 것(Reach Out and Touch Someone)이다.

복음 전도의 역할 모델(role model)로서 그레함(Billy Graham)을 제시할 수 있다. 일생 동안 400번이 넘는 전도 집회(Crusade)를 했는데 전 세계 6개 대륙을 다니며 185개국이 넘는 나라에서 개최했다. 그의 첫 전도 집회는 1947년 9월 미국 미시간주 그랜드래피즈(Grand Rapids)에서 열었는데 6,000명의 청중이 모였다. 그때 그레이엄의 나이는 28세였다. 1954년 영국 런던에서는 12주 동안 전도 집회를 열었으며 뉴욕에서는 1957년 매디슨 스퀘어 가든에서 15주 동안 전도 집회를 열어 최장기간의 집회가 되었다. 가장 많은 청중이 모인 집회는 1973년 서울 여의도광장에서 열린 집회로 110만 명이 모였다. 전도 집회에서 그의 메시지는 주로 하나님의 사랑과 회개를 강조하는 복음의 핵심을 선포하는 것이었다. 그의 설교는 매우 간결하여 누구든지 이해하고 감동 받기 쉽게 전달되어 복음 증거의 지표로 삼을 수 있다.

2. 인도주의와 인류애(Compassion, Humanitarianism)

인도주의와 인류애의 선교적 관점은 존 웨슬리의 자비의 행위(works of mercy)와 같은 맥락이라고 할 수 있다. 감리교의 창시자 존 웨슬리는 세 가지 단순한 규칙(Three Simple Rules) — "남에게 해를 끼치지 말라"(Do no harm), "좋은 일을 하라"(Do Good), "하나님의 사랑 안에 거하라"(Stay in love with God)고 강조했다. 웨슬리의 목표는 "하나님 사랑, 이웃사랑"(Loving God and neighbor)이었다. 이것을 위해 억압받는 사람들의 입장에서 바라보고 부단히 노력해야 성취할 수 있다고 역설했다.[32]

이러한 선교 양상에 대한 성서적 근거를 제시하면 다음과 같다.

인자가 자기 영광으로 모든 천사와 함께 올 때에 자기 영광의 보좌에 앉으리니 모든 민족을 그 앞에 모으고 각각 구분하기를 목자가 양과 염소를 구분하는 것 같이 하여 양은 그 오른편에 염소는 왼편에 두리라 그 때에 임금이 그 오른편에 있는 자들에게 이르시되 내 아버지께 복 받을 자들이

---

32 Sondra Matthaei, *Making Disciples* (Nashiville: Abingdon Press, 2000).

여 나아와 창세로부터 너희를 위하여 예비된 나라를 상속받으라 내가 주릴 때에 너희가 먹을 것을 주었고 목마를 때에 마시게 하였고 나그네 되었을 때에 영접하였고 헐벗었을 때에 옷을 입혔고 병들었을 때에 돌보았고 옥에 갇혔을 때에 와서 보았느니라 이에 의인들이 대답하여 이르되 주여 우리가 어느 때에 주께서 주리신 것을 보고 음식을 대접하였으며 목마르신 것을 보고 마시게 하였나이까 어느 때에 나그네 되신 것을 보고 영접하였으며 헐벗으신 것을 보고 옷 입혔나이까 어느 때에 병드신 것이나 옥에 갇히신 것을 보고 가서 뵈었나이까 하리니 임금이 대답하여 이르시되 내가 진실로 너희에게 이르노니 너희가 여기 내 형제 중에 지극히 작은 자 하나에게 한 것이 곧 내게 한 것이니라 하시고 또 왼편에 있는 자들에게 이르시되 저주를 받은 자들아 나를 떠나 마귀와 그 사자들을 위하여 예비된 영원한 불에 들어가라 내가 주릴 때에 너희가 먹을 것을 주지 아니하였고 목마를 때에 마시게 하지 아니하였고 나그네 되었을 때에 영접하지 아니하였고 헐벗었을 때에 옷 입히지 아니하였고 병들었을 때와 옥에 갇혔을 때에 돌보지 아니하였느니라 하시니 그들도 대답하여 이르되 주여 우리가 어느 때에 주께서 주리신 것이나 목마르신 것이나 나그네 되신 것이나 헐벗으신 것이나 병드신 것이나 옥에 갇히신 것을 보고 공양하지 아니하더이까 이에 임금이 대답하여 이르시되 내가 진실로 너희에게 이르노니 이 지극히 작은 자 하나에게 하지 아니한 것이 곧 내게 하지 아니한 것이니라 하시리니 그들은 영벌에, 의인들은 영생에 들어가리라 하시니라(마 25:31-46).

예수께서 배에 오르실 때에 귀신 들렸던 사람이 함께 있기를 간구하였으나 허락하지 아니하시고 그에게 이르시되 집으로 돌아가 주께서 네게 어떻게 큰일을 행하사 너를 불쌍히 여기신 것을 네 가족에게 알리라 하시니 그가 가서 예수께서 자기에게 어떻게 큰일 행하셨는지를 데가볼리에 전파하니 모든 사람이 놀랍게 여기더라(막 5:18-20).

예수께서 대답하여 이르시되 "어떤 사람이 예루살렘에서 여리고로 내려가다가 강도를 만나매 강도들이 그 옷을 벗기고 때려 거의 죽은 것을 버리고 갔더라 마침 한 제사장이 그 길로 내려가다가 그를 보고 피하여 지나가고 또 이와 같이 한 레위인도 그곳에 이르러 그를 보고 피하여 지나가되 어떤 사마리아 사람은 여행하는 중 거기 이르러 그를 보고 불쌍히 여겨 가까이 가서 기름과 포도주를 그 상처에 붓고 싸매고 자기 짐승에 태워 주막으로 데리고 가서 돌보아 주니라 그 이튿날 그가 주막 주인에게 데나리온 둘을 내어 주며 이르되 이 사람을 돌보아 주라 비용이 더 들면 내가 돌아올 때에 갚으리라 하였으니 네 생각에는 이 세 사람 중에 누가 강도 만난 자의 이웃이 되겠느냐 이르되 자비를 베푼 자니이다 예수께서 이르시되 가서 너도 이와 같이 하라 하시니라(눅 10:30-37).

그들이 조반 먹은 후에 예수께서 시몬 베드로에게 이르시되 요한의 아들 시몬아 네가 이 사람들보다 나를 더 사랑하느냐 하시니 이르되 주님 그러하나이다 내가 주님을 사랑하는 줄 주님께서 아시나이다 이르시되 내 어린 양을 먹이라 하시고 또 두 번째 이르시되 요한의 아들 시몬아 네가 나를 사랑하느냐 하시니 이르되 주님 그러하나이다 내가 주님을 사랑하는 줄 주님께서 아시나이다 이르시되 내 양을 치라 하시고 세 번째 이르시되 요한의 아들 시몬아 네가 나를 사랑하느냐 하시니 주께서 세 번째 네가 나를 사랑하느냐 하시므로 베드로가 근심하여 이르되 주님 모든 것을 아시오매 내가 주님을 사랑하는 줄을 주님께서 아시나이다 예수께서 이르시되 내 양을 먹이라 내가 진실로 진실로 네게 이르노니 네가 젊어서는 스스로 띠 띠고 원하는 곳으로 다녔거니와 늙어서는 네 팔을 벌리리니 남이 네게 띠 띠우고 원하지 아니하는 곳으로 데려가리라 이 말씀을 하심은 베드로가 어떠한 죽음으로 하나님께 영광을 돌릴 것을 가리키심이러라 이 말씀을 하시고 베드로에게 이르시되 나를 따르라 하시니(요 21:15-19).

인도주의와 인류애를 실천한 대표적인 역할 모델을 꼽는다면 주저할 것 없이 마더 테레사(1910~1997)를 선택할 것이다. 특히 1950년대 인도 캘커타의 강가에서 도시빈민촌이 형성되었다. 도시 외곽지역에 직업도 없고 고향을 떠난 소외된 이들이 모여들었다. 특히 이곳에서 가장 큰 희생자는 노인들과 여자들, 아이들이었다. 그들은 버려졌다. 이곳에서 마더 테레사는 군용텐트를 얻어 버려진 이들을 끌어들였다. 이러한 사역의 의미는 죽을 때만이라도 사람의 품위를 갖게 하기 위해 죽어 가는 이들을 모아 놓고 마지막 기도와 위로를 주기 위한 사역이었던 것이다. 그런데 한 기자가 테레사에게 실망하며 물었다. "왜 살 수 있는 사람들을 살리는 일보다 거의 죽어 가는 사람들을 데려다가 사역을 하십니까?" 그랬더니 군용텐트를 가리키며 테레사가 말했다. "이것은 '성체 보관함'입니다." 그리고는 "주님의 몸의 부스러기를 얼마나 소중히 여겼는지 기억하고 나가서 주님의 몸들을 데려오세요. 저에게 그들은 영성체입니다"라고 대답했다. 마더 테레사는 예수의 말씀에 따라 버림받은 이들을 예수와 동일시하였고, 자신을 따르는 수녀들도 가장 가난한 사람들 안에 계시는 예수를 발견하도록 가르쳤다. 사랑의 선교회가 누구도 가까이 다가가려 하지 않는 가장 버림받은 이들을 찾아가서 그들에게 온화한 미소로 정성을 다할 수 있었던 것은 예수와 그들을 동일시하는 특별한 '긍휼

과 애덕의 원리' 때문이었다.[33]

선교 비전의 두 번째 관점은 바로 이러한 인도주의와 인류애이다. 마더 테레사가 가난하고 소외되어 죽어 가던 사람들을 가톨릭의 성만찬에서 중요하게 생각하는 빵의 부스러기, 즉 성체의 일부라고 생각하며 거두어들인 것처럼 지역사회의 가난하고 소외된 사람들을 천하보다 귀한 한 영혼으로 믿고 그들을 받아들이기 위한 인도주의와 인류애를 배우고 실천해야 한다.

3. 정의를 위한 시스템의 변화(Change the System for Justice)

정의를 위해서 사회의 제도 및 시스템의 변화가 필요하다는 의미를 지닌, 선교 관점의 성서적 근거를 제시하면 다음과 같다.

주의 성령이 내게 임하셨으니 이는 가난한 자에게 복음을 전하게 하시려고 내게 기름을 부으시고 나를 보내사 포로 된 자에게 자유를, 눈 먼 자에게 다시 보게 함을 전파하며 눌린 자를 자유롭게 하고(눅 4:18).

오직 정의를 물 같이, 공의를 마르지 않는 강 같이 흐르게 할지어다 이스라엘 족속아 너희가 사십 년 동안 광야에서 희생과 소제물을 내게 드렸느냐 너희가 너희 왕 식굿과 기윤과 너희 우상들과 너희가 너희를 위하여 만든 신들의 별 형상을 지고 가리라 내가 너희를 다메섹 밖으로 사로잡혀 가게 하리라 그의 이름이 만군의 하나님이라 불리우는 여호와께서 말씀하셨느니라(암 5:24-27).

---

33 구본만, "마더 테레사의 교육리더십," 「한국종교교육」 65집 1호(2021), 19.

그가 많은 민족들 사이의 일을 심판하시며 먼 곳 강한 이방 사람을 판결하시리니 무리가 그 칼을 쳐서 보습을 만들고 창을 쳐서 낫을 만들 것이며 이 나라와 저 나라가 다시는 칼을 들고 서로 치지 아니하며 다시는 전쟁을 연습하지 아니하고(미 4:3).

사람아 주께서 선한 것이 무엇임을 네게 보이셨나니 여호와께서 네게 구하시는 것은 오직 정의를 행하며 인자를 사랑하며 겸손하게 네 하나님과 함께 행하는 것이 아니냐(미 6:8).

이러한 선교 양상의 대표적인 인물을 꼽는다면, 킹(Martin Luther King Jr., 1929~1968) 목사이다. 마틴 루터 킹 목사는 제2차 세계대전 후의 미국의 흑인해방운동 지도자, 조지아주 애틀랜타 출생, 침례교회 목사의 장남으로 태어났다. 1948년 모어하우스대학 및 펜실베이니아주 체스터의 크로저신학교를 졸업했다. 그동안에 비폭력 저항과 인종차별 철폐 및 식민지 해방과 사해동포론 등을 주창한 간디의 사상에 깊은 영향을 받았다. 이어 보스턴대학 대학원에서 철학박사 학위를 받고, 1954년 앨라배마주 몽고메리의 침례교회 목사로 취임하였다. 재직 2년째인 1955년 12월, 시내버스의 흑인 차별대우에 반대하여 5만의 흑인 시민이 벌인 '몽고메리 버스 보이콧 투쟁'을 지도하여 1년 후인 1956년 12월에 승리를 거두었다. 그 직후 남부 그리스도교도 지도회의(Southern Christian Leadership Conference: SCLC)를 결성하고, 1968년 4월 테네시주의 멤피스시에서 흑인 청소부의 파업을 지원하다가 암살당하기까지, 비폭력주의에 입각하여 흑인이 백인과 동등한 시민권을 얻어내기 위한 '공민권 운동'(1963년의 워싱턴 대행진 등)의 지도자로 활약하였다. 1964년에는 이러한 공로가 인정되어 노벨평화상을 받았다(https://www.doopedia.co.
kr/photobox/comm/community.do?). 그의 "나는 꿈이 있습니다"(I have
a dream)라는 연설은 매우 유명하다. 그의 연설과 진취적인 행동은
미국 사회의 구석진 곳에서 소외와 고통을 당하며, 망명객처럼 부자
유스러운 생활을 하고 있는 흑인들을 위한 것이었다. 그는 연설에서
"나에게는 꿈이 있습니다. 조지아주의 붉은 언덕에서 노예의 후손들
과 노예 주인의 후손들이 형제처럼 손을 맞잡고 나란히 앉게 되는
꿈입니다. … 오늘 나에게는 꿈이 있습니다. 언젠가는 모든 골짜기가
높아지고 모든 언덕과 산이 낮아지는 꿈이 있습니다. 거친 곳은 평평
해지고 비뚤어진 곳은 똑바로 펴지는 꿈이 있습니다. 신의 영광이
나타나고 살아 있는 모든 것이 그 영광을 함께 보는 꿈이 있습니다.
저는 오늘 확신으로 가득 차 있습니다. 인종차별은 이제 최후를 맞이
하고 있습니다"라고 역설했다.[34]

이러한 선교의 비전은 지역사회의 소외된 이들을 위해 그들의
삶의 방식을 변화시키는 시스템을 마련하는 것이다. 먼저 심방과
교육을 통해 상실감과 패배감을 위로하고 최소화해야 한다. 그리고
사회제도적인 후원을 받을 수 있도록 변호하며, 빈곤이 극복되도록
교육하고 여건을 조성해 줄 것을 교회 내적으로 혹은 외부적인 기관
에 요청해야 한다.

4. 타인을 사랑함(Loving one another)과 화해(Reconciliation)

이는 자기가 가진 고유의 선물을 기부하거나 베푸는 것이라고

---

34 http://ko.wikipedia.org/wiki/I Have a Dream.

표현할 수 있다. 이러한 선교 양상을 뒷받침하는 성서적 근거는 다음과 같다.

각 사람에게 성령을 나타내심은 유익하게 하려 하심이라 어떤 사람에게는 성령으로 말미암아 지혜의 말씀을, 어떤 사람에게는 같은 성령을 따라 지식의 말씀을, 다른 사람에게는 같은 성령으로 믿음을, 어떤 사람에게는 한 성령으로 병 고치는 은사를, 어떤 사람에게는 능력 행함을, 어떤 사람에게는 예언함을, 어떤 사람에게는 영들 분별함을, 다른 사람에게는 각종 방언 말함을, 어떤 사람에게는 방언들 통역함을 주시나니(고전 12:7-10).

그러므로 주 안에서 갇힌 내가 너희를 권하노니 너희가 부르심을 받은 일에 합당하게 행하여 모든 겸손과 온유로 하고 오래 참음으로 사랑 가운데서 서로 용납하고 평안의 매는 줄로 성령이 하나 되게 하신 것을 힘써 지키라 몸이 하나요 성령도 한 분이시니 이와 같이 너희가 부르심의 한 소망 안에서 부르심을 받았느니라 주도 한 분이시요 믿음도 하나요 세례도 하나요 하나님도 한 분이시니 곧 만유의 아버지시라 만유 위에 계시고 만유를 통일하시고 만유 가운데 계시도다 우리 각 사람에게 그리스도의 선물의 분량대로 은혜를 주셨나니 그러므로 이르기를 그가 위로 올라가실 때에 사로잡혔던 자들을 사로잡으시고 사람들에게 선물을 주셨다 하였도다 올라가셨다 하였은즉 땅 아래 낮은 곳으로 내리셨던 것이 아니면 무엇이냐 내리셨던 그가 곧 모든 하늘 위에 오르신 자니 이는 만물을 충만하게 하려 하심이라 그가 어떤 사람은 사도로, 어떤 사람은 선지자로, 어떤 사람은 복음 전하는 자로, 어떤 사람은 목사와 교사로 삼으셨으니 이는 성도를 온전하게 하여 봉사의 일을 하게 하며 그리스도의 몸을 세우려 하심이라 우리가 다 하나님의 아들을 믿는 것과 아는 일에 하나가 되어 온전한 사람을 이루어 그리스도의 장성한 분량이 충만한 데까지 이르리니 이는 우리가 이제부터 어린아이가 되지 아니하여 사람의 속임수와 간사한 유혹에 빠져 온갖 교훈의 풍조에 밀려 요동하지 않게 하려 함이라 오직 사랑 안에서 참된 것을 하여 범사에 그에게까지 자랄지라 그는 머리니 곧 그리스도라 그에게서 온 몸이 각 마디를 통하여 도움을 받음으로 연결되고 결합되어 각 지체의 분량대로 역사하여 그 몸을 자라게 하며 사랑 안에서 스스로 세우느니라(엡 4:1-16).

우리는 서로 사랑할지니 이는 너희가 처음부터 들은 소식이라(요일 3:11).

그들의 발을 씻으신 후에 옷을 입으시고 다시 앉아 그들에게 이르시되 내가 너희에게 행한 것을 너희가 아느냐 너희가 나를 선생이라 또는 주라 하니 너희 말이 옳도다 내가 그러하다 내가 주와 또는 선생이 되어 너희 발을 씻었으니 너희도 서로 발을 씻어 주는 것이 옳으니라 내가 너희에게 행한 것 같이 너희도 행하게 하려 하여 본을 보였노라 내가 진실로 진실로 너희에게 이르노니 종이 주인보다 크지 못하고 보냄을 받은 자가 보낸 자보다 크지 못하나니 너희가 이것을 알고 행하면 복이 있으리라(요 13:12-17).

선교적 비전과 실천을 통해 지역사회에서 소외된 이들이 억압 속에서 해방되었다고 한다면, 그들은 그동안의 증오와 압박 속에서 갇히지 않고, 화해의 도구가 되어야만 한다. 이를 위해 교회는 의식화 교육을 통해 자신의 모습을 항상 성찰하고 행동할 수 있게 도와

주며, 주님처럼 다른 이들을 사랑하고 화해할 수 있도록 해야 할 것이다.

이 관점에 입각한 선교의 역할 모델은 넬슨 만델라이다. 1948년 흑백의 분리정책인 남아공의 인종차별정책 '아파르트헤이트 시대'(the Apartheid Era)에 남아프리카를 이끌고 희망과 정의의 상징이 된 세계에서 가장 존경을 받는 정치가로서 95세의 나이로 서거했지만, 그의 '화해와 용서의 아이콘' 넬슨 만델라의 죽음을 세계 언론들은 애도했다. 그는 반 아파르트헤이트 운동을 전개하다가 투옥되어 27년을 감옥에서 지냈다. 런던과 전 세계는 아파르트헤이트의 종식과 '만델라 석방'을 외쳤다. 1993년 만델라는 석방됐고, 1994년 남아공 최초의 자유롭고 민주적인 절차에 의한 평등 선거 실시로 최초의 흑인 대통령에 당선되었다. 세계 인권운동의 상징이 된 만델라 대통령은 백인에 대한 정치적 보복을 하지 않고 '진실과 화해위원회'를 설치하여 7,112건의 사면 요청과 849건의 사면을 처리하여 과거사를 청산하고, 흑백 갈등이 없는 국가를 세우기 위해 노력했다. 만델라는 처벌과 보복의 잔인한 쾌감에서 벗어나 용서와 화해를 선택하여 모든 사람을 끌어안은 정치인이었다.[35]

이와 같이 성서로부터 추론한 선교의 관점은 매우 다양하다. 그런데 한국교회의 선교 형태는 복음 증거와 인도주의에 국한된 경향을 보여왔다. 왜냐하면 한국교회의 선교는 모두 교회 자체에서 결정하고 실행했기 때문이다. 이러한 선교 양상은 주는 사람이 선교의 주체가 되고, 받는 사람은 선교의 주체가 될 수 없는 심각한 오류를

---

35 유성준, 『유성준 교수가 새로 쓰는 세이비어 교회 이야기』(서울: 신앙과 지성사, 2022), 194-198.

지니고 있다.

선교는 우리의 선교가 아닌 하나님의 선교이다. 올바른 선교신학은 자신과(self-involving), 세상(world-involving) 그리고 하나님(God-involving)을 포함해야만 한다.[36] 즉, 우리가 선교에 임하는 태도는 우리 자체에서 결정하여 실행하는 것이 아니라, 하나님께서 역사하시는 곳에 가서 하나님의 역사에 참여하는 것이 되어야 한다.

선교적 교회론의 원천과 토대에 의해 성서를 통해 본 4가지의 선교의 관점들은 '교회와 선교'라는 자동차가 나아갈 수 있게 하는 네 바퀴와 같다. 복음 증거와 인도주의적인 선교 형태와 더불어 정의를 위한 시스템의 변화와 다른 이들을 사랑하고 화해하는 선교의 형태가 적절히 조화되어 네 개의 건강한 바퀴가 될 때, '교회와 선교'라는 자동차는 성령의 임하심이라는 엔진을 달고 과감하게 달려갈 수 있을 것이다.

V. 나가는 말

청소년기 올바른 가치관과 신앙을 형성하기 위해 뉴비긴의 선교적 교회론과 다양한 선교의 관점을 탐구하였다. 이는 다양함과 실용성 및 실천을 향한 도전을 감행할 수 있는 청소년기에 선교적 교회론의 이론과 실제는 선한 영향력을 가진 하나님 나라의 백성으로 살아갈 수 있는 의미들을 제공하는데 의도가 있다. 특히 건물이 교회가 아닌 "내가 교회다"라는 선교적 교회론의 명언과 슬로건은 청

---

36 A. J. Kirk, *What is Mission?: Theological Exploration* (Minneapolis: Fortress Press, 2000).

소년기 정체성과 가치관의 확립에 중요한 시사점을 준다. 내가 교회로서 소속한 공동체와 더불어 만나는 이들에게 뉴비긴이 제시하는 교회론의 실천과 선교의 관점 형성은 매우 중요하다. 특히 복음 전도, 긍휼, 정의, 사랑이라는 네 가지 선교 관점의 이해와 형성, 실천을 위한 교회교육의 방향은 선교적 교회로서의 구체적인 실현을 위해 매우 가치가 있다.

현대를 살아가는 청소년들을 Z세대라고 칭하는데 이 세대의 독특한 특징은 다각적인 관점과 양상들(perspectives)을 탐구하고 적용할 수 있으며, 개인적 · 독립적인 가치를 우선시하면서도 공동체와 사회를 위한 변화에 주목하는 주체성을 가진 인간으로 성장하고 역량을 키울 수 있도록 해야 한다. 이를 위해 선교적 교회론을 바탕으로 복음 전도, 긍휼, 정의, 사랑이라는 선교의 관점 형성과 교육의 연결과 조화를 시도해야 할 것이다.

● 함께 생각해 볼 질문

1. Z세대의 특징에 관한 다양한 논의를 자신의 경험을 중심으로 나
   누어 보세요.
2. 뉴비긴이 제시한 선교적 교회의 요소인 삼위일체, 하나님의 선교,
   관용과 개방성의 교회, 개인 구원과 선교적 교회를 성찰하면서
   우리 신앙 공동체에서 잘 포함되어 있는 부분과 결핍되어 있는
   것들이 있다면 논의해 보세요.
3. 선교의 관점들로 언급한 복음 전도, 긍휼, 정의, 사랑(화해)을 구
   체적으로 실천할 수 있는 모델이나 프로그램에 관해 아는 대로
   대화해 보세요.

● 도움이 될 만한 자료

1. Z세대의 트렌드 이슈 연구 사이트:

   http://www.casenews.co.kr/news/articleView.html?idxno=10113.

2. 케이티 마튼/윤철희 역. 『메르켈 리더십: 합의에 이르는 힘』. 서울: 모비딕
   북스, 2021.

3. 왜 관점이 중요한가에 대한 자료:

   https://lisbdnet.com/why-perspective-is-important/

2장

2030세대 청년, '돌봄'으로 접근하라*

반광준**

I. 들어가는 말

태안 화력발전소에서 컨베이어 벨트에 몸이 빨려 들어가 숨진 후 5시간 만에 발견된 25세의 간접고용 비정규직 청년 노동자, 컵라면으로 끼니를 때워가며 쉴 새 없이 일하다 지하철 스크린 도어 수리 도중 전동차에 치여 사망한 20세의 청년, 열악한 업무 현장에서 인턴, 아르바이트생으로 열정페이[1]를 받고 대학 등록금과 생활비를 벌기 위해 애쓰는 젊은이들, (반)지하 월세방, 옥탑방, 고시원, 이름하여 '지·옥·고'에 살면서 끼니 거르기를 밥 먹듯 하는 취업준비생들, 밤새워 자기소개서와 이력서를 준비해 수십, 수백 곳에 제출해 보지만, 매번 취업에 낙방하여 절망 속에 허덕이는 수십만 명이 넘

---

* 본고는 필자가 2020년 7월 장로회신학대학교 일반대학원 신학박사(Ph. D., 선교신학) 학위 논문으로 제출한 내용 중 일부를 수정, 보완한 것이다.

** 숭실대학교 교목실 학원선교목사.

1 중앙일보 청춘리포트팀, 『청춘리포트』(서울: 맥스, 2016), 179. 청년들은 근로계약서 없이 최저임금(9,160원, 2022년 기준)에도 못 미치는 급여를 받기도 한다. 이에 청년들의 열정을 착취하고 낮은 급여를 지급하는 현실을 비꼬기 위해 '열정페이'란 단어가 등장했다.

는 20대 실업자들. 이것은 현시대 대한민국 청년들의 자화상이다.

오늘날 청년들은 건국 이래 최고의 스펙을 가졌음에도 '3포(연애, 결혼, 출산 포기) 세대'를 넘어 '올포(All 포기) 세대'라고 불릴 정도로 극심한 어려움을 겪고 있으며,[2] 국가의 청년 일자리 마련 정책들과 여하의 노력들을 비웃기라도 하는 듯 청년 실업률은 낮아지지 않고 있다. 청년들은 자신들의 조국을 '헬(hell)조선'으로, 스스로를 '흙수저 세대'로 명명하며 그 어느 때보다 높아진 세상의 벽 앞에서 각자도생(各自圖生)하고 있다.

이러한 상황에서 오늘날의 청년 사역은 위기를 맞이하고 있다. 청년 인구는 지속적으로 감소 추세에 있으며, 청년 개신교인의 비율도 낮아지고 있다. 코로나19 집단 감염과 관련하여 교회가 국민에게 혐오와 거부의 대상이 되는 등 청년 사역의 대내외적 환경이 악재로 작용함으로써 그들의 교회이탈은 더욱 가속화되고 있다.[3] 그러나 오늘날의 기독교는 청년들이 어려운 상황을 이겨낼 수 있게 하는 목회적 대안을 제시해 주지 못하고 있으며, 시대적 변화 가운데 이전과는 차별화되는 현세대에 적합한 청년 신학이 부재한 것도 현실이다.[4] 이에 한국교회는 오늘날의 청년 세대에 대한 다각적인 이해와 아울러 이들과 연대할 수 있는 청년 신학을 마련해야 할 것이다.

그런데 지금까지 청년에 대한 연구는 대개 특정한 관점에 한정된 채 논의되어 왔다. 가령 청년층의 교회 이탈 현상에 대한 논의는

---

2 학원복음화협의회 편, 『청년 트랜드 리포트』(서울: IVP, 2017), 135. 최근 청년층 취업자 수는 1990년대 이후 지속적인 감소세를 기록하고 있으며, 청년 고용률은 OECD 국가 중 최하위권이고, 최고 수준인 네덜란드와 비교하면 3분의 1 수준이다.

3 학원복음화협의회 편, 『청년 트랜드 리포트』, 34-39.

4 성석환, "공공신학적 청년 신학의 필요성과 방법론," 「선교와 신학」 제46집(2018): 29-34.

'교회 안 청년'을 경시하는 경향을 보였고, 청년을 통한 교회 부흥과 활성화를 위한 연구는 '교회 밖 청년'에 대한 관심이 부족하였다. 이에 본고에서는 지금까지 이루어진 선행연구를 넘어 청년 세대에 대한 종합적인 탐구 및 신학적 응답을 수행할 것이다.

본 연구에서 설정한 선교의 대상은 어떠한 지리적 권역이 아닌 현시대를 살아가는 2030 청년 세대[5]이다. 그러나 이들은 선교의 대상이며 동시에 선교의 주체이다. 또한 본고에서 말하는 청년 선교란 청년을 위한(for), 청년에 의한(by), 청년과 함께하는(with) 선교이다. 이를 위해 첫째로 2030 청년 세대의 자화상을 살펴보고, 다음으로 본고의 요지인 돌봄 중심의 청년 선교에 대해 서술하며, 끝으로 이를 청년 사역 현장 가운데 실천할 수 있는 공동체의 모형을 제안할 것이다.

II. 청년 세대의 자화상

1. 청년 세대의 구분과 시대적 특성

1) 청년 세대의 구분

오늘날의 청년들은 일반적으로 새천년이 시작되는 전환점에 태어나거나 학창 시절을 보낸 이들로서 '밀레니얼 세대'(Generation Millennials)라고 일컬어진다.[6] 또한 이들은 'X세대'(1965~1979년 출생)

---

5 본 연구의 대상이 되는 청년들은 1983년부터 2002년 사이에 태어난 이들로서, 2021년 기준 20대와 30대 연령대로 한정한다.
6 이은형, 『밀레니얼과 함께 일하는 법』(서울: 메디치미디어, 2019), 6-7, 17.

이후에 출현한 'Y세대'(1980~2000년 출생)와 'Z세대'(1990년 중반~2000년 초 출생)이다.[7] 청년 세대의 출생 연도에 따른 특징을 살펴보면 다음과 같다.

80년대생은 경제적 호황기가 끝나갈 무렵 유년 시절을 보냈고, 청소년기에 외환위기를 겪었기에 이들의 부모들은 자녀를 일류대학에 보내 출세시키고자 사교육에 매진했다. 이처럼 그들은 경쟁적 분위기 가운데 성장[8]했으며, 갓 성인이 되어서는 2008년 세계금융위기로 인한 경제적 침체 상황에서 등록금을 마련하고자 학자금 대출에 의존했고, 학점 경쟁, 스펙 경쟁을 하며 청년 실업난을 겪어야 했다.

『90년생이 온다』의 저자 임홍택은 최근 청년 10명 중 4명이 공무원 또는 공기업 취업준비생이라는 사실에 놀라며, 대기업 입사보다 9급 공무원을 선호한다는 점을 90년대생의 특성으로 파악한다.[9] 이들은 윗세대들이 경제위기로 인해 실업난을 겪는 것을 보고 성장했기에 미래에 대한 불안감을 가진 채 모험을 감수하며 진로를 선택하기보다는 안정적인 삶을 추구한다.

2000년대생은 경제적 어려움이 상시화된 시기에 성장했고, 세월호의 트라우마를 겪은 세대이다.[10] 이들은 이전 세대보다 모험이나 변화에 대해 더욱 소극적인 태도를 보이며 현실 지향적이다.[11] 또한 2000년대생들은 핵가족화의 영향으로 혼자 있는 것에 익숙하지만,[12]

---

7 Jeff Fromm and Angie Read, *Marketing to Gen Z*, 임가영 역, 『최강소비권력 Z세대가 온다』 (서울: 홍익출판사, 2018), 21.

8 김태형, 『트라우마 한국사회』(파주: 서해문집, 2015), 34-39, 50-56.

9 임홍택, 『90년생이 온다』(서울: 웨일북, 2019), 22-30.

10 대학내일20대연구소, 『밀레니얼-Z세대 트렌드 2020』(고양: 위즈덤하우스, 2019), 21, 40-45.

11 최인수 외 3인, 『트렌드 2020 모니터』(서울: 시크릿하우스, 2019), 45.

SNS를 통해 자신의 취향을 적극적으로 드러내고 소통한다.

이처럼 오늘의 청년 세대들은 만성적인 경제적 침체 속에서 성장해 왔기에 생존에 대한 불안감 속에서 안정된 삶을 꿈꾼다. 그래서 이들은 전 세대보다 높은 교육 수준과 학습 능력을 소유했음에도 불구하고, 무한경쟁 사회의 후발주자로서 끝없는 스펙 쌓기를 통해 자기 개발에 몰두하고 있다. 더욱이 청년들은 신자유주의(Neo-liberalism) 시대의 도전에 직면해 있기에 그 시대적 특성을 파악해 볼 필요가 있다.

2) 신자유주의 시대의 청년의 특성

오늘날 청년들은 신자유주의 시대 속에서 살아가고 있다. 우리나라는 김영삼 정부 시절(1993~1998), 계획경제 체제에서 시장경제 체제로의 전환을 시작하였다. 그런데 1997년 외환위기를 맞아 민영화·자유화·개방화가 가속화되었고, 이것은 서구의 신자유주의 경향과도 맞물렸다.[13] 본래 신자유주의는 주로 경제적 논의에서 사용된 용어였지만, 이제는 경제 영역만이 아니라 정치, 교육 등 사회 전반에 영향을 미치는 시대정신과 통치체제로 자리하고 있으며,[14] 이로 인해 한국 사회는 다양한 사회적 문제들을 겪고 있다. 그렇다면 신자유주의의 어떤 특성들이 오늘의 청년들의 삶을 어렵게 만들고 있는 것일까?

첫째, 신자유주의는 경제 발전을 통한 '낙수효과'(trickle down effect)를 기대한다.[15] 그러나 실제 현실에서는 특정 계층에 부의 편

---

12 대학내일20대연구소, 『밀레니얼-Z세대 트렌드 2020』, 45.

13 장하성, 『한국 자본주의』 (성남: 헤이북스, 2014), 128-29.

14 박숭인, "신자유주의의 효율성과 효율적 이타주의," 「신학논단」 제95권 (2019.1): 65-66.

중화가 이루어졌고 소득의 재분배는 어려워졌다.[16] 그 결과 신자유주의는 소득 불평등과 양극화의 문제를 더욱 가중시켰으며, 기업의 소득은 늘어나게 되지만 가계의 소득은 감소함으로써 중산층은 몰락하고 비정규직 노동자들이 대거 양산됐다. 이로 인해 오늘날 청년 세대 안에서 소득의 양극화와 계층 불평등 현상은 더욱 심화되고 있다.

둘째, 신자유주의는 효율성을 핵심적 가치로 여기며, 사회 모든 영역에 경쟁 메커니즘을 가동시킨다.[17] 특히 이 같은 사조는 오늘날 한국의 부모 세대와 학교의 교육정책, 문화 등에도 막대한 영향을 끼쳤다.[18] 그리고 이러한 가치관은 청년들에게도 영향을 미쳐 그들 자신을 효율성의 관점에 따라 평가하게 했고, 이로 인해 그들은 또래들의 경쟁과 비교에 더욱 민감하게 되었다.

셋째, 신자유주의는 많은 이들을 성과주의와 능력주의의 원리에 따라 살아가게 하며, 끊임없는 자기만족과 목적 달성을 추구하게 한다. 그리고 이러한 사회적 분위기는 청년들을 성과와 능력의 기준으로만 평가하게 함으로써, 그들의 자존감을 떨어뜨리며 여러 심리적인 문제들을 양산했다.

따라서 오늘의 청년들이 이러한 신자유주의적 체제 속에서 어려움을 겪고 있음을 기억하고 그 폐해를 살펴보아야 할 것이며, 동시

---

15 Adam Smith, *An Inquiry into the Nature and Cause of the Wealth of Nations*, 유인호 역, 『국부론』(서울: 동서문화사, 2017), 33-35. 낙수효과는 '보이지 않는 손'(an invisible hand)을 통해 발생한 이익들로 사회 전체의 부가 증가하게 되면 그 부가 전체에게 침투하여 공공의 이익이 증진될 수 있다고 전망한다.

16 장하준·김희정·안세민, 『그들이 말하지 않는 23가지』(서울: 부키, 2010), 184, 194-197.

17 박숭인, "신자유주의의 효율성과 효율적 이타주의," 81.

18 엄기호, 『아무도 남을 돌보지 마라』(서울: 낮은산, 2009), 47-61.

에 그들의 삶의 양태를 조명해 봄으로써 분명한 신학적, 목회적 대안을 도출해야 할 것이다.

2. 청년 세대의 삶의 양태

1) 청년의 생존

열심히 공부하여 직장에 취업을 하고 또 최선을 다해 일하고 노력해서 결혼 적령기에 결혼하여 아파트를 구입한 뒤 자식을 한둘 낳고, 장성한 자식에게 효도를 받으며 노후를 보내는 것이 '일반적인 행복한 삶'이라고 여겨지던 시대가 있었다. 그러나 지금의 청년들은 취업, 결혼, 육아, 주택 마련 중 한 가지라도 제대로 성취하기 힘겨운 시대를 살고 있다. 더욱이 가정 형편이 넉넉지 않은 이들은 한 달, 한 학기, 한 해를 버티기 위해 하루 24시간을 쪼개며 살아간다. 그들에겐 시간도, 마음의 여유도, 돈도 충분치 못하다.[19] 대학생들은 학업을 하는 동시에[20] 등록금이나 생활비를 마련하고 대출을 갚기 위해 여러 개의 단기 아르바이트를 한다.[21] 대학생들의 재정 상황은 좋지 않은데 5명 중 1명꼴로 개인 빚이 있다고 설문에 응답하였고, 그 금액은 평균 840만 원이다.[22] 특히 이들 중 채무 상환

---

19 최서윤 외 2명, 『미운청년새끼』(서울: 미래의창, 2017), 34, 320. 대학생 중 장거리 통학생들이 많다. 이들의 집은 학교와 멀지만, 그렇다고 타지역권까지는 아니어서 기숙사 신청에서는 항상 제외된다. 그러나 돈이 없어 자취는 불가능하여 어떤 때는 통학을 위해 하루 네 시간 이상을 허비해야 한다.

20 위의 책, 35-36. 요즘 대학생들에게 요구되는 스펙들은 매우 다양하다. 학벌, 학점, 전문지식, 공인 영어시험 점수, 어학연수, 공모전, 자격증, 봉사활동, 인턴 경험 등이다.

21 중앙일보 청춘리포트팀, 『청춘리포트』, 95. 대학내일20대연구소에서 대학생 1,187명을 대상으로 조사한 설문에 절반이 넘는 응답자(50.4%)가 "생활비를 벌기 위해 아르바이트를 한다"고 답했다.

독촉에 시달리며 빚을 갚아야 하는 경우나 단기간에 등록금과 생활비를 마련해야 하는 경우, 고위험군의 알바에 뛰어들기도 한다.[23]

돈과 시간이 절대적으로 부족한 청년들은 끼니를 거르거나 양질의 식사 한 끼 할 여유도 없어서 간편하게 먹을 수 있는 편의점 음식 또는 간식거리로 식사를 해결하기도 한다.[24] 또한 적지 않은 청년이 열악한 주거 환경에서 쪽잠을 자면서 학원을 다니고 시험에 도전하고 수백 통의 자기소개서와 이력서를 쓰면서 취업의 문을 두드려 보지만 숱한 좌절을 겪는다.

이와 함께 일반적인 청년들의 생존 문제와 더불어 간과할 수 없는 문제가 바로 청년 사역자들의 경제 현실과 생계의 어려움이다.[25] 특히 청년 목회자들 가운데 중·대형교회 전임사역자가 아닌 파트타임(part time)이나 하프타임(half time) 사역자, 개척교회 사역자, 여성 목회자, 찬양사역자들의 사례비는 박봉 수준으로 수십 년간 거의 변화가 없으며[26] 그들의 경제적 형편을 개선하는 일에 대해 지교회나 교계는 거의 무관심하다. 그들 중 상당수는 생계의 어려움을 겪

22 학원복음화협의회 편, 『청년 트렌드 리포트』, 256.

23 중앙일보 청춘리포트팀, 『청춘리포트』, 91-92. 고위험 알바에는 '임상시험 알바'(제약회사의 약을 테스트하기 위해 피를 뽑고 상태를 체크함), '냉동창고 알바', '택배 상하차 알바' 등이 있는데, 이들은 생존을 위해 자신의 신체와 건강을 돈과 맞바꾸며 온갖 위험을 감수한다.

24 정현호 외 3명, 『청년을 위한 대한민국은 있다』(서울: 가림출판사, 2019), 59. 청년 10명 중 4명은 경제적 부담으로 인해 식사를 거르거나 생필품을 사지 못한 적이 있다고 고백한다.

25 오늘날 한국교회의 목회자와 청년 사역자(간사, 찬양사역자 등)의 대다수가 정상적인 생계를 꾸려가기 힘들 정도로의 적은 사례비와 헌신페이를 받으며 사역하고 있다. 또한 사임 시에도 대부분 퇴직금을 받지 못하며, 4대 보험에 들지 못했기 때문에 실업 급여도 받지 못한다.

26 정재영, 『강요된 청빈』(고양: 이레서원, 2019), 23. 한국기독교목회자협의회의 조사에서 목회자의 평균 연봉은 2,112만 원으로 대기업 정규직의 소득 평균인 6,521만 원의 32.4%, 중소기업 정규직 3,493만 원의 60.5% 수준으로 조사되었다.

고 있고, 이를 해결하고자 택시 및 대리운전 기사로 일하거나 물류 창고, 이삿짐센터 등에서 생활비를 벌며 주말엔 목회자, 평일에는 노동자의 이중 신분으로 살아가기도 한다. 따라서 앞으로 한국교회 는 청년들의 경제적 형편과 생계와 빈곤 문제 해결을 시급한 과제로 인식하고, 이를 한국교회 공동의 책임으로 여기며 교단적 차원에서 함께 대책을 모색해 가야 할 것이다.[27]

2) 청년의 일자리

지금의 60~70대가 청년이었던 시절인 1980~90년대 중반까지만 해도 대한민국의 경제성장은 지속되고 있었고, 일자리도 부족하지 않았다. 그러나 오늘의 청년 세대는 '단군 이래 최고의 스펙'을 가지고 있으나 극심한 취업난을 겪고 있으며, 직장을 갖더라도 밥벌이조차 제대로 해결할 수 없는 불완전고용 상태에 내몰려 있다.[28]

지옥 같은 입시경쟁을 통과하여 성인으로서의 자유로운 생활과 낭만을 꿈꾸며 대학에 입학한 신입생들은 또다시 어려운 현실과 마주한다. 과거 상아탑으로서의 대학교는 오늘날 치열하게 취업을 준비하는 '취업사관학교'로 인식되기도 한다.[29] 물론 열심히 공부하여 깊은 학문의 세계에 몰입하는 청년들도 있지만 그들은 대부분 공부에만 집중할 수 있는 여건을 갖춘 이들이다. 반면 형편이 어려운 대학생들은 방세와 생활비, 등록금과 학원비를 마련해야 하기에 책을 읽고 공부할 시간에 알바를 한다.[30] 또한 계속되는 알바로 인해

---

27 위의 책, 9-10.

28 중앙일보 청춘리포트팀, 『청춘리포트』, 80.

29 오찬호, 『진격의 대학교』 (파주: 문학동네, 2015), 25-33.

30 이보배, "김병욱 '국가장학금 소득분위 산정 시스템에 허점'," 「연합뉴스」 2019. 10. 6.,

수면 부족을 겪으며 수업에 지각하거나 결석하는 경우가 많아 공부에 집중하지 못한다.[31] 이들은 어학연수, 교환학생 등은 꿈도 꾸지 못하며, 그로 인해 타 대학생과의 스펙 경쟁에서 자연스럽게 밀릴 수밖에 없다.[32]

청년들은 이력서와 자기소개서에 기재할 인턴 스펙을 구비하기 위해 동분서주한다.[33] 인턴 과정은 취업준비생이 거쳐야 할 필수코스처럼 되었다. 하지만 인턴으로 채용되는 것 역시 경쟁률이 막강하다. 그리고 정작 대학생 인턴사원이 되어도 그들은 고용인들에게 갑(甲)질을 당하며 을(乙), 병(丙), 정(丁)으로 여겨진다. 2014년에 인기리에 방영되었던 tvN의 드라마 <미생>[34]에서는 바둑만이 인생의 전부였던 청춘 주인공이 프로 입단에 실패한 후 냉혹한 현실에 던져지면서 겪게 되는 이야기를 보여주었다. 과연 오늘날 수많은 청년들도 인턴이란 명함을 달고 미생(未生)에서 완생(完生), 즉 인턴에서 계약직, 계약직에서 정규직으로의 상승을 꿈꾸며 살아간다.

일각에서는 요즘 청년들이 공기업이나 대기업 취직에만 집중하는 현상을 비판하기도 하지만,[35] 사실상 지금의 열악한 고용환경 속

https://www.yna.co.kr/view/AKR20191006012800001?input=1195m (2021. 5. 17. 접속). 2015년부터 시행되고 있는 국가장학금 제도는 생계 문제로 인해 등록금을 내기 어려운 저소득층 대학생들을 돕기 위해 마련되었다. 그러나 소득분위 산정 시스템의 허점으로 인해 실제로 어려운 청년들이 혜택을 받지 못하는 경우도 적지 않은 실정이다.

31 장원석, 『앵그리 2030』 (서울: 메가스터디, 2016), 30-31.

32 조성주, 『청춘일기』 (서울: 꽃핀자리, 2015), 37-40.

33 최서윤 외 2명, 『미운청년새끼』, 46. 세월이 흐를수록 청년들의 스펙은 점점 상향 평준화되고 있다. 최근 청년들의 토익 평균 점수가 900점 초반이며, 그에 더해 '서포터즈'(Supporters), 기자단 활동, 교환학생 등의 스펙을 채우고자 노력한다.

34 '미생'(未生)은 완전히 살아 있거나 죽은 돌이라고 단정할 수 없는 상태를 말하는 바둑 용어로, 생존을 위해 최소 조건을 갖추지 못한 상태를 일컫는다.

35 김인영, "[청년실업특집] 취업은 대기업과 공공기관만이 답일까?," 「한국정책신문」 2015. 4.

에서 비정규직 일자리라도 구하고자 애쓰는 청년들이 훨씬 많다. '작가가 되어야 취업에 성공하는 시대'라는 말이 있다. 취업이 어렵다 보니 구직자가 수십 개의 기업에 지원서를 내야 하지만 모든 자기소개서를 늘 공들여 기록하기란 어렵다. 그래서 제한된 시간과 에너지를 아끼고자 자기소개서 대필을 의뢰하기도 한다. 또한 그들은 이력서용 증명사진을 직종에 맞게 찍기 위해 '취업전문사진관'을 찾아 디지털로 얼굴을 성형하기도 한다. 실제로 취업포털 '인크루트'(Incruit)가 국내 기업 인사담당자 300여 명을 대상으로 조사한 결과, 지원서의 사진은 청년들의 취업 당락에 큰 영향을 미치는 것으로 나타났다. 이처럼 이들은 취직을 준비할 때부터 '외모=스펙'이란 상식에 길들여져 있다.[36] 이러한 분위기에서 2020년 인천국제공항공사 보안 검색 요원들의 정규직 전환 건은 취업준비생 청년들에게 분노와 박탈감을 불러일으켰다.[37] 이에 대해 정부는 '양질의 일자리를 위한 정책'이란 원론적인 답변을 내놓았지만, 기존 체제 속에서 열심히 취업을 준비하던 청년들은 절차적 공정성을 외치며 반발하기도 하였다.

3) 청년의 주거

난관을 뚫고 취업에 성공한 뒤 청년들이 마주하는 또 다른 현실의 벽은 바로 '내 집 마련'이다.[38] 이미 학자금이나 생활비 대출 등

17., http://www.kpinews.co.kr/news/articleView.html?idxno=11256 (2021. 5. 13. 접속).

36 중앙일보 청춘리포트팀, 『청춘리포트』, 142-153, 356-57.

37 이미경, "2017년 전에 졸업했어야 했나…신입생까지 '박탈감'," 「한국경제」 2020. 7. 5., https://www.hankyung.com/society/article/2020070313047 (2021. 7. 5. 접속).

38 장원석, 『앵그리 2030』, 100. 대한민국에서 '집'은 단순한 사전적 의미를 넘어선다. 주거 공간은 삶의 보금자리이고, 가족이 함께 생활하며 추억을 쌓는 공간인 동시에 오늘날에는

으로 수백, 수천만 원의 빚을 떠안고 사회에 첫발을 내딛는 이들에게 내 집 마련은 '넘사벽'(넘을 수 없는 4차원의 벽)이다.[39] 한 기관에서 2015년을 기준으로 20~30대가 서울의 아파트 한 채를 구입하는 데 걸리는 시간을 시뮬레이션 한 결과 '1인 가구'는 취업 후 평균 64년 11개월, '2인 가구'는 취업 후 39년 6개월, '3인 가구'는 32년 6개월이 소요되는 것으로 파악됐다. 그런데 2021년 10월 KB국민은행의 월간 주택가격 동향에 따르면 서울 아파트 매매가 평균이 12억 1,639만 원을 돌파했기에 향후 부동산 가격변동을 고려하면 아파트 구입을 위해 훨씬 더 오랜 세월이 소요될 것으로 예상된다.[40]

이러한 현실에서 대부분의 청년들은 주택 구입을 포기하는 '주포자'로 살아가게 되었고 부모의 도움 없이는 전세자금 마련도 어려운 상황에 있다.[41] 부모의 재정적 지원을 기대할 수 없는 상당수 청년은 반지하, 옥탑방, 고시원에서 생활하고 있기에 이곳은 요즘 청년 세대의 일상화된 주거 공간이 되었다.[42] 이들은 1~2년 단위로 번번이 이사 다니며 어렵게 번 돈으로 주거 비용을 감당해 보지만 해마다 가파르게 오르는 부동산 시세를 따라잡기에도 벅차 주거 환경은 쉽게 개선되지 않는다.[43]

이에 최근에는 아예 노숙을 택하는 청년들도 나타나고 있다.[44]

개인의 경제 수준을 나타내는 가장 중요한 자산으로 인식되고 있다.

39 중앙일보 청춘리포트팀, 『청춘리포트』, 282.

40 이새샘, "서울아파트 실거래 평균 가격… 文정부 2년 반 새 41% 급등," 「동아일보」 2019. 12. 11., http://www.donga.com/news/article/all/20191210/98747184/1 (2021. 3. 2. 접속).

41 정현호 외 3명, 『청년을 위한 대한민국은 있다』, 50-52.

42 2018년 통계청이 실시한 인구주택 총조사에 의하면 서울 1인 청년 가구의 37%가 '지·옥·고'에 거주하는 것으로 나타났다.

43 최서윤 외 2명, 『미운청년새끼』, 31, 343.

44 홍진수, "전국 노숙인 1만 1,000여 명…복지부 첫 실태조사," 「경향신문」 2017. 9. 27.,

청년 노숙인 중 상당수는 IMF와 금융위기에 가정 해체, 부모의 이혼 등을 경험한 이들이다. 또는 휴대전화나 신용카드의 명의도용 사기를 당하거나 카드빚 때문에 신용불량자가 되어 주거비를 감당하지 못해 거리로 내몰린 이들도 있다.[45] 그들은 '홈리스'(Homeless)일뿐 아니라 점점 '드림리스'(Dreamless)의 상태가 되어간다.

지금까지 청년들의 삶의 양상을 살펴보았다. 이를 통해 현재 이루어지고 있는 청년 선교가 그들의 상황을 얼마나 헤아리고 있는지 성찰하게 된다. 앞으로 청년들을 바라볼 때 "요즘 청년들은 불성실해서 교회에 나오지 않는다"라고 단정하기보다는 "청년들이 교회에 나오고 싶어도 나오지 못하는 현실에 처해 있다"라고 이해해야 할 것이다. 그러므로 2030세대 청년들을 선교하기 위해서는 그들의 상황을 세심히 살피며 보듬고 싸매는 목양적인 자세로 다가가야 할 것이다.

III. 돌봄 중심의 청년 선교

지금까지 교회가 행한 선교 방식은 세상을 타자화하고 그들을 향해(for) 교회가 다가가는 형태였지만, 최근에 떠오른 선교 방식은 그들과 함께하는(with) '콘비벤츠'(Konvivenz)[46] 방식이다. 그러나 이

---

http://news.khan.co.kr/kh_news/khan_art_view.html?artid=201709271339001&code=940601 (2021. 2. 18. 접속). 보건복지부는 최초로 전국 노숙인 실태 조사를 실시하였는데, 2016년 10월 기준으로 전국 노숙인은 1만 1,340명이며, 이 중 20~30대 청년의 비율은 약 8%로 조사되었다.

45 중앙일보 청춘리포트팀, 『청춘리포트』, 288.

46 한국일, 『선교적 교회의 이론과 실제』 (서울: 장로회신학대학교출판부, 2016), 175-180. 순

시대 청년들을 제대로 품기 위해서는 그들과 동행하는 것에만 머물러서는 안 되며, 한 걸음 더 나아가 그들을 목양하고 돌봐줄 수 있어야 할 것이다. 돌봄 중심의 청년 선교는 먼저 삼위일체 하나님으로부터 유래한 돌봄에 근거하여 신학을 형성하며, 이를 통해 그들과 함께하며 목회적으로 보살피는 디아코니아(διακονία)로 그 실천성을 확대할 것이다.

1. 돌봄의 의의와 개념

하나님의 선교는 시민사회에 속한 다양한 구성원들을 사랑으로 돌봄으로써 교회를 넘어 지역사회의 보편적 행복과 공동의 선을 지향한다.[47] 교회는 하나님으로부터 보내심을 받은 '에클레시아'(ἐκκλησία)로서 하나님과의 수직적인 관계를 견고히 함과 동시에 이웃을 돌보며 섬기는 디아코니아를 실천해야 한다.[48] 종교개혁자들도 디아코니아를 칭의 신앙의 핵심 요소로 이해하며, 말씀과 성례전과 더불어 삶 속에서 실천되어야 할 예배로 해석하였다.[49] 또한 디아코

더마이어(Theo Sundermeier)는 '콘비벤츠'(Konvivenz) 개념을 통해 진정한 선교란 도움을 주기 전에 그들과 함께하는 선교 관계를 형성하는 것임을 밝힌다. 그는 '동행'을 진정한 선교사의 정체성으로 밝히는데, 이는 그들과 함께하며 자신이 먼저 경험하고 깨달은 바를 전하는 행위이다.

47 Lutherischer Weltbund, *Mission im Kontext: Verwandlung, Versöhnung, Bevollmächtigung* (Genf: Abteilung für Mission und Entwicklung, 2005), 8-9. 2003년 제10회 루터교 세계연맹 위니펙(Winnipeg) 전체대회에서는 삼위일체 하나님의 선교에 대한 교회의 참여로서 디아코니아와 복음 선포, 대화가 필수 구성요소임을 밝힌다.

48 Hans Küng, *Die Kirche,* 정지련 역,『교회』(서울: 한들출판사, 2007), 553-558.

49 김옥순, "한국교회의 에큐메니칼 디아코니아를 위한 방향성에 관한 연구,"「신학과 실천」제67집(2019), 553.

니아 신학자 파울 필리피(Paul Philippi)는 말씀과 디아코니아를 교회의 표지로 보았고, 1983년 WCC 벤쿠버대회에서 디아코니아는 '예배 이후의 예배'로 진술되었다. 이처럼 기독교는 역사적으로 사회적 약자들을 돌보는 디아코니아를 강조해 왔다.

그렇다면 성서와 신학에서의 디아코니아의 정의를 살펴보자. 김옥순은 "예수께서는 이스라엘에서 종교·사회적으로 소외당하는 가난한 자, 병든 자, 귀신 들린 자, 여성들에게 다가가 전인적으로 그들을 치유해 주며 함께하는 식사 공동체를 섬기기 위해 오셨다"라는 루쯔(U. Luz)의 말을 인용하며 디아코니아의 본질을 설명한다.[50] 예수는 스스로를 섬기는 종(막 10:43-45)이라 칭하셨고, 실제로 제자들의 발을 씻기는 종의 일(요 13장)을 하셨을 뿐 아니라 제자들에게 다른 사람을 섬기고 봉사하는 삶을 요구하셨다. 복음서에서의 디아코니아는 굶주린 자를 배부르게 하고, 목마른 자에게 마실 것을 주며, 나그네에게 거처를 제공하고, 벗은 자에게 입을 것을 주며, 병든 자를 돌보고, 옥에 갇힌 자를 위로하는 일(마 25:44) 등 약자들의 생계유지를 돕는 일을 의미한다. 또한 바울서신에서 디아코니아는 '교회공동체의 가난한 자를 돕기 위한 모금이나 헌금', '섬김을 수행하는 봉사자'를 의미한다.[51]

특히 신자유주의가 전 세계를 효율성만 강조하는 무한경쟁시대로 몰아가는 현실에서 이에 대응하는 기독교적 돌봄이 제시되어야 할 것이다.[52] 그러므로 돌봄 중심의 청년 선교는 먼저 한 영혼으로서의 청년을 전인적으로 돌보며 섬기기 위한 신학을 정립하고, 그들

---

50 김옥순, 『디아코니아학 입문』(서울: 한들출판사, 2010), 21.

51 위의 책, 23, 33-44.

52 박숭인, "신자유주의의 효율성과 효율적 이타주의," 66.

의 다양한 필요를 파악하여 성육신적 디아코니아 사역을 실천하고
자 한다.

2. 돌봄 중심의 청년 선교의 지향점

오늘날 청년 중 상당수가 열악한 여건 속에 살며 생존을 위해
노력하고 있기에 청년 디아코니아는 먼저 그들이 겪는 어려움에 대
해 경청해야 하며, 나아가 그들과 공감할 수 있는 신학을 구상하여
실천함으로써 새로운 대안 공동체로 그들을 포용해야 할 것이다.
이에 돌봄 중심의 청년 선교는 다음과 같은 지향점을 가진다.

첫째, 삼위일체 하나님과의 풍성한 관계에서부터 디아코니아의
실천을 모색한다. 장승익은『디아코니아 신학선언』에서 온 피조물을
끝까지 사랑하시는 삼위일체 하나님(롬 8:37-39)의 본질과 근본 속성
은 디아코니아적이며 그것이 바로 교회의 디아코니아의 모델임을
밝힌다. 그는 디아코니아의 신학적 토대를 삼위일체 하나님과의 관
계성에 두고, 이 땅의 교회가 세상을 향한 하나님의 사랑과 비움의
행동을 본받아 디아코니아를 실천해야 한다고 말한다.[53] 파울 필리
피는 "디아코니아는 신앙인들이 예배를 통해 그리스도의 분깃으로
받은 것, 즉 영적인 것과 세상의 물질을 함께 나누며, 끊임없이 형제
자매를 사랑하는 봉사의 삶으로 변화하는 것"[54]이라고 밝히며 하나
님을 예배하는 것이 디아코니아의 삶으로 구체화된다고 하였다. 그
러므로 돌봄 중심의 청년 선교는 우선적으로 삼위일체 하나님과의

---

53 장승익,『디아코니아 신학선언』(서울: 예영커뮤니케이션, 2018), 32-35, 146-149.
54 김옥순,『디아코니아학 입문』, 51.

영적인 사랑의 관계성을 충분히 누리는 것에서 시작하여 세상과 인간을 향한 사랑의 섬김으로 나아갈 것이다.

둘째, 인간의 몸으로 이 땅에 오신 예수 그리스도의 성육신 사건을 그 실천적 원리로 삼는다. 청년을 향한 구체적인 섬김 행위는 자기를 비워 하나님과 인간 사이를 화목하게 하신 예수 그리스도를 따른다. 이는 도움을 받는 자들을 대상화시키지 않고, 자기중심적인 태도를 버리며, 자신을 비워냄으로써 이웃들을 포용하는 사역이다.[55]

셋째, 공감하시는 성령의 '쉐히나'(Schechina)를 지향한다. 미하엘 벨커(Michael Welker)가 "하나님의 영은 특별히 약자, 무시당하는 자, 소외된 자, 무력한 자에게 향하시는 하나님의 긍휼의 능력을 계시한다"[56]고 강조했듯, 성령은 디아코니아를 실현하는 주체로서 디아코니아를 통해 교회의 변화와 갱신을 이끌어 낸다.[57] 성령의 쉐히나는 이 시대 청년들의 어려움에 함께 공감하시며, 그들의 구체적인 필요에 천착(穿鑿)한다. 그리고 쉐히나 성령으로 인도받는 자들은 하나님과 함께 분노하고, 하나님의 고통을 함께 느끼며, 하나님의 사랑과 함께 사랑하고, 하나님의 희망과 함께 희망하는 공감적인 존재로 변화되어 이 시대를 치유하는 디아코니아적 인격체로 거듭나게 된다.[58] 따라서 돌봄 중심의 청년 선교는 성령을 의지하는 디아코니아를 실천한다.

---

55 위의 책, 84.

56 Michael Welker, *Gottes Geist*, 신준호 역,『하나님의 영』(서울: 대한기독교서회, 1995), 18.

57 Howard A. Snyder, *Sign of the Spirit*, 명성훈 역,『교회사에 나타난 성령의 역사』(부천: 도서출판 정연, 2010), 311, 327.

58 Jürgen Moltmann, *Der Gekreuzigte Gott*, 김균진 역,『십자가에 달리신 하나님』(서울: 한국신학연구소, 2011), 393.

넷째, 목회적 케어를 지향한다. 이를 위해 마르틴 부쩌(Martin Bucer)가 『참된 목회학』(Von der waren Seelsorge und dem rechten Hirtendienst)에서 제시한 목회신학적 원리를 청년 선교에 적용하고자 한다. 부쩌는 에스겔 34장에 나타난 양들의 다섯 가지 분류에 근거하여 다음과 같이 영혼 돌봄 중심의 다섯 가지 사역들에 대해 말한다.

첫째, 육신적인 부절제(不節制)나 거짓 예배를 통해 주(主)로부터 여전히 멀어져 있는 자들을 우리의 주에게로 인도하고, 그의 교제(Gemein) 안으로 들어오게 하는 것.

둘째, 한때 그리스도에게로 왔고, 그의 교회 안으로 들어왔던 자이지만, 육신적 활동이나 잘못된 교리의 문제들을 통해 다시 길을 잃었던 자들을 회복시키는 것.

셋째, 그리스도의 교회 안에 남아 있으면서도 심하게 타락하여 죄를 지었던 자들을 참되게 개혁하는 것을 도와주는 것.

넷째, 그리스도의 교제 안에 있으면서 심하게 잘못된 일을 행하지 않지만, 기독교적 삶에서 어느 정도 약하고 병든 자들을 참 기독교적 강함과 건강 안에서 다시 세워주는 것.

다섯째, 그들의 기독교적 삶 속에서 심각하게 죄를 짓지도 않고, 약하지도 않고, 병들지 않은 자들을 모든 불법과 실패로부터 보호하고, 그들이 계속적으로 모든 선한 일을 행할 수 있도록 독려하는 것.[59]

개신교 최초의 목회신학자로 평가받는 부쩌는 돌봄적인 교역을

---

[59] Martin Bucer, *Von der waren Seelsorge und dem rechten Hirtendienst*, 1538, 최윤배 역, 『참된 목회학』(용인: 킹덤북스, 2014), 19. 부쩌가 이 책을 쓰게 된 것은 당시의 목사들에게 목회적 돌봄에 대한 이해가 부족했기 때문이었다.

체계적으로 구조화하였다. 부쩌가 제안하는 5가지 영적 상태에 따른 목회적 돌봄은 오늘날 교회를 떠나 방황하는 다양한 청년들(헤매는 청년, 길 잃은 청년, 상처 입은 청년, 약한 청년)을 돌보고 섬길 수 있도록 구체적인 목양의 청사진을 제공해 주며, 한 영혼도 포기하지 않고 품어야 한다는 목양적 의지를 고취시킨다. 뿐만 아니라 부쩌의 신학은 영혼 돌봄을 위해 교회공동체성을 강조하는 교회론적 토대를 지니며, 나아가 도시의 시민, 일반 회중까지도 돌보는 목회를 지향하기에 돌봄의 통전성을 확보해 준다.[60] 그러므로 부쩌의 목회신학은 오늘날의 청년 선교가 교회 안 청년들을 더욱 세심하게 돌봄으로써 그들이 진정한 그리스도인으로 성장하도록 독려하며, 동시에 교회 밖 청년까지 인내하며 품도록 도전한다.

IV. 돌봄 중심의 청년 선교 실천

디아코니아는 삼위일체 하나님의 사랑과 긍휼을 필요로 하는 세상 가운데 섬김을 수행하며 그 사랑을 전하는 것이기에[61] 그 자체로 교회의 본질로서 이해되어야 한다. 디아코니아는 교회 성장의 수단으로 이용되어서는 안 되며, 개교회 간의 경쟁이 아닌 에큐메니컬적인 협력에 의한 상호연대적 방식으로 실천되어야 한다.[62] 그렇다면

---

60 권명수, "종교 개혁가 마르틴 부쩌의 목회 신학과 한국교회," 「신학과 실천」 제58집(2018): 288-289.

61 황병준, 김윤기, "17~18세기 유럽 디아코니아를 통해 본 한국교회 디아코니아 실천 방안 연구," 「신학과 실천」 제67집(2019), 587.

62 위의 책, 573-574.

오늘의 청년들에게 어떠한 형태의 돌봄 사역이 실행되어야 할 것인가. 이에 본고는 슬로우, 포용, 채움의 세 가지 공동체 모델을 제시하고자 한다.

1. 슬로우(slow) 공동체

강수돌은 치열한 경쟁 속에 서로를 가격하며 살아가는 오늘날의 사회를 가리켜 '팔꿈치 사회'라고 칭하였는데,[63] 이러한 환경에서 오늘의 청년들은 과도한 노동에 시달리며 충분한 휴식을 취하지 못하고 있다.[64] 그래서 일부 청년들은 도시의 힘든 삶을 뒤로하고 귀농(歸農)을 선택하기도 한다. 영화 <리틀 포레스트>(Little Forest)는 2018년 개봉되어 귀농한 청년들의 삶을 운치 있게 묘사한다. 농사일을 하며 시골에서 살아가는 청년 농부들은 도시 생활에서 누릴 수 있는 각종 편의를 포기해야 하지만, 직장에서 경험하는 인간관계나 업무 스트레스에서 벗어나 적당한 수입에 시간적 여유를 누리며 살아가기도 한다.[65] 이처럼 박봉을 받으며 밤낮없이 일에 시달리는 저소득층, 취업 준비에 바쁜 청년에게 안식의 중요성을 일깨워 주고 휴식을 맛보게 하는 슬로우 공동체는 절실하다.[66]

---

63 강수돌,『팔꿈치 사회, 경쟁은 어떻게 내면화되는가』(서울: 갈라파고스, 2013), 43.

64 경향신문,『부들부들 청년』(서울: 후마니타스, 2017), 41. 절반 이상의 청년들에게 야근은 일상이다. 스펙을 쌓았던 몸은 회사의 부속품으로 전락했고, 계약한 만큼만 임금을 받고 그보다 훨씬 많은 시간을 추가 근무한다.

65 중앙일보 청춘리포트팀,『청춘리포트』, 222-227. 2016년 통계청에 따르면 약43만 명의 청년(20~39세)이 농사일을 하고 있다. 전체 청년 인구(2016년 기준, 약1,430만 명)의 3%이다.

66 김옥순,『디아코니아학 입문』, 100. 디아코니아 일상 속 영성은 시간을 중단하는 휴식을 정례화하는 것이기에 안식일의 제정과 연결되며, 이는 인간에게 자유를 주는 능력이다.

그렇다면 슬로우 공동체는 청년들을 위해 어떤 형태로 섬길 수 있을까? 첫째, 슬로우 공동체는 오늘날 제한된 시간에 높은 효율성을 요구받는 청년들이 조금이나마 육체적인 쉼을 누릴 수 있도록 안식의 원리를 일깨워 준다. 레만(Juan-Cardos Leman)은 우리가 칠일마다 휴식을 취할 수 있다면 새로운 에너지를 공급받을 수 있으며, 반면 엿새 동안 꾸준히 일한 후에 쉬지 못할 경우 불면증, 신경과민, 호르몬 이상 등 신체적, 정신적 징후들을 겪을 수 있다고 경고한다.[67] 그러나 불행하게도 과도한 업무로 압박을 받는 오늘의 청년들이 안식의 날을 구별하는 것은 매우 어려운 선택이다.[68] 그럼에도 불구하고 슬로우 공동체는 정신없이 달려가는 사회적 통념과 문화에 저항하며 안식의 날을 확보함으로써 청년들이 쉼을 위해 결단하게 하며, 서로가 함께 쉬는 법을 배우도록 연습할 것이다. 가령 안식의 날을 통해 청년들이 편안한 쉼을 누리도록 프로그램(산책, 캠핑 등)을 마련하고, 일을 그칠 수 없는 지체들을 위해서는 공동체원들이 함께 작은 쉼의 이벤트를 마련할 수 있다.[69]

둘째, 슬로우 공동체는 안식일의 향연을 지향한다. 청년들이 쉼에 동참할 수 있는 하루 혹은 몇 시간을 구별할 수 있다면, 그때를 안식일로 지키고 그날을 주 안에서 마음껏 향유하도록 이끌어야 할 것이다. 요즘 교회를 이탈한 청년 중에 '케어는 하지 않고 헌신만

---

67 Marva J, Dawn, *Keeping the Sabbath Wholly*, 전의우 역, 『안식』(서울: 한국기독학생회출판부, 2007), 88-89.

68 장동민, 『포스트크리스텐덤 시대의 한국기독교』(서울: 새물결플러스, 2019), 547. 우리 시대 청년 중 주말에 쉬는 직장에 취업한 이들은 30%가 채 되지 않는다. 비정규직이나 아르바이트 노동자들은 일요일에도 일하는 경우가 많다.

69 Marva J. Dawn, 『안식』, 90-91. 청년들이 안식의 날을 결단하도록 돕기 위해서는 자신에게 부여된 일을 나머지 6일에 나누어 행하는 법을 가르치고 개발해야 할 것이다.

강요하는 공동체'에 대해 불만을 가지고 있는 이들이 증가하고 있으며, 교회 안 청년 중에서도 상당수가 피곤함을 느끼고 있다. 이는 오늘날의 교회가 청년들에게 과도한 헌신을 요구하고 있으며, 그들이 교회에서 충분한 안식을 누리지 못하고 있음을 나타내 준다. 이에 슬로우 공동체는 청년을 안식일의 향연으로 안내하며, 그들에게 안식일이 신앙적 누림이자 축제로 승화될 수 있도록 여건을 마련한다. 만일 청년들이 제대로 안식일의 향연을 경험하게 된다면, 그들은 필요 이상으로 집착하는 일에서 벗어나 참된 진리에 자신의 초점을 맞추게 되고, 하나님을 예배하는 마음으로 모든 일을 행할 수 있게 된다.[70]

셋째, 슬로우 공동체는 다양한 활동을 통해 창조주 하나님과의 만남을 시도한다. 인간은 자연 속에서 하나님과의 깊은 교제를 나누며 영육이 회복되고, 그 안에서 하나님을 느끼고 경험할 수 있다.[71] 던(Marva J. Dawn)은 창조주가 만드신 아름답고 장엄한 자연을 바라보고 예술작품을 감상하는 것이 우리를 하나님의 임재로 데려간다고 말한다. 그녀는 자연의 아름다움을 즐기면서 보내는 안식일의 시간이 소중한 예배의 경험이 될 수 있다고 역설한다.[72] 따라서 슬로우 공동체는 안식의 날에 함께 모여 강을 따라 하이킹을 하며 꽃과 단풍을 즐기고, 산책하며 산뜻한 공기와 바람을 맞으며 창조주의 성품과 신비를 묵상하고, 밤하늘에 반짝이는 별과 해변의 웅장한 파도 소리를 통해 창조주의 사랑을 경험할 수 있다.[73] 더불어 웅장

---

70 위의 책, 227-232.

71 정승록, "중년여성의 갱년기 증상 완화를 위한 기독교산림복지 실천," 「신학과 실천」 제59집(2018): 608-609.

72 Marva J. Dawn, 『안식』, 106-107, 203-206.

한 건축물과 조각, 아름다운 회화와 미술작품 등을 감상하며 최고의 예술가이신 하나님을 묵상할 수 있다.[74]

2. 포용 공동체

오늘날 마음이 깨어진 청년들은 진정으로 자신을 귀하게 여겨주고 환대해 주는 사람과 공동체를 간절히 찾고 있다.[75] 하나님은 이 땅의 소외되고 억압받는 사람들의 탄식 소리에 귀 기울이시며, 그들의 어려움에 긍휼과 자비를 베푸는 사역을 행하고 계신다. 이에 돌봄 중심의 청년 선교는 이미 행하고 계신 하나님의 디아코니아에 참여하기 위해 이 땅의 소외된 청년들을 맞아들이며 섬기는 포용 공동체를 지향한다.[76]

첫째, 포용 공동체는 우리를 그분의 사귐 가운데로 초청하시는 삼위일체 하나님을 따라 이 땅의 소외되고 방황하는 청년들을 환대한다.[77] 삼위일체 하나님은 죄로 물든 세상에 환대의 디아코니아를 실천하시기에 그분으로부터 배제되거나 무시당하는 계층은 어디에도 없다.[78] 그렇다면 환대란 무엇일까? 오오현은 환대를 "낯선 사람을 위한 공간을 만들어 그를 기쁜 마음으로 받아들이며 그의 필요를

---

73 홍윤주, "자연예술을 통한 기독교교육의 예술적 접근," 「신학과 실천」 제58집(2018): 263-264.

74 Rod Dreher, 『베네딕트 옵션』, 182. 철학자 크로포드(Matthew Crawford)는 "오직 아름다운 것만이 우리를 이끌어 내어 우리의 머리를 초월하는 세계에 참여시킨다"고 말한다.

75 Larry Crabb, *Becoming a True Spiritual Community*, 김명희 역, 『영혼을 세우는 관계의 공동체』(서울: IVP, 2015), 188.

76 장승익, 『디아코니아 신학선언』, 63-65, 247.

77 Rod Dreher, *The Benedict Option*, 이종인 역, 『베네딕트 옵션』(서울: IVP, 2019), 115-116.

78 장승익, 『디아코니아 신학선언』, 224-225.

공급하여 주고 그를 존중하여 타인이 즐겁고 편안한 마음을 갖도록 해 주며 그를 위해 진심으로 기도해 주는 실천이다"[79]라고 정의한다.

포용 공동체는 세상에서 상처 입은 청년들을 무조건적으로 안아 주는 사역의 실천을 지향한다.[80] 이는 다름 아닌 그들의 말을 사랑으로 경청하며, 그들의 관심에 함께 주목하고, 그들의 필요와 요구에 응답하는 것이며, 그들과 함께 괴로워하고 즐거워하는 것이다. 이처럼 환대를 실천하는 포용 공동체는 잃은 양 한 마리를 찾는 목자의 심정으로 사회의 주변부에 놓인 청년들을 끌어안고 사랑과 긍휼의 하나님을 드러내야 할 것이다.[81]

둘째, 포용 공동체는 함께 어울리고 더불어 살아감을 배운다. 요즘 다수의 청년이 형제자매 없이 혼자 자랐기에 타인과 함께 살아가는 것에 어려움을 겪고 있다.[82] 이에 더하여 사회 양극화로 인한 청년 서민층의 경제적 부담이 가중되어 청년 고립 현상도 심화되고 있다.[83] 이에 포용 공동체는 혼자 살아가는 청년들을 공동체로 초청하여 함께 더불어 살아가는 법을 배워 나가고자 공동 주거를 제안한다.[84] 공동 주거는 건강한 상호관계와 신뢰를 형성시킴으로써 타인과 함께하는 즐거움과 소중함을 일깨워 준다. 또한 공동 주거를 통해 청년들은 신앙 안에서 서로 인내하고 배려하며 함께 돕는 이타적

79 오오현, "목회적 돌봄과 상담의 공간으로서 환대에 관한 소고," 「신학과 실천」 제38집 (2014), 342.

80 류장현, "다문화 사회의 떠돌이 민중에 대한 신학적 이해," 「신학사상」 제148집 (2010): 41-66.

81 장동민, 『포스트크리스텐덤 시대의 한국기독교』, 532-541.

82 조현, 『우린 다르게 살기로 했다』 (서울: 한겨레출판사, 2019), 278.

83 장신상담목회연구부 편, 『목회상담, 희망 위에 서다』 (서울: 장로회신학대학교출판부, 2019), 126-131.

84 조현, 『우린 다르게 살기로 했다』, 278-286.

인 삶을 훈련할 수 있다. 예컨대 '밝은누리공동체'와 '은혜공동체'는 공동식탁을 형성하여 구성원들끼리 주방을 공유하고 당번들이 돌아가며 식사를 준비한다. 또한 공동육아 품앗이를 위해 공간을 공유하며 서로 번갈아 가면서 아이들을 양육함으로써 육아 부담에서 벗어나 쉼이 있고 여유 있는 삶을 살아가고 있다.[85]

3. 채움 공동체

2014년 2월, 큰딸의 만성질환과 어머니의 실직으로 지하 셋방에서 살며 생활고에 시달리던 세 모녀는 결국 마지막 집세와 공과금 70만 원 그리고 "정말 죄송하다"라는 내용의 유서를 남기고 번개탄을 피워 놓고 동반 자살하였다. 이 사건을 계기로 정부는 여러 복지 개선책들을 내놓았지만, 여전히 사각지대에 있는 취약 계층들은 제대로 혜택을 받지 못하고 있는 실정이다. 그리고 그 한복판에는 청년실업과 빈곤의 문제가 자리하고 있다. 특히 오늘날의 20대는 출신학교, 직업, 소득, 결혼 등과 사회·문화적 경험에 이르기까지 다중의 불평등을 경험하고 있는데, 이것은 그들의 부모 세대인 50대 중산층의 학력과 노동시장의 지위를 세습한 결과이기도 하다.[86] 따라서 돌봄 중심의 청년 선교는 사회적 약자로 살아가는 청년들의 필요를 채워줄 수 있는 공동체를 지향하며, 이를 위해 적극적이고 지혜로운 베풂과 구제를 실천해야 할 것이다.[87]

---

85 위의 책, 68-82, 130-137.
86 조귀동, 『세습 중산층 사회』 (서울: 생각의힘, 2020), 12-13. 조귀동은 현재 20대들의 격차는 부모 세대인 50대(60년대생)의 격차가 그대로 세습(교육, 주거, 세계관, 문화 등)된 것으로 본다.
87 장동민, 『포스트크리스텐덤 시대의 한국기독교』, 554-555. '청년공간 이음'은 문화생활을

그러나 돌봄의 청년 선교는 디아코니아를 통해 청년들을 전도하려 하거나 이를 청년부 부흥을 위한 미끼로 삼아서는 안 될 것이다. 이에 채움 공동체는 다음과 같은 세 가지 실천 방향을 제안한다.

첫째, 채움 공동체는 적극적인 베풂과 기부를 통해 어려운 청년들의 필요를 공급한다. 이를 위해 박숭인이 제안하는 '효율적 이타주의 행동 지침'을 적용해 볼 수 있다. 이는 청년들의 필요를 채우는 선한 행위가 무엇보다 청년 자신에게 가장 효과적인 결과를 가져오게 하며, 윤리적 가치를 실현하게 된다고 해석한다.[88] 특히 건강한 채움 사역을 위해서는 도움을 주는 자 중심의 사고에서 벗어나 주는 자와 받는 자 간의 위계적인 구조를 타파하며 양자가 함께 파트너로 세워지는 것이 중요하다.[89] 즉, 파트너적 상호성에 기초를 둔 사역의 구조는 공동체의 연대성을 강화시킬 수 있으며, 이를 통해 지속적인 나눔의 시스템을 만들어 갈 수 있다. 나아가 지역사회의 어려운 청년들을 실질적으로 구제하기 위해 개교회를 넘어 지역 교회 및 교단과 교파 간의 연합사역으로 이어져야 할 것이다.[90]

둘째, 채움 공동체는 서로를 섬기는 은사적인 디아코니아를 실천한다. 바울은 몸의 각 기관이 유기체인 몸 안에서 역할을 하듯 섬김의 은사가 교회를 하나 되게 하며, 지역사회에 필요한 일을 위해

할 여유도 없고 자주 끼니를 거르는 청년들이 부담 없이 와서 '집밥'을 먹고 커피를 마시며 대화를 나누고 교제할 수 있는 공간이다. 나아가 청년들의 취업을 돕고 문화생활 프로그램을 제공하며 정신적 고통을 겪는 청년들에게 상담을 제공한다.

88 박숭인, "신자유주의의 효율성과 효율적 이타주의," 89-90.

89 Ed Stetzer 외 2명, 『교회여, 청년을 살려라』(서울: 요단, 2013), 178-180. 따라서 채움 공동체는 상호 섬김과 돌봄을 추구한다.

90 김옥순, "한국교회의 에큐메니칼 디아코니아를 위한 방향성에 관한 연구," 557, 561. 바울이 개척한 여러 교회공동체는 예루살렘교회를 돕기 위해서 모금(고후 8-9장)을 하였는데, 이는 오늘날 에큐메니컬 청년 디아코니아의 모델이 될 수 있다.

사용되어야 한다고 소개한다(롬 12:4-13). 초대 기독교 공동체는 그리스도께 받은 은사의 섬김을 통해 서로의 생계를 돌보는 디아코니아적 삶을 구현하였다.[91] 이에 채움 공동체는 하나님으로부터 받은 고유한 은사와 물질을 약자인 청년들을 위해 나눔으로써 서로 간에 섬김을 실천하는 공동체를 세워갈 수 있다.[92] 김옥순은 유대교에 나타난 사회봉사의 디아코니아 활동을 다양하게 소개하는데,[93] 만일 이러한 섬김 활동을 채움 공동체 안에서 창의적으로 활용할 수 있다면, 앞서 II장에서 다룬 생존의 문제에 직면한 청년들에게 조금이나마 도움이 될 수 있을 것이다.

셋째, 채움 공동체는 우리 시대 청년들을 보호하는 사역을 실천한다. 성서의 하나님은 사회적 약자를 사랑하시고 보호하시는 분으로 묘사된다(레 19:10, 신 14:29). 특히 구약성서에는 약자들을 보호하기 위한 사회법이 명시(레 17-26장, 신 12-26장)되어 있으며,[94] 사회적 경제법으로써 이자 금지와 빚 면제법이 세부적으로 나타난다. 이것은 오늘의 청년 사역이 어떻게 성서적인 법 전통을 대사회적인 실천을 통해 구체화해야 하는지를 보여준다.[95] 따라서 청년 선교는 제도

---

91 장승익,『디아코니아 신학선언』, 130, 555. 예컨대 한국교회의 대표적인 청년 사역자 이상갑 목사는 자신이 담임하고 있는 산본교회의 청년부의 예산을 2019년부터 따로 분리시켰다. 그래서 청년부 행사예산은 교회 예산에서 지원해 주고 청년들의 자발적인 헌금, 십일조 등은 부서 내 어려운 청년들을 위해 유통(플로잉)시킴으로써 청년들이 상호적으로 섬김과 채움, 베풂을 실천하도록 독려하고 있다.

92 김옥순,『디아코니아학 입문』, 131.

93 위의 책, 232-249. 유대교에 나타난 디아코니아 활동은 다음과 같다. ① 가난한 자들을 위한 식사 제공, ② 헐벗은 자들을 위한 옷 제공, ③ 떠돌이 가난한 자들을 위한 부조, ④ 가난한 신부를 위한 혼수 지참금 보조와 과부 부양, ⑤ 고아들을 위한 권리 보호, ⑥ 주거지를 장만해 줌, ⑦ 젊은 세대를 위한 생계 지원, ⑧ 병든 자와 약자들에 대한 부양, ⑨ 가난한 자를 위한 장례.

94 위의 책, 182-186, 191-193.

적 차원으로 확장된 사회적 돌봄이어야 한다.[96] 예컨대 오준호는 청년들의 새로운 출발을 위한 기초적인 지원으로서 '청년 배당'이나 '청년 임금'의 지원을 주장한다.[97] 이를 위해 그들의 부채 탕감을 위한 상담과 복지 사역을 시행하며,[98] 청년들의 은사를 발견하게 함으로써 취업을 도울 수 있다. 그러므로 2030 청년 세대에게 다가가는 돌봄 중심의 선교는 그들의 영혼과 삶의 필요를 파악하고 그들과 함께 짐을 나눔으로써(갈 6장) 통전적인 사역을 감당해 가야 할 것이다.[99]

V. 나가는 말

신자유주의 시대의 왜곡된 가치 속에서 살아가는 오늘날의 청년들은 때로 사회에서 환영받지 못하는 이들일 수 있지만, 그들은 존재 자체로 존귀하고 아름다운 하나님의 형상이다. 그러나 오늘의 문제는 잉여(剩餘)로 취급되는 청년들이 제2, 제3의 또 다른 분야에서 재능을 발휘할 기회조차 주어지지 않는다는 점이다.[100] 돌봄 중

---

95 위의 책, 204-210.

96 백은미, "탈경쟁 사회를 위한 연민의 교육목회," 「신학과 실천」 제58집(2018): 243-244. 백은미는 디아코니아의 사회적 실천을 위해 사회제도와 정책의 변화, 법률제정을 주장한다.

97 오준호, 『기본소득이 세상을 바꾼다』 (고양: 개마고원, 2017), 194.

98 편광현, "이런 교회도 있다… 경비 아껴 청년 20명에 지원금 주는 목사," 「중앙일보」 2020. 4. 10, https://news.joins.com/article/23751401 (2021. 4. 23, 접속).

99 학원복음화협의회 편, 『청년 트렌드 리포트』, 325. 최근 청년들의 삶의 자리를 이해하는 청년 친화적인 교회와 단체들이 등장하고 있다. 매일 아침 대학생들을 위해 무료로 식사를 지원하며, 대학생들의 비싼 학비를 위해 장학금을 지급하는 교회, 생활공간을 저렴한 금액으로 제공하는 교회, 청년들의 부채를 탕감하도록 지원하거나 청년들의 창업을 지원하는 단체 등이 그 예이다.

100 백소영 외 9인, 『잉여의 시선으로 본 공공성의 인문학』 (서울: 아파르, 2011), 26, 31-34.

심의 청년 선교는 목회의 사각지대에 놓인 취약계층 청년과 마음의 상처로 신음하는 청년들을 케어하고 돌볼 수 있는 디아코니아적 선교 방식을 취한다. 그럼으로써 교회에 다니지 않는 청년들에게 다가갈 수 있는 기회를 제공해 준다. 이를 위해 청년들을 환대하며, 그들의 어려움에 함께 고민하고 공감할 줄 아는 동행의 콘비벤츠를 실천함으로 포용의 공동체를 만들어 낼 수 있다. 또한 돌봄 중심의 청년 선교는 과도한 노동으로 쉼을 상실한 청년을 안식으로 초대하며, 그들의 실질적 문제를 도울 수 있는 채움의 사역을 실천할 수 있다.

이 시대 청년 사역자들은 먼저 청년들의 현실과 사회적 이데올로기를 그들의 시선으로 바라보며 공감해야 할 것이며, 대안으로서 균형 잡힌 신학과 진리의 말씀에 기반한 돌봄 중심의 청년 신학을 꾸준히 실천해 나가야 할 것이다. 특히 청년 사역에 있어서 반드시 기억해야 할 것은 단기간 내에 어떠한 목표나 성과를 이루려는 조급함을 버리고, 자신만의 고유한 청년 신학과 공동체의 방향을 깊이 성찰한 후에 일관성 있게 사역을 추진해 나가야 한다는 점이다. 아무쪼록 앞으로 청년 돌봄에 관한 더욱 다양하고 심도 있는 연구가 지속적으로 전개되어 향후 청년 세대를 새롭게 일으켜 한국교회를 갱신하는 역사가 있길 기대해본다.

● 함께 생각해 볼 질문

1. II장 '청년들의 자화상'을 읽으면서 가장 공감되는 부분은 무엇인
   가? 여러분도 혹시 이 시대 청년들을 바라볼 때 "요즘 청년들은
   불성실해서 교회에 나오지 않는다"라고 단정하고 있지는 않은가?
2. III장의 부쩌(Martin Bucer)가 『참된 목회학』(*Von der waren Seelsorge
   und dem rechten Hirtendienst*)에서 제시하는 영혼 돌봄의 5가지 원
   칙을 오늘날의 청년 선교에 어떻게 구현할 수 있을까?
3. IV장에서 제시하는 돌봄 공동체(슬로우, 포용, 채움) 중에 여러분에
   게 매력적으로 다가오는 것은 무엇이며, 그 이유는 무엇인가?

● 도움이 될 만한 자료

1. 중앙일보 청춘리포트팀. 『청춘리포트』. 서울: 맥스, 2016.
2. 장동민. 『포스트크리스텐덤 시대의 한국기독교』. 서울: 새물결플러스, 2019.
3. Dawn, Marva J. *Keeping the Sabbath Wholly*. 전의우 역. 『안식』. 서울: 한국기
   독학생회출판부, 2007.

3장

4050세대 중년기를 위한
선교적 교회와 마을교육 공동체

조은하*

I. 들어가는 말

코로나19로 인한 팬데믹 시기를 지내면서 교회는 새로운 도전 앞에 서게 되었다. 첫째, 코로나19를 지내면서 위기 가운데 추락한 교회의 신뢰 회복에 대한 문제이며, 둘째, 코로나로 인한 뉴노멀 시대에 당면한 목회와 교육의 구조적 변화이다. 이것은 교회 본질에 대한 새로운 정의와 교육에 대한 구조와 체계의 변화로 수렴될 수 있다. 코로나19는 전 세계적 재난이었지만 역사적으로 재난을 어떻게 대처하느냐에 따라 위기가 될 수도 있었고 새로운 전환의 기회가 될 수 있었다. 전염병은 역사 속에서 반복되어 왔다. 초대교회 당시도 전염병이 돌 때 교회는 위험한 상황에서 종교로서 적절한 대처를 하였다. 이방 종교가 질병의 이유에 대답하지 못하고 도피하고 있을 때 초대교회는 질병에 대한 신앙적 관점의 해석과 함께 긍휼을 구하며 어려움에 처한 자들을 돌봄과 배려, 사랑으로 어려움을 극복해야

---

* 목원대학교 기독교교육학 교수.

한다고 권고하였다. 고통과 죽음 앞에 놓인 자들에게 인생의 의미를 찾게 하였고, 하나님 나라에 대한 소망과 믿음으로 위로하고 평안을 전하였다.[1]

그리스도인들은 역병의 현장에서 사랑의 시혜자가 되었고, 교회 밖의 이방인들에게도 동일하게 대하였다. 죽음의 위험에도 불구하고 실천한 형제 사랑 때문에 3세기 당시 기독교인들은 '파라볼라노이' 곧 '위험을 무릅쓰는 자'로 불리게 된다. 이러한 헌신과 사랑으로 인하여 이방 종교에 있던 자들은 마음을 열어 새로운 종교인 기독교로 이행하려는 변화가 일어나게 된다.[2] 한국 사회 초기 기독교회도 상황은 이와 비슷하였다. 19세기 전염병이 창궐할 때 선교사들은 현대 의료체계를 구축하고, 위생에 대한 교육을 통하여 실질적인 예방책을 내어놓았다. 선교사들의 이러한 활동에 조선 정부도 함께 지원함으로 이러한 활동은 기독교 개종과 신뢰에 영향을 미치게 되었다.[3]

그러나 2020년 코비드 상황에서 한국의 교회는 권위와 신뢰가 치명적으로 추락한다. 목회데이터연구소의 "코로나19 정부 방역 조치에 대한 일반 국민평가 조사"에 따르면 한국교회를 신뢰하지 않는다는 비율이 76%이고 신뢰한다는 것은 21%에 그쳤다. 2020년 기윤실이 조사한 "한국교회의 사회적 신뢰도 조사"에서 32%의 신뢰도를 이야기했으나 일 년 만에 11%가 추락한 것이다. 더욱이 비개신교인들은 교회를 신뢰한다는 것이 9%밖에 되지 않았다. 또한 국가

---

1 Rodney Stark/손현선 역, 『기독교의 발흥』 (서울: 좋은 씨앗, 2016), 115-147.

2 이상규, "초대교회 당시의 전염병," 안명준 외 17인, 『전염병과 마주한 기독교』 (군포: 다함, 2020), 118-125.

3 이재근, "한국 초기 기독교와 전염병," 안명준 외 17인, 위의 책, 190-202.

가 공익을 위해 자유를 제한하는 것에 대하여 86%가 "제한할 수 있다"고 밝혔다.[4] 이러한 현상은 비단 코로나19로 인하여 갑자기 발생한 것은 아니다. 그동안 교회가 보여준 분열과 갈등, 윤리적 실추 등이 교회에 대한 신뢰를 추락시키고 있는 시기에 코로나19와 같은 재난 상황 속에서 시민들의 안전을 염두에 두지 않는 행동, 과도한 정치적 행동들이 급격한 추락의 원인이다.

이러한 상황 속에서 교회는 신뢰와 권위를 회복하기 위하여 교회의 본질과 그리스도인의 신앙에 비판적 성찰이 있어야 하며 오늘날 세상 속에서 하나님 앞에 책임 있게 사는 삶에 대해 고민해야 하는 때에 속해 있다.[5] 교회와 신앙의 본질 회복과 더불어 제자직과 시민직의 통합에 대한 논의, 교회의 공공성, 그리스도인의 사회 책임에 대한 논의는 이후 한국교회의 회복을 위한 중요한 논의의 과제임에 틀림없다.[6] 이를 위해서 한국교회는 교회 안에서 비판적 성찰을 통한 합리적 이성적 판단, 삶과 영성의 통전성, 교회의 공공성 회복 등에 대한 관심을 가지고 미래 방향을 잡아가야 한다.[7] 교회는 개인의 신앙의 정체성을 새롭게 확립하는 일과 영성과 실천을 추구하는 공동체를 세울 수 있도록 교육을 재구조화해야 한다.[8] 이러한 맥락에서 두 가지가 가장 큰 과제이다. 첫째, 교회의 본질에 대한 성찰을 통한 사회 속에 교회의 역할에 대한 재고와 둘째, 교회의 역할 변화를 위하여 교회교육에서 마을교육으로 패러다임을 전환

---

4 조현, "코로나 1년 한국교회 신뢰도 급락… 76% 신뢰하지 않아,"「한겨레」 2021. 1. 30.

5 Daniel P. Castillo/안재형 역, 『생태해방신학』 (고양: 한국기독교연구소, 2021), 30-31.

6 정재영, "코로나 팬데믹 시대에 교회의 변화와 공공성,"「신학과 실천」 73(2021), 865.

7 N. T. Wright/이지혜 역, 『하나님과 팬데믹』 (파주: 비아토르, 2020), 60-75.

8 채혁수, "뉴노멀(New Normal)시대의 교육목회,"「신학과 실천」 72(2020): 495-500.

하면서 아동·청소년 교육과 함께 성인 교육에 대한 체계를 수립하는 일이 필요하다. 따라서 본 논문은 성인들을 위한 기독교교육의 구조로서 마을교육 과정을 살펴보고자 한다. 첫째, 교회의 본질에 대한 성찰에 대한 논의로 선교적 교회론을 살펴보고 선교적 교회론을 기반으로 하여 본질에 대한 논의 실행을 위한 성인 교육의 필요성을 살펴보고 둘째, 마을교육 공동체 형성을 위하여 마을교육 과정의 특징과 수립 방법을 고찰하겠다. 셋째, 성인들을 위한 마을교육 과정을 위하여 성인의 발달과 학습의 특징을 살펴보고 끝으로 이러한 논의를 기반으로 기독교 성인 교육을 위한 마을교육 과정을 제언하겠다.

II. 선교적 교회론과 마을교육 공동체

1. 선교적 교회론

본회퍼(D. Bonhoeffer)는 우리의 삶은 그리스도와 공동체 그리고 사랑 안에서 사는 것이라고 한다. 교회는 타인을 위해서 존재할 때만 교회이다. 그렇기에 교회는 세상 속에 존재한다.[9] 선교적 교회의 논의에 따르면 교회는 세상 속에 존재한다. 선교는 교회의 본질이다. 이것은 교회가 선교를 위하여 세워졌다는 토대에서 출발한다. 삼위일체 하나님의 보냄 받은 자로서 자신의 정체성을 인식하고 성직자와 평신도 모두 일상에서 하나님의 선교에 동참하고 실현하는 것을 교회의 본질로 이해하는 것이다. 교회와 그리스도인의 존재론

---

9 Stephen J Nichols/김광남 역, 『본회퍼가 말하는 그리스도인의 삶』(서울: 아바서원, 2014), 60-63.

적 이해에 대한 논의에서 선교적 교회의 개념은 출발한다. 즉, 그리스도인은 세상 속에서 살아가도록 선교적 사명으로 부름을 받은 것이다. 그렇기에 기독교적 가치를 가지고 살아가는 존재론적 인식을 갖고 삶이 곧 선교가 되고 일상이 "세상의 빛과 소금"(마 5:13-16)이 되는 것이 바로 선교적 교회론의 핵심적 개념이다. 그렇기에 선교적 교회의 관심은 교회를 넘어서서 마을과 세상으로 관심과 목회의 영역을 확장시키는 것이다. 그리고 목회자 중심을 사역을 넘어서서 평신도들의 참여와 그들의 일상적 삶 가운데 기독교적 가치를 실현하는 것에 관심을 갖는다.[10]

교회의 본질이 선교이고, 그리스도인은 선교를 위하여 부름 받은 존재라면 선교는 일상의 삶 속에서 그리스도인으로서 섬김과 더불어 사는 삶을 통하여 기독교의 복음과 가치를 실현해 가는 삶의 과정이라고 볼 수 있다. 활동과 존재론적 이해의 통합, 거리적 개념에서 일상적 개념으로의 통합, 특정한 사람의 참여에서 모든 그리스도인이 참여로 선교적 교회의 개념을 이해할 수 있다. 이러한 선교적 교회는 교회와 세상의 공존과 열린 관계, 소통과 대화, 참여와 변화를 기본적 개념으로 볼 수 있다. 그동안 교회가 지역사회에서 봉사와 전도의 모습으로 존재했다면 이제는 교제와 공존 등의 개념으로 이해하는 것이다.

2. 마을교육 공동체와 성인 교육

선교적 교회에서는 마을이 중요하다. 마을은 지역 공간의 최소

---

10 한국일,『선교적 교회의 이론과 실제』(서울: 장로회신학대학교 출판부, 2019), 118-120.

공간적 단위로 물리적, 상징적 경계를 가진 지리적 장소이고 지역민들이 상호작용하며 일상을 살아가는 곳이다.[11] 교회는 각각의 성도가 기독교의 가치와 말씀 가운데 성숙하고 성장하도록 돕는 일에 최우선 관심을 두어야 하며, 이를 통하여 그들의 세상에서의 삶을 통해 지역사회를 섬기며 지역사회 속에서 하나님의 증인으로 살아갈 수 있도록 돕는 일을 해야 한다. 또한 그들의 삶의 자리인 마을에서 마을의 사람들과 더불어 살며, 마을과 교회의 경계를 넘어서 서로가 함께 배우고 교육하고 마을을 만들어 가는 동료가 되는 삶을 사는 것이다. 그리스도인들이 살아가고 있는 삶의 자리가 바로 선교의 현장이다. 이러한 맥락에서 보았을 때 선교적 삶(missional life)이란 그리스도인이 하나님의 증인으로 부름받아 세워진 존재라는 정체감을 가지고, 그들의 지역사회와 일상생활에서 섬김과 교제를 통하여 기독교의 복음과 가치를 구현하며 살아가는 것을 의미한다. 삼위일체 하나님의 상호적 관계처럼 상호 격려를 통하여 선교적 교회와 선교적 삶의 지속성이 가능해지는 것이다.[12]

뉴노멀의 사회적 시대를 맞이하고 선교적 교회론의 입장에서 예수의 제자직과 사회의 시민직을 통합하여 앎과 삶이 하나되는 교육을 위한 패러다임 전환이 필요하다. 특별히 뉴노멀시대에서 교회는 ① 종교 중심에서 삶 중심으로, ② 교회 중심에서 가정 중심으로, ③ 교인 중심에서 예수의 제자 중심으로, ④ 목회자 중심에서 자기 독립적 신앙 중심으로, ⑤ 세상과의 분리에서 세상에 참여 중심으로, ⑥ 건물 중심에서 자연 중심으로, ⑦ 어린이 중심의 교육에서

---

11 조용훈,『마을공동체와 교회공동체』(서울: 총회한국교회연구원, 2017), 28-29.
12 Woodward, J. R. & Dan White Jr./이후천·황병배·김신애 역,『선교적 교회 운동: 선교적·성육신적 공동체의 시작과 성장』(서울: 한국교회선교연구소, 2018), 183-193.

평생교육 중심으로, ⑧ 가르치는 것에서 참여하는 것 중심으로, ⑨ 개별화에서 통전화 중심으로, ⑩ 개인 신앙에서 공적 신앙의 정신 중심으로 변화가 필요하다.[13]

　이러한 교육의 변화를 추진할 수 있는 가장 우선적 동인은 교회의 교육을 평생교육적 관점으로 전환하여 아동·청소년 중심의 교육에서 성인 교육으로 확대시키는 것이다. 교육은 앎과 삶의 통합이다. 앎과 삶의 간극이 메워지고 삶이 지속되는 한 교육은 삶의 가치들의 전체적인 구조들을 꾸준히 변화시키는 과정이 되어야 한다.[14] 이를 위하여 교육생태학적 관점에서 가정과 교회와 마을이 서로 순환하며 소통하는 교육으로 세워져야 한다. 교회교육은 마을을 장으로 하여 마을을 위한 교육, 마을을 통한 교육, 마을과 함께하는 교육의 형태로 이루어져야 한다. 마을교육이 가능하기 위하여 교회는 성인들을 새로운 교육의 주체로 인식하고 교육의 동반자로 세우는 것이 중요하다. 성인들은 변화하는 사회의 요구와 다양한 변화에 대응해 갈 수 있는 삶의 경험을 지닌 존재이다. 또한 성인은 다음 세대를 위해 중요한 영향력을 가진 부모이자 사회의 구성원이다. 더불어 성인은 각자의 삶 속에서 자신의 삶의 경험의 의미를 재구성하고 공동체 안에서 함께 나눔으로서 개인을 위해서 또한 공동체를 위하여 교육이 필요한 세대이다. 마지막으로 한국의 상황에서 성인 중에서도 중년기는 한국 사회에서 가장 많은 수를 차지하고 있는 세대이며 현재 사회적으로 가장 활발하게 활동하고 있는 세대이다. 이러한 차원에서 성인 교육, 특히 중년기 교육은 매우 중요하다.[15]

---

13 Sung-Won Kim, "Educational Ministries in Korean Churches amid the COVID-19 Pandemic," *Journal of Christian Education in Korea* 65(2021), 113.

14 Eduard C. Lindeman/김동진·강대중 역, 『성인 교육의 의미』(서울: 학이시습, 2013), 3-5.

III. 성인의 발달과정과 특징 — 중년기를 중심으로

1. 중년기의 특징

인생의 발달단계는 다양한 요소들에 따라 구분의 시기 및 특징이 달라질 수 있다. 1950년대 후반 중년기 연구를 처음 시작한 뉴가르튼(B. Newgarton)은 연령보다는 지위 역할과 관련하여 중년기를 정의해야 함을 주장한다. 뉴가르튼의 주장은 주로 여성과 남성의 구분이 직업과 가정이라는 이분법적 구조로 구분이 통상적이었던 시대의 논의임을 지적할 수 있다. 볼랜드(D. C. Borland)는 1970년대 중년기 연구를 통하여 분류 기준을 가족 주기 관점에서 설명한다. 연령과 관계없이 막내 자녀가 독립하는 시기부터 직업 생활에서 은퇴하는 시기를 중년기라고 정의한다. 가장 보편적으로 접근하는 방법은 생활 연령에 따른 구분으로 중년기가 몇 세에 시작하여 몇 세에 끝나는가 하는 것이다.

융(C. Jung)은 40세 이후를 중년으로 보고 인생 중반 변화(Midlife Change)를 조작적 시기로 정의한다. 에릭슨(E. Erikson)은 40~60세를 중년으로 보며 생산성과 자기 침체의 시기로 설명한다. 레빈슨(D. Levinson)은 40~45세를 중년 전환기, 45~60세를 중년기로 설명한다. 김명자는 중년기의 위기감과 변이연구에서 40~59세로 정의한다.[16] 위의 다양한 논의에서 볼 수 있듯이 중년기는 연령, 가족주기, 사회적 배경, 생물학적, 심리적 인식 등 다양한 요소에 의해 종합적으로

---

15 장신근, "오늘의 기독교 중년교육의 과제 연구,"「신학논단」78(2014): 223-256.
16 김명자, 『중년기발달』(서울: 교문사, 1998), 27-30.

영향을 받고 또한 그러한 차원에서 접근해야 함을 볼 수 있다. 중년기는 신체적, 생물학적 노화를 인식하기 시작하며 삶의 의미와 관계의 새로운 정립을 관심 갖기 시작하는 시기라는 것은 다양한 연구의 공통적 특징이다.

중년기를 위기로 보는 입장은 노화로 인한 생리적 변화, 자녀들의 독립, 직업 적응 등 변화를 강조하며 이러한 도전이 가지고 오는 혼란에 초점을 맞춘다. 캐나다의 정신분석가인 자크(E. Jaques)는 310명의 천재를 연구하여 남성이 35세쯤 되면 그의 삶에 드리워진 죽음의 그림자를 보기 시작하며 젊은 시절 갖고 있던 꿈을 성취하기 이전에 생이 마감한다는 것을 인지하고, 중년을 위기의 시기라고 설명한다.17 이와 같은 변화는 융(C. Jung)이 설명한 외부 지향, 자기 수렴의 기회가 된다. 그러나 자기 수렴의 단계에서 인생 목표에 대한 의문을 가질 때 일시적이지만 혼란을 겪으며 위기를 경험할 수 있다는 것이다.

중년기의 위기를 설명한 융은 40세를 인생의 후반으로 가는 전환점으로 보았다. 40세 전후를 인생의 정점(noon of life)이자 근원적인 변동이 일어나는 시간으로 보았다. 인생의 전반기는 자기 확산기, 후반기는 자기 수렴기로서 자기 확산기가 성공과 명예 등 외부적인 성취와 물질에 몰두하는 시기라면 자기 수렴기는 인생의 유한성, 육체의 연약함 등을 경험하면서 자신의 삶을 철학적, 종교적, 내면적으로 성찰하는 시기이다. 외적 자아에서 내적 자아로 전환하는 것을 개별화라고 하며 개별화는 인생 후반부의 과업을 균형과

---

17 Barbara Bradley Hagerty/박상은 역, 『인생의 재발견, 마흔 이후 어떻게 살 것인가』(서울: 스몰빅인사이트, 2016), 27-28.

통합을 통하여 이루어 자기실현에 이르는 것을 의미한다.[18]

이에 반하여 중년이 위기의 시기라는 것에 의문을 표하는 입장도 있다. 중년기의 스트레스와 우울은 중년기만의 특징은 아니라는 것이다. 오히려 중년기를 그러한 요소들을 전환시키는 시대로 보는 것이 타당하다고 주장한다. 중년은 가족생활, 친밀한 관계, 내적 전환, 직업 영역 등에서 새로운 측면이 나타나는 시기이다. 이때 그 상황을 보는 시각에 따라 재평가와 재적응의 시간이 될 수 있다. 이러한 과정을 통해 생산성을 극대화시키고, 자아 통합의 과정으로 발달한다.

2. 중년기의 과제

성공적인 중년을 보내기 위하여 개인적 차원에서 노화를 삶의 과정으로 받아들이고, 자신의 정체성에 대한 재점검과 아울러 주체적인 삶, 의미 있는 삶을 위한 목표를 세우는 것이 중요하다. 사회생활에 있어서 다양하고 개방적인 인간관계 및 적극적인 봉사활동 및 사회활동을 모색해야 한다. 정체성이란 자신에 대한 일관성 있는 느낌이고 자신의 행위와 가치가 조화롭게 연관된다는 확신이다.[19] 중년기에 지적으로 활력이 넘치고 정서적으로 풍요로우며 새로운 일에 대한 관심을 가지면서 새로운 정체성을 새롭게 만들어 나가게 되는데, 이러한 것이 가능한 것은 중년기 이전에 가지고 있었던 성취와 성공 중심의 삶의 목표들이 내면의 수렴과 성찰을 통하여 새로운 가능성으로 방향을 전환하기 때문이다. 이러한 때 과거에 지향했

---

18 정옥분, 『발달심리학』(서울: 학지사, 2004), 600-620.
19 Gene D. Cohen/김성은 역, 『창조적으로 나이 들기』(서울: 동연, 2016), 302.

던 그리고 자신이 한계를 규정했던 습관과 역할, 정신적 모델 등에서 새로운 자신으로 진화하는 정체성을 추구해야 한다.[20] 신앙은 중년에게 있어서 개별화와 의미 추구, 개인의 내면에 대한 성찰에 있어서 중요한 역할을 한다. 인간의 유한성에 대한 문제도 극복하고 삶의 공허를 넘어 의미와 내면의 성숙을 가능케 한다. 이러한 논의에서 보듯이 중년기는 위기의 시간이기도 하나 인생의 자기 점검의 시간으로 새로운 전환을 갖는 때이다. 사회적으로 왕성한 활동을 통하여 공동체에 중요한 기여를 하는 시기이기도 하다. 중년기는 새로운 전환을 준비하는 시기이고, 자신의 진화하는 정체감에 대한 정립과 자기실현을 구현하는 시기이다. 동시에 사회적 역할에서 가장 영향력 있는 생산적 활동들을 하고 있는 시기이다. 교회의 중년도 이러한 관점에서 이해한다면 중년기를 위한 교육의 확대 및 교육과정의 재구조화, 목회적 계획의 창조적 성찰이 필요하다.

IV. 성인 교육과 마을교육 공동체

1. 성인 교육의 특징

1968년 노울즈(M. Knowles)는 아동 교육과 구분되는 개념으로 성인 교육(andragogy) 개념을 소개한다. 안드라고지는 성인(andros)과 지도하다(agogos)의 합성어로서 성인의 학습을 도와주는 기술과 과학을 의미한다.[21] 성인 교육은 학습자가 아동과 다른 특성을 지닌

---

20 William Sadler/ 김경숙 역, 『서드에이지, 마흔 이후 30년』 (서울: 사이, 2020), 55-97.

성인이라는 기본 전제에서 교육과정 설계가 이루어진다. 학습자로서 성인은 첫째, 자아개념이 자기 주도적이며, 둘째, 학습의 원천이 되는 풍부한 경험을 가지고 있으며, 셋째, 사회적 역할에 맞는 발달 과업에 따른 학습의 필요를 가지고 있고, 넷째, 학습의 내용이 미래의 준비보다는 즉각적으로 현실에서 실천할 수 있는 내용을 필요로 하여 교과보다는 문제 해결 중심의 학습을 지향하고, 다섯째, 자아실현과 성취와 같은 내재적 욕구에 따른 학습의 욕구가 강화된다.[22]

린드만(E. Lindeman)은 성인 교육은 포괄적인 개념으로서 삶에 목적을 부여하는 것으로 설명한다. 그렇기에 성인 교육은 교과목이 아니라 학습자의 상황이 더 중요하다. 과목이 교사를 중심으로 정해진 교육과정에 따라 학습하는 것이 아니고 학습자의 요구와 흥미에 따라 교육과정이 맞춰진다. 모든 성인은 일과 가족, 신앙과 가족생활, 공동체 등 적응이 필요한 상황 속에서 살아간다. 그리고 상황에 맞는 요구와 필요가 있다. 성인 교육의 교육 내용은 이러한 요구에 맞추어 이루어지는 것이고 교육과정의 당위성에 의하여 정해지는 것은 아니다. 성인 교육에서 가장 중요한 교육내용과 가치의 원천은 학습자의 경험이다. 학습자의 경험이 서로 공유되고 소통되며 해석되는 과정에서 성인은 새로운 경험을 획득하게 되고 이와 더불어 새로운 앎의 차원에 이르게 된다. 자신의 경험을 생생하고 의미 있는 것으로 만들어 가고, 자신의 재능을 유용하게 나눌 수 있으며,

---

21 M. S. Knowles, *The Modern Practice of Adult Education:Adragogy vs Pedagogy* (New York: Association Press, 1970), 10-24.

22 M. S. Knowles, *The Modern Practice of Adult Education: From Pedagogy to Andragogy*, (2nd ed.)(New York: Cambridge Books, 1980), 10-55; 배을규, 『성인 교육의 실천적 기초』(서울:학지사, 2006), 140-147.

아름다움과 즐거움은 함께 향유하고, 슬픔과 고통은 같이 나누고 상호소통과 연대감으로 삶의 기품과 개인의 품성, 공동체의 활력과 변화를 만들어 가는 것이 성인 교육의 목적이다.[23]

브리슨(L. Bryson)은 포괄적인 성인 교육의 목적을 세분화하여 설명한다. 성인 교육의 첫째 목적은 교양 교육이고 지력 개발이다. 성인들의 지식에 대한 욕구에 맞추어 새로운 지식을 제공하는 것이다. 둘째, 직업 교육이다. 경력을 개발하고 새로운 변화를 촉진하고 직업과 기술 중심의 훈련이다. 셋째, 관계 지향적 교육이다. 사회구성원들과 소통하고 자신의 표현력을 높이고 효과적인 인간관계 속에서 자기실현을 촉진해 갈 수 있도록 하는 것이다. 넷째, 정치적 목적이다. 성인 교육을 통하여 사회의 공적 문제에 대하여 다양한 시각에서 살펴보고, 사회와 미래의 정책 수립과 개선에 참여할 수 있는 능력을 갖출 수 있도록 하는 것이 성인 교육의 목적이다.[24]

특별히 현대 사회의 새로운 변화가 가속화되고 성인들의 지속적인 학습의 요구는 증가하고 있다. 삶의 발달의 과정 속에서 성인은 자기실현 및 새로운 정체성 확립에 관심을 기울이고 있고, 100세 시대를 살아가는 성인들이 삶의 새로운 기술과 활동의 영역들이 필요하다. 교회교육에 있어서도 이러한 변화는 마찬가지이다. 기독교 교육의 태동에서도 교육의 출발은 성인 교육부터 시작한다. 히브리 시대의 교육도 먼저 부모교육부터 출발하여 가정을 장으로 하는 교육에서 아동들에 대한 교육으로 이어졌고 부모교육은 평생교육과 순환 교육의 차원에서 반복적으로 이루어져 왔다.[25] 성인 신앙의 성

---

23 Eduard C. Lindeman, 『성인 교육의 의미』, 3-9.

24 배을규, 20-45.

25 Lewis Joseph Sherrill, *The Rise of Christian Education* (New York: Macmillan Co., 1944.), 10-30.

숙과 발전은 자연스럽게 아동·청소년의 신앙으로 소통되고, 교회의 신앙의 문화를 형성하고 더 나아가 지역사회에서 교회가 시민과 함께 더불어 친교하며 살아가는 지역 공동체를 형성할 수 있는 중요한 세대가 바로 성인, 중년기이다.

2. 마을교육 공동체와 마을교육 과정

성인 교육과정을 학습생태계 관점에서 출발하는 것은 인간을 상호의존적 존재로서 개인과 마을, 자연과 환경과 생태적 관계를 맺으며 살아가는 존재로 규정하고, 생태학적 유대성을 존중하여 교육과정을 구성하는 것이다. 교육생태학적 관점의 교육에서는 협동, 상생의 원리, 삶의 맥락 등을 중요한 원리로 삼는다.

교육을 학교나 교회와 같이 분리된 장소에서 이루어지는 개별적 행위가 아니라 교육생태계 속에서 마을공동체와 개인이 함께 성장하는 것으로 보는 것이다. 마을을 하나의 교육의 장으로 만드는 것을 마을교육 공동체라고 한다. 마을교육 공동체에서 마을에 대해 배우고, 마을을 통하여, 마을과 함께, 마을을 위하여 배우는 것을 마을교육 과정이라 한다.[26]

마을에 대해 배우는 것은 내가 살고 있는 마을의 문화적, 역사적, 자연적, 사회적 상황을 배우는 것이다. 나의 삶의 자리에 관한 교육은 마을의 필요를 인식할 수 있도록 하는 것이고, 동시에 마을에 대한 깊은 연대감과 뿌리 깊은 소속감을 느낄 수 있도록 한다. 마을을 통하여 배운다는 것은 그 지역과 마을의 문화적, 인적, 역사적,

---

26 이인희, 『마을로 돌아온 학교』 (서울: 교육과학사, 2020), 240-241.

환경적, 인프라를 활용하여 배우는 것이다. 이러한 환경 속에서 성인들은 다른 사람들과의 상호작용, 공감, 마을이라는 맥락 속에서 이루어지는 실천적인 지식을 배우게 된다. 마을과 함께 배운다는 것은 학교와 교회, 마을의 다양한 단체들과 함께 더불어 학습의 기회를 갖는 것이다. 사랑과 지혜와 미덕과 같은 인간의 참된 가치와 생명의 가치를 가지고 더불어 사는 삶을 배우는 것이다.[27] 종교와 연령, 직업과 성별 등의 차이를 넘어서서 다양한 사람들을 만나면서 이웃들과 소통하고 대화를 통한 관계의 망을 통해 인식의 확장과 실천의 구체성을 확보하는 것을 의미한다. 마을을 위하여 배운다는 것은 자신의 삶의 터전과 공동체를 위하여 무엇을 할 수 있을지를 고민하게 되고, 마을이 필요로 하는 것은 무엇인지에 대해 살펴보게 됨으로 지역의 일원으로서 책임적 활동을 하게 되고 마을의 미래를 위해 기여할 수 있는 기회를 탐색하는 것이며 민주시민으로서 역량을 지니게 되는 것이다.[28] 마을교육 과정과 마을교육 공동체는 상호적으로 활용되면서 마을교육 공동체가 형성되면 마을교육 과정이 이루어지고, 마을교육 과정이 만들어지면서 마을교육 공동체가 이루어지기도 하는 상호순환구조가 된다.

3. 성인에게 있어서 마을교육 과정의 의의

성인들의 학습의 중요한 특징은 자발성과 경험과 삶의 맥락이다. 즉, 자신의 삶의 맥락에서 경험적으로 필요한 사안들에 대한 자발적

---

27 심성보, 『코로나 시대, 마을교육 공동체운동과 생태적 교육학』 (서울: 살림터, 2021), 128-129.
28 조운정 외 2인, 『학습생태계 확장을 위한 마을교육 과정의 개념과 실천방안』 (경기: 경기도 교육연구원, 2017), 11-17.

참여가 아동·청소년들의 교육과는 다른 특징이다. 마을교육 과정은 이러한 성인들의 요구와 학습의 특징에 부합하는 교육이다.

첫째, 마을교육 과정은 앎과 삶을 추구하는 교육이다. 자신의 삶의 자리에서 배우고 나누는 과정 속에서 삶과 밀접하게 관련된 지식을 획득하게 되고, 삶으로 이어질 수 있도록 한다. 자신의 주변 사람들과의 만남, 자신의 삶의 자리에 대한 맥락적 지식은 참여자들의 흥미와 자발적 참여를 촉진한다.

둘째, 경험이 중요한 학습자원으로 활용되고 배분된다. 마을교육 과정을 통하여 마을에 관하여 배울 때도 마을 사람들이 가지고 있는 기억, 체험, 경험들은 책이나 교재를 뛰어넘는 중요한 학습자원이 된다.

셋째, 성인 학습자들의 자발성이 촉진되고 능동적 참여를 격려하는 교육이다. 마을공동체는 학교 공동체나 교회공동체에 비하여 느슨한 연대적 관계망을 지닌 공동체이다. 마을교육 공동체는 이러한 성향을 고려하고 운영되어야 한다. 그렇기에 마을교육 공동체는 토론과 대화를 통하여 합의를 이루어 가는 것이 필요하고, 자발적이고 능동적인 참여를 독려하는 것이 필요하다.[29] 성인 학습자들은 자신들의 삶에 구체적 연관성이 있을 때 자발적으로 참여한다. 이론적이고 추상적인 것보다 실제적이고 삶과 연관된 지식을 배울 때 능동적인 참여가 이루어진다. 살아 있는 상호작용을 통해 개인 존재의 의미와 공동체의 중요성을 자각하게 된다. 서로에게 배우고 민주적으로 교육과정을 운영하고 더불어 친교하는 과정은 성인의 전인적인 성숙을 독려하는 교육과정이 된다.

넷째, 마을교육 공동체를 통하여 인류 공동체에 대한 교육으로

---

29 성미산학교, 『마을학교: 성미산학교의 마을 만들기』 (서울: 교육공동체 벗, 2019), 12-13.

확대할 수 있다. 마을은 지속 가능한 삶이 가능하도록 함께 가꾸고 만들어 가야 하는 공간이다. 마을에서 협력과 공존을 배우고 대화와 소통을 배워야 한다. 세계시민 의식은 마을의 일상에서부터 출발해야 하며, 마을의 일상은 인류가 함께 살아가는 삶과 공존으로 확대되어야 한다. 평화와 전쟁, 생태와 생명, 지속 가능성과 환경, 이러한 문제는 글로벌한 주제이지만 일상의 변화와 의식의 개혁이 동반되어야 변화 가능한 것이다.

다섯째, 마을교육 공동체에서 민주시민의 역량을 함양한다. 민주주의란 존경과 관심에 기초하여 세워지는 것이다. 사람을 단순히 대상화하는 것이 아니라 인간존재로 인식할 줄 아는 능력에 기초하는 것이다. 비판적으로 사고할 수 있는 능력, 지역적 차원의 열정을 뛰어넘어 세계시민으로서 세계의 문제에 접근할 수 있는 능력, 다른 사람의 곤경에 공감하는 태도와 상상하는 능력을 갖도록 하는 것이 필요하다.[30]

민주시민 역량이란 주권자로서 민주사회를 이루어 가는 동반자들과 함께 존중과 배려로 정의롭고 상생하는 사회를 만들어 가는 역량이다. 다양한 정치적 입장, 상황에 대한 해석의 차이, 종교적 차이 이러한 것들을 분열과 갈등으로 만드는 것이 아니라 경청과 존중을 통해 다양한 사람들이 연대하는 공동체를 만들어 가는 능력을 배우는 것이다. 이러한 능력 함양을 위해서 대화 교육이 필수적이고, 이를 통하여 건전한 상식, 개방적인 경청, 대화하고자 하는 수용성, 친절한 말씨 이러한 것들을 연습하는 것이 필요하다.[31]

---

30 Martha Craven Nussbaum/우석영 역, 『공부를 넘어 교육으로』 (서울: 궁리, 2011), 27-33.
31 강선보, "그룬트비의 성인 교육사상," 「한국교육학연구」 11(2005): 26-27.

V. 기독교 성인 교육을 위한 마을교육 과정 설계

중년기는 삶의 새로운 변화를 맞이하는 시기이며 자기실현과 아울러 사회에 봉사하고 기여하고자 하는 생산성의 시기이다.[32] 이러한 시기에 사회에서 지속적이고 체계적인 교육을 받을 수 있는 기회는 제한적이었다. 또한 그동안 이루어진 교육도 선교적 삶을 사는 영역을 모두 포괄하여 진행되는 경우는 그다지 많지 않았다. 따라서 선교적 교회로서의 삶을 살아갈 수 있도록 하는 마을교육 과정이 체계적이고 연속적인 가운데 실행되는 것이 필요하다. 마을교육 과정을 체계적으로 설계하기 위하여 다음과 같은 교육적 단계를 반영하여 설계할 필요가 있다.

1. 성인 교육 과정을 교육생태학적 관점에서 구조화

전통적인 교회교육은 연령 중심, 세대 중심, 성별 중심으로 이루어져서 교과를 중심으로 이루어지는 형태였다. 마을교육 과정이 이루어지기 위하여는 교육생태학적 차원의 모형으로 교육을 재구조화하는 것이 필요하다.[33] 브론펜브레너(Urie Bronfenbrenner)는 교육을 교육생태학적 관점으로 구조화하는 것을 제안하며 학습을 한 인간이 살아가는 환경의 구조와 요소 관계의 망 안에서 구성해야 한다고 한다.[34] 따라서 성인을 위한 기독교교육과정을 이러한 관점에서 보았을 때 마을 교육과정은 교육의 목적, 교육의 장, 교육의 방법,

---

32 마크 어그로닌/신동숙 역, 『노인은 없다』 (서울: 한스미디어, 2019), 20-31.
33 조은하, 『사회통합과 기독교교육』 (서울: 기독한교, 2017), 7-10.
34 폴 에겐·돈 카우책/신종호 외 역, 『교육심리학: 교육 실제를 보는 창』 (서울: 피어선, 2011), 112.

교육의 내용, 교사 등의 요소들이 재구조화하는 것이다. 교육의 목적은 마을 안에서 기독교적 앎과 삶의 통전성을 이루며 살아가는 그리스도인이 되는 것이며 교육의 방법은 학습자의 참여와 자발성 및 경험 중심의 상호 소통의 교육이 강조되고, 교육의 내용은 성서적 앎의 내용과 마을에서의 실천적 삶이 강조되는 것이며 교사는 삶의 영역에서 경험을 학습으로 구조화할 수 있는 마을의 모든 사람이 교사가 되는 것이다.

2. 마을교육 과정을 위한 사회적 자본 네트워크 확장

선교적 삶이 가능하려면 교회는 선교적 교회의 핵심적 원리를 학습자와 함께 공유하며 교육하는 것이 필요하다.

첫째, 지역사회를 전도 대상으로 삼는 것이 아니라 더불어 살아가는 동반자적 관계로 인식하는 것이다. 둘째, 지역 교회는 지역사회의 필요가 무엇인지 경청하고 살피며 지역사회와 그 필요를 함께 해결해 가고 돕는 과정을 통해서 선교적 교회를 실천한다. 이를 위하여 지역사회에 대한 연구 및 이해와 관심이 필수적이다. 셋째, 지역 교회는 지역사회 안에서 하나님 나라의 정신을 실천하고 구현하는 것이다. 넷째, 교회는 지역사회에서 가장 많은 동력을 가지고 있는 중요한 공동체임을 인식하고 지역사회와 이러한 자원을 함께 공유하고 개방하고자 하는 인식을 갖는 것이 중요하다. 다섯째, 교회 조직을 교회의 내부적 조직으로만 두는 것이 아니라 지역사회와 함께 할 수 있는 기동력과 활동 목표를 지닌 선교적 구조로 전환해야 한다. 여섯째, 평신도 신학의 기반으로 성도가 지역 교회와 사회를 연결할 수 있는 활동을 할 수 있도록 교육하고 돕는 일을 하여야 한다. 일곱째, 이러한 일들이 교회공동체에서 가능하기 위하여 가장 우선이 되어야 하는 것은 목회적 리더십의 필요이다. 목회자는 교회 뿐 아니라 지역사회에 관심을 가지고 지역을 위하여 지역과 함께 교회가 존재한다는 인식을 가지고 목회를 해야 하며 이러한 리더십 이 그의 목회 전반에서 구현되어야 한다.[35]

마을교육 과정을 위한 첫 단계는 마을에 대한 관심을 갖는 것이 다. 교회는 마을에 존재하고 마을이 없이 교회 혼자 존재할 수 없다. 그리스도인은 예수의 제자인 동시에 마을공동체의 구성원이다. 마을의 역사, 정치, 생태환경, 사회적 관계, 자원, 인적 구성 등에 관심을 갖는 것이 필요하다. 마을의 구체적인 행사와 마을의 모임에 관심을 갖고 교회 안의 구성원들이 이러한 마을공동체의 삶에 관심을 갖는 것이 필요하고 함께 연대할 수 있는 교육적 자원을 준비하는 것이 우선되어야 한다. 이를 위하여 마을의 어른들, 마을의 행정가, 마을의 다양한 단체들을 만나고 그들과 마을에 대한 다양한 정보를 공유하고 마을의 다양한 구성원들의 모임 및 행사에 함께 참여함으로 마을 구성원으로 공동체의 역동을 형성하는 것이 중요하다.

3. 성인 학습자들의 학습 특성에 기반한 마을교육 과정 설계

말콤 노울즈는 성인 학습인 안드라고지 실천을 위한 7가지 원칙을 제시하였다. 첫째, 학습에 도움이 되는 심리적이고 물리적 환경을 조성하기, 둘째, 교육 방향과 방법을 계획 시 학습자를 참여시키기, 셋째, 학습 요구자 진단에 학습자를 포함시키기, 넷째, 학습자가

---

35 한국일, 141-151.

스스로 학습 목표를 수립하도록 격려하기, 다섯째, 학습자가 학습에 필요한 자원을 파악하고 자원 활용을 구안하도록 격려하기, 여섯째, 학습자가 학습 계획을 실행하도록 도와주기, 일곱째, 학습자가 자신의 학습 과정을 스스로 평가하기이다.[36]

특별히 마을교육 과정의 측면에서 공유 교육 공간을 확보하거나 제공하는 것이 필요하다. 예를 들면 중년기의 공동체 교육에 있어서 정원이나 텃밭 가꾸기는 코로나 상황이나 위드 코로나, 기후 위기 시대에도 아주 적절하고 필요한 교육이 될 수 있다.[37] 텃밭은 자연스러운 만남의 장이며, 힐링과 창조의 기쁨을 경험하는 작업이고, 하나님의 창조의 세계의 신비와 아름다움을 체험하는 공간이 될 수 있다. 헤르만 헷세는 정원은 노동을 가장한 휴식의 공간이고 상상의 실타래가 풀리는 시간이며 영혼이 자라고 즐거움이 자라는 곳이라고 예찬한다.[38] 정원이나 텃밭 속에서 우리의 영혼이 창조주 하나님의 세계에 끝없이 이어지는 창조에 동참한다는 사실을 체험하는 공간이 정원과 텃밭이다. 그리고 살아 있는 식물을 가꾼다는 것은 사랑의 힘과 창조력을 감지하는 영혼의 민감성을 키우는 교육 환경이자 교육의 내용이 된다. 이를 통하여 교회는 마을 안에서 신뢰를 회복하고 기후에 대한 대처는 교인들이 미래의 삶의 가치와 생명 생태의 중요성을 경험적으로 알게 하는 중요한 교육이 된다.

텃밭으로 이웃 공동체를 시작한 사례도 있다. "아는 사람 한 명 없고, 잠만 자는 우리 동네를 활기찬 초록빛으로 가꿀 1인 가족을 찾습니다"라는 광고에서 시작된 옥상 텃밭 모임은 마을의 홀로 사는

---

36 배을규, 194-195.

37 성미산학교, 217-231.

38 Herman Hesse/배명자 역, 『정원 가꾸기의 즐거움』(서울: 반니, 2021), 6-7.

사람들을 방에서 나와 공동체를 이루게 하는 계기가 되었다. 심고, 뽑고, 맛보고, 즐기고 하는 동안 공동체는 교감하고 키운 작물로 함께 음식을 나누면서 식구와 같은 공동체로 발전되었다. 추후 옥상 텃밭을 분양받은 시민 텃밭을 가꾸면서 이들은 고립이 아닌 교감과 연대의 경험을 발판 삼아 텃밭에서 라디오 중계도 하고 그들의 경험을 함께 책으로 내면서 느슨하되 촘촘히 연결된 공동체가 된다. 텃밭 공동체가 밥상 공동체가 되고 나아가 마을공동체가 되어 고립과 외로움의 삶이 '이웃 랄랄라'로 탄생된 것이다. 1인 가구의 사람들이 품격을 지키며 즐겁게 살기 위해 필요한 것은 이웃 공동체였던 것이다.[39]

교회가 마을과 소통하고 마을과 함께하고 교회의 성인들이 이러한 차원의 일들에 참여하기 위해서는 마을과 성인 학습자의 필요와 요구를 파악하는 것이 중요하다. 즉, 요구조사(needs assessment)의 중요성이다. 최근 데이터 기반의 자료와 정보들이 다양하게 제공되고 있는 상황에서 성인의 마을교육 과정을, 기획자는 데이터를 활용하여 학습자의 필요를 파악하는 선제적 작업이 가능하다.[40] 요구조사에 기반하여 설계된 교육과정에 학습자의 경험이 최대한 활용하고 학습자들이 교회를 넘어서 마을 사람들과 만나고 함께 활동하는 자연스러운 교육의 장이 마련될 필요가 있다.

4. 만남과 환대를 통한 마을교육 공동체 형성

마을교육 공동체를 지향하기 위해서는 일차적으로 교회공동체

---

39 박재동·김이준수,『마을을 상상하는 20가지 방법』(서울: 샨티, 2015), 51-60.
40 최진기,『한 권으로 정리하는 4차 산업혁명』(서울: 이지퍼블리싱, 2018), 128-129.

안의 영성과 실천의 통전적 이해와 성숙이 선행되어야 한다. 즉, 교회공동체의 우정과 환대의 코이노니아가 있어야 하며, 우정과 환대는 영적 성숙을 가지고 와야 한다.[41] 김성중은 코로나19 이후 기독교교육의 방향을 논하면서 자연환경과의 만남, 가족 구성원과의 만남, 세계시민과의 만남을 제안한다. 이것은 단순한 만남을 넘어 책임적 존재로서 교육생태계적 구조 속에서 이웃과 지역사회 및 나아가 세계시민으로서 지구 위 존재들에 대한 관심과 섬김이 필요하다는 것이다.[42] 이를 위하여 선교적 삶과 실천에 대한 학습과 교육 및 성경공부 모임, 소그룹 공동체가 선행될 필요가 있다.[43] 성서 연구에 대한 통전성을 확보하는 것이 필요한데 이를 위하여 성서에 대한 간학문적 접근과 아울러 지적, 정서적, 실천적 접근으로 성서의 앎의 차원을 삶의 구체성으로 연결되도록 하는 것이 필요하다.[44] 인간과 인간, 인간과 자연의 상생의 관계를 새롭게 인식하고 존중하는 교육 경험이 제공되어야 한다.[45] 희망은 기독교적 표현으로 미래로 펼쳐지는 사랑이다.[46] 코로나19는 우리 사회에 편견과 혐오를 분출하기도 했지만 동시에 연민과 보살핌, 성찰의 시간도 가져왔다. 성찰과 대화를 통해 편견과 혐오를 넘어 지속 가능한 사회, 하나님 나라의 가치에 대한 성찰을 마을교육 공동체 안에서 함양할 수 있다.[47]

41 김경은, "영적 우정, 우정과 환대가 조화로운 공동체를 지향하며," 「신학과 실천」 73(2021): 233-234.
42 김성중, "코로나19 시기 이후의 기독교교육의 방향," 김정준 편, 『코로나19를 넘어서는 기독교교육』 (서울: 동연, 2020), 242-263.
43 김도일, "마을목회, 마을학교에 관한 기독교교육적 고찰," 「기독교교육논총」 59(2019): 188-189.
44 양성진, "성서교육 방법론 연구를 통한 통전적인 성서교육에 대한 제언," 「신학과 실천」 69(2020): 613-617.
45 심성보, 110-120.
46 Miroslav Wolf / 김명윤 역, 『광장에서 선 기독교: 공적신앙이란 무엇인가』 (서울: IVP, 2014), 89.
47 Martha Nussbaum, "새로운 정치의 가능성은 어디서 오는가?" Jeremy Rifkin / 안희경 역, 『오

이를 위하여 교회는 공적 만남의 장으로 개방된 교육의 장으로 전환이 필요하다. 공적이라는 단어는 poplicus라는 라틴어에서 유래하는데 '사람들에게 관련된'이라는 뜻이다. 그 단어의 뜻은 pubes(어른)이라는 라틴어로도 드러난다. 공적이라는 뜻은 어린이에서 어른으로 이행하여 자신을 돌보고 타인을 돌보는 사람들의 활동무대를 의미한다. 파커 팔머는 사람들과의 관계가 더욱 유쾌해지고 강인해지고 튼튼해질 수 있는 사람들의 사회적, 정치적 연합의 유대가 이루어지는 곳이면 어디든 공적인 삶이 이루어질 수 있다고 한다. 이런 자유로운 공간에서, 낯선 사람들과의 만남 속에서 우리는 많은 차이에도 하나라는 것을 배우고, 차이는 오히려 삶을 풍부하게 할 수 있음을 배운다.[48] 갈등하는 이해관계에 직면해서도 다른 사람들과 즐겁게 만날 수 있고 그 안에서 다양성 안에 있는 공공선을 배울 수 있다는 것이다.[49]

또한 그리스도인이 공적 신앙을 갖는 것은 공적 차원에 관심을 가지고 참여하고 실천하는 것이다. 사적 영역으로 축소된 신앙은 사회의 구조적 악에 대하여 과소평가할 수 있다.[50] 공적 영역에서 사회적 약자와 사회의 안전망을 구축하기 위해 교회와 사회가 협력해야 하고, 실행의 상상력을 길러가는 것이 필요하다. 또한 편견과 혐오를 넘어 예수가 가르친 사랑과 용서, 관용과 화해의 정신을 일상의 정치 속에서 구현할 수 있는 능력을 배양하는 것이 필요하다.

늘부터의 세계』 (서울: 메디치, 2020), 121-139.

48 Parker J. Palmer/김찬호·정하린 역,『모든 것의 가장자리에서』(파주: 글항아리, 2018), 164.

49 Parker J. Palmer/김찬호 역,『비통한 자들을 위한 정치학: 왜 민주주의에서 마음이 중요한가?』(파주: 글항아리, 2012), 162-171.

50 김회권, "사회선교의 정당성과 전망에 대한 고찰,"「신학과 실천」73(2021), 753.

VI. 나가는 말

예수님께서는 모든 고을과 마을을 두루 다니시면서, 회당에서 가르치시고 하늘 나라의 복음을 선포하시며, 병자와 허약한 이들을 모두 고쳐 주셨다 (마 9:35).

마을 없이 교회는 존재할 수 없다. 마을은 사람들의 삶의 현장이며, 하나님 나라 증언의 장이며, 다음 세대의 삶의 터전이다. 따라서 교회는 마을과 더불어 살며, 마을에서 배우고, 또한 마을과 소통하며, 마을을 만들어 가야 한다. 그동안 교회가 마을을 위하여 많은 봉사를 하고 선교를 하였으나 이제는 마을과 더불어 사는 것을 추구해야 한다. 봉사하는 교회에서 친교하는 교회로 자리매김해야 하고 마을로 나아가는 교회가 되어야 한다. 그리하여 마을이 하는 이야기에 귀를 기울이고 마을의 친구가 되는 교회가 되어야 한다. 이를 위하여 선교적 교회론에 대한 성찰을 통해 일상에서 하나님 나라를 구현하고 증언하며, 마을에서 그리스도인으로 또한 시민으로 통전적 삶을 살아가도록 돕는 것이 필요하다.

이를 위하여 다음의 질문들을 함께 생각하고 나누어 볼 것을 제안한다.

● 함께 생각해 볼 질문

1. 성인을 위한 교육을 설계할 때 아동과 청소년 교육과 다르게 고려해야 할 사항이 있다면 어떤 점이 있을까요?
2. 삶의 과정에서 중년기가 지니는 의미와 건강한 중년을 보내기 위해서 해야 하는 과제는 어떤 것들이 있을까요?
3. 마을이나 교회에서 경험해 본 중년 교육 중 함께 나누고자 하는 교육이 있다면 어떤 것이 있을까요?

● 도움이 될 만한 자료

1. EBS 특집 '도시, 학교를 품다-마을의 재발견'.
2. 조은하. 『사회통합과 기독교교육』. 서울: 기독한교, 2017.

4장

60대와 소통하는 선교적 교회

한국일*

Ⅰ. 서론을 대신하는 "어느 60대의 자기 성찰 이야기"

분명 나는 세상을 똑바로 보고 있는데 … 아주 가끔은 세상은 나 같은 은 퇴자들을 보지 못한다는 생각이 들 때가 있을 것이다. 길을 가도, 봉사를 가도, 성당을 가도, 많은 사람이 모이는 곳을 가도 분명 사람들은 나를 보지 못한다는 … 아니 내가 투명 인간인가 하는 착각이 들곤 하는 경우 말이다.

자격지심 때문인가? 기분 탓인가? 스쳐 지나가는 사람들은 많건만, 말을 걸어오는 사람이 없다. 내 얼굴에 뭐가 묻었나? 혹 내 옷이 너무 꾀죄죄한 걸까? 아무리 훑어보고 둘러보아도 이상이 없는데 그럼에도 나는 투명 인간이 되어간다는 느낌을 말한다. 누구나 한 번쯤의 느낌을 얘기하는 것이니 이상하게 생각할 건 없다. 발자취만 있을 뿐….

흔히 군대나 학교에선 열외라는 것이 존재한다. 일이나 모임 행사에서 뭔가 서로 맞지 않거나 쉽게 따라오지 못한다고 생각되는 경우, 분명 같 은 멤버이고 함께 참석했음에도 불구하고 현장에서 잠시 배제하는 경우

---

* 장로회신학대학교 선교학 은퇴 교수.

이다. 이런 경우 열외자는 그들을 보고 있지만 그들은 열외자를 무심히 스쳐 지나가는 풍경의 일부분처럼 무관심 속에 흘려 버린다.

지금 시대, 퇴직 후의 일상을 살아가는 모든 사람이 다 그렇다고 할 수는 없겠지만 보편적인 느낌을 얘기하는 것이다. 은퇴 후에도 경제적인 어려움 없이 적극적이고도 행복한 일상을 살아가는 사람들은 숱하게 많다. 그럼에도 가끔은 이 같은 생각을 가졌거나, 실제로 경험해 본 경우도 있었으리라 본다. 그만큼 우리 같은 육십 초로의 사람들에겐 다소 익숙지 않은 상황이다.

대표적인 이유가 우린 앞만 보고 오로지 일만 하면서 살아왔기 때문일지도 모르겠다. 간혹 직장 동료나 주변에선 퇴근 후 노후를 위해 틈틈이 새로운 공부나 경험을 쌓는 걸 볼 때면, 뭐 그렇게까지 할 필요 있냐며 오히려 면박을 주지 않았던가? 우리 부모 세대가 그래 왔던 것처럼 우리도 60이 되어 은퇴 시기엔 자식들이 수월하게 직장생활도 하고 결혼도 하여 귀엽고 사랑스러운 손주를 안겨 주어 손주 보는 재미로 말년을 행복하게 지내는 모습만 상상했었다.

1. 끝없는 자기 계발과 노력이 필요한 시대

하지만 지금의 세상은 빠르게 변화하고 있다. 솔직히 우리같이 고지식한 사고방식에 길들여진 세대가 요즘처럼 빠르게 변하는 디지털 시대를 살아가는 아들딸, 손주들과 눈높이를 맞추고 훈계하고 가르치고 대화하기엔 다소 어려움이 따른다. 소위 코드가 맞지 않다는 것으로 부모 세대와 디지털 세대 사이에 낀 우리에게 유연한 사고가 요구되어지는 이유다. 우리 할머니, 할아버지나 부모님 세대

땐 세상의 변화가 빠르지도 않았거니와 억척스럽게 일해 돈 버는 게 미덕이었고 그게 답이었다. 그렇기에 그분들의 가르침은 경험에서 우러나온 값진 말씀이었다. 그런데 우린 우리 자식, 손주들에게 우리들의 경험과 지식을 얘기할 수가 없다. 왜냐면 그들은 우리보다 더 고급정보를 접하고 있는 디지털 세대이기 때문이다. 차라리 스마트폰과 대화하는 게 더 편하고 익숙한 세상이 되어 버린 지금의 상황이 더욱 우리들을 고립시키고 있는 건지도 모를 일이다. 솔직히 요즘은 갓 태어난 아이도 스마트폰 정도는 할 줄 안다는 우스갯소리가 있을 정도다.

그렇다. 열외니, 왕따니, 투명 인간이니 하는 건 다 오늘을 살아가면서 느끼는 단편적인 시각이다. 그렇기에 그와 같은 상황에 노출되지 않거나 혹 빠지더라도 신속히 대처하기 위해선 우리가 세상을 변화시킬 수 없기에 우리 스스로가 변해야 한다. 그렇다고 모두가 지금 이 나이에 디지털에 묻혀 사는 Z나 N세대를 모방해 보자는 건 아니다.

요즘 젊은 층에서 꼰대의 세 가지 조건을 나름 요약해 놓은 게 있다.

(1) 배우지 않는다. No Learn.

(2) 듣지 않는다. No Listen.

(3) 버리지 않는다. No Leave.

맞는 표현이다. 이제 우리가 이걸 역으로 활용해서 적극적으로 나 자신을 변화시키고 세상과 합리적인 소통을 하려고 노력해야 한다. 최소한 지금보다도 더 뒤처져서는 안 된다. 젊은 시절은 가족과 사회를 위해서 열심히 땀 흘리고 살았다면, 이제는 나 자신이 세상과 속도를 맞추기 위해서 보다 열린 마음과 자세로 다가가야 한다.

그리고 윗세대와 아랫세대를 이해하려 노력해야 한다. 단, 이 노력이 올바른 방향으로 가지 못한다면 오히려 세상으로부터 조롱거리가 될 게 뻔하다. 이래저래 조심해야 한다. 그렇다고 기죽을 필요는 없다.

우리는 오랜 세월 살아오면서 무에서 유를 창조했었고, 불가능을 가능케 했던 세대다. 능히 할 수 있다고 본다. 우리 자신을 위해서도 보고 듣고 배우되 가급적 말보단 적은 돈이라도 젊은 사람들을 위해서, 이웃들을 위해서, 함께하는 공동체를 위해서 필요하다면 지갑을 열 때다. 그렇다고 아무 때고 돈을 호기롭게 펑펑 쓰자는 건 아니다. 같은 연배의 형편이 어려운 사람이 있다면, 그들을 먼저 배려해야 한다.

2. 즐거움을 함께 찾고 함께 나눌 때, 행복해지지 않겠는가?

가장 역동적이면서도 건강한 사회는 구성원 모두가 함께하면서 함께 행복을 느낄 때 가능하다고 본다. 그 중심에 60대, 우리 세대가 있다. 반드시 거창할 필요도 없다. 할 수 있는 것부터 적극적으로 참여해서 열심히 해 보는 거다. 이래저래 또 어깨가 무거워 온다.[1] 위에 소개한 글에서 60대에 속한 한 사람의 진실된 자기 성찰로 이루어진 버릴 것이 없는 솔직한 고백을 들을 수 있다. 60대에 이른 사람이 경험한 그리고 성찰을 통해서 얻은 깨달음의 진솔한 기록이다. 60대 본인은 여전히 현역 시대와 차이가 없다고 생각하고 있으나 사회에서 자신이 생각한 위치에 자리가 부재하다고 느낀다. 위에

---

1 https://blog.naver.com/samkyuchoi/221429752913 (2021. 5. 27. 검색).

서 언급한 내용을 보면서 일반적으로 60대가 느끼고 있는 당면한 문제들을 종합하면 다음과 같이 정리할 수 있다.

은퇴 후 느끼는 소외감이나 고립감, 노년의 연령에서 오는 자격지심, 젊은 시절에 가졌던 자신감과 기대에 미치지 못한 현실의 낮은 성취감도 자존심을 상하게 한다. 세상이 급속도로 변해가는 환경에 적응하지 못할 거라는 우려와 두려움, 그로 인하여 젊은 디지털 세대들과 소통하지 못하는 어려움도 제기된다. 무엇보다 노년의 일방적이며 권위적인 생각에 사로잡혀 꼰대가 될 것이라는 두려움도 적지 않다. 노년의 자기 비움보다 오히려 탐욕에 사로잡혀 있거나 아직 무대를 떠나지 않았고, 여전히 자신이 중심에 있다는 생각, 노년의 명예욕이나 권력의 의지 등이 자기중심적인 태도를 벗어나지 못하게 한다.[2]

이런 문제들을 자아 성찰을 통해서 깨달으면서 스스로 제시하는 해결책은 세상의 변화를 인식하고 그것에 자신을 맞추어 가는 개방적이며 유연한 사고와 태도, 자신을 변화시켜 세상과 소통하려는 노력, 열린 마음으로 세대 간 차이를 넘어서는 이해, 대접을 기대하지 말고 오히려 다른 사람들에게 베풀고 봉사하는 태도를 60대에 필요한 바람직한 모습으로 제시한다. 모든 세대가 세대마다 독특한 고민이 있고, 나이의 변화에 따른 자기 정체성에 대해 고민을 하는 것처럼 60대 역시 새로운 자기 정체성으로 인하여 새로운 고민을 하는 세대이다.

---

2 폴 스티븐스는 노년에 발생할 수 있는 문제들을 "노년의 악덕"이란 주제로 중세 시대의 일곱 가지 악덕-교만, 시기, 분노, 태만, 탐욕, 탐식, 음욕-에 비유하여 지적하면서 성숙한 노년의 삶을 위해 이러한 특성들을 극복해야 할 과제로 언급한다, R.P. Stevens, *Aging Matters*, 박일귀 역, 『나의 늙음의 신학』(서울: 도서출판 CUP, 2020), 122-139.

필자는 본 글에서 60대가 갖는 특징과 연약함도 함께 논할 것이지만, 글의 방향은 선교적 교회 관점에서 60대가 경험하고 직면하고 있는 문제들을 객관적으로 이해하고, 동시에 하나님으로부터 받은 삶을 주체적으로 마지막 시간까지 교회 안과 밖, 지역과 사회 속에 어떻게 창의적이고 모험적이며 희망적인 삶을 전개할 것인가에 초점을 맞추려고 한다. 가능한 베이비붐 세대에 중점을 두고 60대의 인생과 삶과 신앙, 사회적 역할을 선교적 교회 관점에서 논의하려고 한다.

II. 60대의 특징과 자기 정체성 인식

세계적으로 60대 연령층을 베이비붐 세대(1955~1965)라 부르기도 하고, 김난도 교수가 편집한 2020 트렌드에서는 오팔세대라 부른다. 2차 세계대전 이후에 가장 출산율이 높았던 시기에 태어난 세대로 오늘날 60대를 이루고 있다.[3] 인생의 과정에서 60대를 정확하게 분류하기는 어렵다. 요즘은 60대를 노년층이 아니라 "신중년"으로 표현하며, 70대 이후를 노년층으로 분류하기도 한다. 그러나 60대는 우리 시대에 노인은 아닐지라도 중년을 지나 노년의 세대로 접어든다는 사실은 부인할 수 없다. 직장을 은퇴하고 가정에서 손주를 두고 있고 사회모임에서 시니어로 불리는 것은 어쩔 수 없다. 그러므로 60대를 언급할 때 그 특성에 따라 노년층, 은퇴와 그 이후 세대를

---

3 김난도 외 8인, 『트렌드 코리아 2021 ─ 펜데믹 위기에 대응하는 전략은 무엇인가?』(서울: 미래의 창, 2021), 105-116.

언급하는 내용과 약간 중첩될 수도 있다.

베이비 붐 세대인 60대가 살아온 시대는 모든 영역에서 급격한 성장과 변화를 경험한 시대적 특징을 갖는다. 적어도 70~80년대에 인생에서 가장 활발한 20~30대를 살아온 60대는 사회적으로 급격한 경제성장과 민주화 과정을 겪으며 성장하였다. 한국전쟁 직후에 태어나 어린 시절에 세계 최빈국에 속한 상황을 경험하였으며, 60년대에 시작하여 70~80년대 산업화 과정을 겪으면서 경제적으로 급성장하는 사회적 격변기를 겪었다. 문화적으로 아날로그 시대에서 디지털 시대를 거쳐 4차 산업혁명과 AI가 제공하는 다양하고 급변하는 소통과 관계 방식의 변화를 일상에서 경험하는 세대이다. 60대는 한마디로 그의 삶에서 경험한 변화의 폭이 그 어떤 세대보다 넓고, 다양하고 급격하다.

세대 간에 관계로 볼 때 60대를 '낀 세대'로 지칭한다. (어떤 책에서는 50대를 그렇게 부른다.)[4] 낀 세대는 자녀와 부모를 같이 돌보는 세대라는 뜻으로 경제적으로 양쪽 자녀와 부모를 함께 부양하는 짐을 짊어지고 있는 것으로 이해한다. 그러므로 정작 자신의 정체성이 모호하며 현재나 노후를 위한 준비를 하지 못하고 있다고 평가한다. 베이비붐 세대는 활발한 현역 생활에 비하여 부모를 봉양하고 자녀들을 재정적으로 도움을 주는 이유로 노후 준비를 충분히 하지 못하고 있음을 지적한다.[5]

60대를 포함하여 고령 세대에 있는 노년층을 향한 전문가들의 이해와 평가도 다양하다. 크게 두 가지 입장으로 분류하면, 하나는

---

4 정신과 의사 이나미는 50대를 낀 세대로 보고 그들의 특징을 설명한다. 이나미,『오십후애사전』(서울: 추수밭, 2011), 18-25.

5 https://www.donga.com/news/article/all/20200417/100706933/1.

노년층은 우리 사회를 고령사회 혹은 초고령사회로 만들어 가는 주요인으로 지적하면서 주로 경제적 관점에서 젊은 세대들에게 짐을 지우거나 자신의 연금을 위해 젊은 세대의 꿈을 탈취하는 세대로 매우 부정적으로 평가한다.[6] 다른 하나는 반대로 노인은 나이의 문제가 아니라 마음의 문제이며 60대야말로 인생의 새로운 출발을 할 만한 나이로 언급하고, 제2의 인생을 시작하라고 권한다.

전자는 주로 노년층을 사회발전에 아무런 도움이 되지 않고, 부담만 가중시키는 무력한 세대로 평가한다. 주로 젊은이들에게 회자하는 노년층에 대한 혐오 표현으로 '꼰대', '노인충', '틀딱충'이란 충격적인 단어는 물론 다수가 사용하는 것은 아니지만, 우리 사회에 노인에 대한 부정적 인식이 얼마나 큰가를 보여준다. 과거에 전통적 사회에서 노인은 지혜와 경험의 유산을 물려주는 존경받는 세대였지만 오늘날은 주로 노년을 경제적 무능력자나 젊은 세대의 짐으로 여기며 부르는 용어이다.

후자는 노년의 경험과 지혜야말로 젊은 세대와 사회를 발전시키는 데 중요한 자원이 된다고 말한다. 대표적으로 100세 이상을 살고 계신 김형석 선생은 인문학적 관점에서 볼 때 60~75세가 인생의 전성기라고 말한다. 이런 다양한 평가를 보면서 60대 이후의 세대와 그 전에 젊은 세대 간에 발생하는 사회적 갈등과 충돌을 해결하기 위해 세대 간 소통과 대화, 통합적 이해가 얼마나 중요한가를 보게 된다.

일찍이 노년층의 잠재력을 알아보고 그 역량을 일깨우는 일을

---

6 Frank Schirrmacher/장혜경 역, 『고령사회 2018』(서울: 나무생각, 2011), 84-92. 이 책에서는 '세대 전쟁'이라는 용어를 사용하여 젊은 세대와 노년 세대 사이에 발생하는 문제들을 언급한다.

앞장서서 하는 유해근 목사는 "다음 세대는 어린이가 아니라 실버 세대"라고 부른다. 유 목사는 우리 사회의 구성원 중에 실버 세대에 비중을 두고 사회 변화에 중요한 역할을 할 것이라고 확신하며 실버 세대에게 활력을 유지하고 일자리 창출을 위한 교육에 전념하고 있다. 노년층의 잠재력을 실현한 인물들을 역사적으로, 개인적으로 소개한 사례와 내용도 많이 있다.[7]

노년층을 어떤 시각이나 관점에서 보는가에 따라 다르게 평가한다. 시간이 흘러 나이가 들어가며, 생물학적으로, 사회적으로 어떤 특별한 연령층을 구성하는 것은 누구에게나 다가오는 피할 수 없는 현상이다. 이 현상을 놓고 부정적으로 평가하거나, 노화현상을 부정하면서까지 억지로 미화할 필요는 없다. 연령의 의미는 절대적이며 동시에 상대적이다. 연령은 시간의 흐름의 따라 절대적 의미를 지니나, 또한 누구를 기준으로 평가하는가에 따라 그 의미와 역할이 상대적으로 다르게 평가되는 것이 사실이다.

스위스의 정신의학자 폴 투르니에가 『인생의 사계절』에서 표현한 것처럼 인생에는 여러 단계와 과정이 있다.[8] 세대마다 서로 다른 특징들을 가지고 있으며, 한 세대를 기준으로 하여 다른 세대를 부정적으로 평가하는 것은 인생 전체를 놓고 볼 때 매우 편파적 시각이다. 사계절은 동일한 환경을 각각의 독특한 아름다움으로 치장하며 감동을 준다. 그리고 때가 되면 다음의 계절로 이동한다. 인생의 사계절 역시 세대별 특징과 아름다움을 갖추고 있으면서 변화를 통해 인생의 풍부함을 드러낸다. 사계절이 변화를 겪는 것처럼 모든

---

7 고령화 문제를 다각적으로 연구하며 통계를 제시한 자원으로 다음 책을 참고하라. 프랑크 쉬르마허/장혜경 역, 『고령사회 2018』(서울: 나무생각, 2011).

8 Paul Tournier, 『인생의 사계절』(서울: 아바서원, 2018).

세대가 그런 점에서 세대별로 갖는 특징과 감수해야 하는 약점들이 있으며, 동시에 각 세대를 통해서 인생의 여정을 살아가는 데 필요한 세대별 역할과 과제가 있다. 세대 간 차이는 존재하나 이것이 세대 간 갈등이나 충돌로 비화되어서는 안 되며, 세대 간 대화와 소통으로 전 세대를 아우르는 통시적 인생관을 가져야 한다. 모든 세대는 인생의 여정 전체를 볼 때 서로 존중하고 보완하며 생명의 충만함을 함께 경험하고 공유하며 살아가는 관계에 있다.

III. 60대와 소통하는 선교적 교회의 방향

1. 지속적인 자기 성장과 변화

60대는 성장이라는 관점에서 보면 신앙, 영성, 교회 생활에 있어서 여전히 성장을 향한 갈망을 하고 있으며 성장과 변화를 위한 자기 이해와 성찰적 신앙을 추구하며, 김형석 교수가 언급한 인문학적 전성기 그리고 아브라함에게 볼 수 있는 미지의 세계를 향한 새로운 모험의 시기이기도 하다.[9] 인생은 모든 과정이 최고의 성장을 목표로 향하여 가고 있는 여정이다. 부분적으로 쇠하거나 약해지는 것은 피할 수 없으나 인간의 존엄성과 인격의 성숙함을 보여주는 정신적, 영적 성장은 연령과 상관없이 진행된다. 필자의 삶의 여정에서 인간이 끝까지 성장하는 존재라는 것을 경험하게 한 몇 가지 이야기가 있다. 이야기는 특히 선교학에서는 매우 중요한 자원이다. 선교학의

---

9 Paul Tournier/정동섭 역, 『모험으로 사는 인생』 (서울: IVP, 2000).

많은 이론은 학자의 사색을 통한 이론화 이전에 역동적인 선교 이야기로부터 도출되어 학문적 글쓰기로 체계화된 것이다. 하나님 나라 이야기는 세상 속에서 일하시는 하나님의 선교 이야기와 그에 대하여 의도적, 비의도적으로 참여하는 인간의 이야기가 서로 합류하며 순환적으로 얽혀 만들어 낸 이야기이다.[10]

1) 첫 번째 이야기

필자는 80~90년대 초 독일에서 유학하다 5년 만에 잠시 귀국하였다. 성탄절을 앞둔 어느 주일 참석한 저녁 예배에 세례식이 있었다. 약 70여 명의 사람이 강단에 무릎을 꿇고 기도하면서 자신의 세례 예식을 기다리고 있었다. 그때 내 눈을 이끄는 한 남자 성도의 모습이 보였다. 그분은 60~70세 사이로 추정되는 분인데 무릎을 꿇은 채 두 손을 경건하게 가슴에 모으고 기도하고 있었는데 눈에서는 조용히 눈물이 흘러내렸다. 문득 그분의 삶의 여정을 생각해 보았다. 모르는 사람이지만 평생 어떤 확신과 가치관을 가지고 살아온 삶이 이제 노년에 접어들면서 그동안 자신의 삶의 토대가 된 기존의 생각과 가치관을 내려놓고 그리스도 안에서 새롭게 출발하는 어린아이 같은 순전한 모습으로 세례를 준비하고 있는 것으로 생각되었다. 일반적으로 나이가 들수록 기존의 삶을 떠나 새로운 삶을 시작하는 것이 어렵다. 인생 후반기는 점점 자신의 확신이 고집이 되며 변화보다는 고수하는 것을 강조하는 경직된 삶이 보통인데, 그래서 노년의 삶이 기존의 질서를 유지하는 보수적, 권위적이며 불통의

---

10 서정운, 『우리는 모두 이야기로 남는다』 (서울: 요세미티, 2020). Alister E. McGrath, *Narrative Apologetics*, 홍종락 역, 『포스트모던 시대, 어떻게 예수를 들려줄 것인가: 이야기의 힘을 활용한 내러티브 변증』 (서울: 두란노서원, 2020).

삶이 되어간다. 그런데 이분에게 나이와 상관없이 그리스도 안에서 지나온 70년의 삶을 과감하게 떠나 새로운 삶을 향한 열린 마음과 결단의 모습을 보면서 큰 감동과 함께 이런 신앙이 한국교회를 역동적으로 만들어 간다는 사실을 새롭게 확인할 수 있었다.

2) 두 번째 이야기

청소년 시절에 할머니와 대화를 나누고 있었다. 할머니는 탁월한 통찰과 따뜻한 마음을 가진 지혜로운 분이셨다. 그날의 주제를 기억하지는 못하지만, 지금도 여전히 내 마음을 사로잡고 있으며 인생의 좌우명이 된 문장이 있다. 할머니는 어린 손자인 나와 대화를 나누다가 이렇게 말씀하셨다. "사람은 죽을 때까지 배워야 해." 할머니의 이 말씀으로부터 노년의 삶에 대한 희망을 품게 되었고, 그때 이후로 나는 세상에서 살아가는 동안 배움에는 끝이 없고 세상을 떠나는 그 순간까지 배우고 깨닫고 성장하는 것이 인간이라는 사실을 확신하고 있다.

3) 세 번째 이야기

필자의 아버지는 다양한 삶의 여정을 거치셨다. 대학에서 역사학과 경제학을 전공한 후 직업은 전혀 다른 분야인 경찰공무원으로 공직에 복무하였다. 그러나 젊은 시절부터 마음에 품었던 상록수와 같은 농촌 계몽운동을 강원도에서 실천하였고 그 덕분에 어린 시절을 아름다운 시골에서 보내는 특권을 가졌다. 지금까지의 나의 삶을 움직이는 동력은 시골에서 보낸 동화 같은 아름다운 유년의 삶에서 오는 것이다. 그 후 가나안 농군학교에서 봉사하다 49세에 신학교에 입학하여 목회자가 되셨다. 아버지의 은퇴 기간에 독일에서 유학

중이었는데, 귀국해 보니 아버지는 시인이 되셨다. 아버지는 은퇴 후 많은 시집을 읽고, 대학에서 일 년간 시를 공부하고, 시인 동우회에서 참석하시더니 80세에 첫 번째 시집을 출판하셨고, 83세에 두 번째 시집을 그리고 88세에 세 번째 시집을 출판하셨다. 그 후에 평생 살아오신 삶에 대한 자서전을 저술하시려고 자료를 준비하시다가 90세에 하늘의 부름을 받으셨다. 나의 인생에서 이런 할머니와 아버지를 두고 함께 살아온 것은 최고의 행운이었다. 그분들로부터 언제나, 누구에게라도 배울 수 있음에 마음을 열고 인생의 마지막 순간까지 성장한다는 기대감을 갖고 살아간다.

전혜성 박사는 재미 동양학자로서 개인적으로 아내와 어머니로서 6남매를 키우면서도 학자로서 자신의 의미 있는 삶을 사는 보기 드문 열정을 가진 분이다. 전 박사는 그의 평생의 삶의 이야기를 『가치 있게 나이 드는 법』이라는 제목의 책에 담았다. 이 책에서 가치 있게 나이 드는 법은 인생의 종착점에 이르기까지 지속적으로 배우고 성찰하고 봉사하는 삶이라는 것을 강조한다.[11]

성경은 하나님의 자녀들이 나이와 상관없이 믿음과 지식과 인격과 관계에서 계속적으로 성장하고 온전할 것을 말씀한다. 바울은 "우리의 겉사람은 낡아지나 우리의 속사람은 날로 새로워지도다"(고후 4:16)라고 선언한다. 예수님은 "그러므로 하늘에 계신 너의 아버지의 온전하심과 같이 너희도 온전하라"(마 6:48)고 말씀하신다.

우리는 이 이상 더 어린아이로 있어서는 안 됩니다. … 우리는 사랑으로 진리를 말하고 살면서 모든 면에서 자라나서, 머리가 되시는 그리스도에

---

11 전혜성, 『가치있게 나이 드는 법』(서울: 중앙북스, 2010).

게까지 다다라야 합니다(엡 4:14-15, 새번역).

여러분은 지난날의 생활 방식대로 허망한 욕정을 따라 살다가 썩어 없어
질 옛사람을 벗어버리고 마음의 영을 새롭게 하여 하나님의 형상을 따라
참 의로움과 참 거룩함으로 지으심을 받은 새 사람을 입으십시오(엡
4:24, 새번역).

성장과 변화는 그리스도인에게 주어진 특권이다. 성장을 향한
변화는 하나님이 주신 생명을 끝까지 충만하게 경험하고 실현하며
살아가는 삶이다.[12] 그리스도인의 삶은 영적 여정으로서 하나님의
온전하심 같이 온전해지는 과정이다. 폴 스티븐스는 이런 영적 여정
을 "자기를 성찰하는 삶, 단순한 삶, 하나님의 세계를 깊이 알아가는
하나님 나라의 영성"으로 정의한다. 그러므로 "나이가 드는 것은 우
리를 사랑하고 우리를 찾길 바라시는 하나님께 응답하는 영적 여정"
이다.[13]

2. 타자와의 관계 안에서 성장하는 삶

그리스도인이 된 후에 모든 삶의 여정은 성령과의 교제 속에서
살아가는 삶이다. 바울은 성령의 인도를 받는 것이나, 성령을 좇아
살아가는 것이 그리스도인의 삶이라고 말한다(갈 5:16-17). 이런 과정
을 통해서 형성되는 성품을 성경은 성령의 열매로 표현한다. 바울이

---

12 이근후, 『나는 죽을 때까지 재미있게 살고 싶다 ― 멋지게 나이 들고 싶은 사람들을 위한 인생
   의 기술 53』(서울: 갤리온, 2013); 진계중, 『60대! 변화와 성장에 미쳐라』(서울: 프로방스, 2020).
13 R.P.Stevens, 『나이듦의 신학』, 94-116.

언급하는 성령의 9가지 열매는 약 70%가 사회적 관계를 갖는다. 그런데도 대부분의 그리스도인의 성장은 개인적 차원에서 이해하는 경향이 강하다. 즉, 하나님과 개인의 관계 또는 목회자와 성도의 차원에서 개인적 신앙의 성격이 강하다. 이런 특성은 신앙을 주로 개인적 차원에서 실천하는 주일성수와 예배, 기도, 성경공부에 집중되어 있다. 봉사와 섬김의 활동 역시 타인과의 관계보다는 개인적 활동으로 인식하는 경향이 있다. 그러나 신앙은 철저히 관계 안에서 형성된다. 앞에서 언급하였듯이 성령의 열매 관점에서 보면 그리스도인으로 성장한다는 것은 개인적 차원만이 아니라 사회적 차원과 타인과의 올바른 관계를 형성하는 것이며 그러한 과정에서 개인이 성장하는 것을 의미한다.

이런 것을 인지하지 못하면 교회 안에서 경건한 개인이 가정, 특히 고부 관계나 직장 동료 관계에서 전혀 그리스도인다운 인격을 갖추지 못하고 세속적인 모습을 보여주는 것이 그리스도인의 삶에서 어렵지 않게 볼 수 있다. 교회 안에서는 열심 있는 교인으로 보이지만, 사회에서는 가족, 직장, 이웃 관계에서 비난의 대상이 되는 기독교인 이야기를 종종 듣게 된다. 진정한 그리스도인이 되기 위해서는 교회 생활과 사회생활이 분리되는 이원론적 신앙을 극복해야 한다.

타인과의 관계 속에서 성장하는 삶의 또 다른 중요한 역할은 이해와 소통의 문제이다. 나이가 들어가면서 나타나는 부정적 현상은 세계가 좁아지고 자신의 경험과 생각으로 들어가는 현상이다. 대화는 자신의 경험이나 지식에 근거하여 일방적으로 전달하거나 강요하는 경우가 많다. 그러므로 다른 사람들과의 관계, 특히 젊은 세대들에게는 권위적이며 일방적인 태도를 보여주는 불통의 '꼰대'의 모습으로 비춘다.

영화 <인턴>은 은퇴 후에도 계속 자기 일을 하면서 구세대와 신세대의 틈을 넘어 젊은 세대들과 소통하며 존경받은 삶이 어떤 것인가를 잘 묘사한다. 나이가 들며 서두에서 언급한 바와 같이 외롭고 초라하게 느끼는 소외감을 해결하기 위해 "라떼는 말이야"를 반복하며, 과거의 영광에 사로잡혀 사는 경우가 많다. 영화 <인턴>에서 주인공은 노년에 접어든 자신의 상황을 받아들이면서도, 과거의 영광에 취해 있거나 은퇴 후 안일한 상태에 머물지 않고 새로운 일을 찾아 나섰고, 젊은 세대들과 격의 없는 대화를 나누면서도 품위 있는 태도로 존경받는 관계를 형성해 가는 멋진 노신사를 보여준다. 나이가 많아지면서 형성된 풍부한 지식과 경험에서 비롯되는 태도에서 젊은 세대에 대하여 권위적이며 무시하는 태도를 보이기 쉬운데, 이 영화는 노년에 형성되기 쉬운 그러한 태도에 대하여 반전을 보여주므로 부드럽게 경고하면서 멋진 노인의 모습으로 유도한다. 이 영화는 노년에 접어든 사람이 자신의 정체성에 대한 확신과 함께 사회적 관계, 특히 젊은 세대들과 어떻게 건강한 관계를 해야 할 것인가를 잘 묘사하고 있다.[14]

농촌에 소재한 지역 교회에서 마을과 지역의 주민들과 소통을 잘하면서 지역사회 발전에 매우 활발하게 참여하는 목회를 하는 목사가 있다. 목사의 성격은 그의 활발한 활동을 예상하기 어려울 정도로 말이 없는 내성적인 성격이다. 지역사회 활동에 적극적으로 참여하며 마을 목회를 실천하는 이 목회자의 주민들과의 소통방식

---

14 이규민, "구세대, 신세대 그리고 제3지대: 인턴을 통한 영성교육의 재발견," 「한국기독공보」 2020년 04월(화) 09:52.

이 궁금해졌다. 내성적인 성격의 목회자가 어떻게 지역사회 안에서 주민들을 활발하게 만나고 활동하는가에 관한 질문에 의외로 간단하지만 중요한 답변이었다. "저는 주로 주민들의 이야기를 듣습니다" 약간 충격으로 다가온 답변은 대화에서 단순하지만 매우 중요한 통찰을 준다. 내성적인 목사가 주민들과 소통하는 방식은 '듣는 것'이었다. 이 원리는 모든 관계에 적용되지만, 특별히 60대 이후의 삶에 더욱 필요한 태도이다. 60년 넘게 살아오면서 형성된 다양한 지식과 경험은 듣기보다 언제나 말하는 사람으로 굳어지기 쉽다. 이런 일방적 소통의 방식으로는 다른 사람들, 특히 젊은 세대들과 대화하기도, 경험과 지식의 유산을 공유하기도 어려워진다. 듣는 것이 중요하다. 60대 이후에는 듣는 것을 노력하자. 젊지만 다양한 생각을 가진 젊은 세대들이 용기와 격려를 받고 창의적인 삶을 세워가도록 그들의 인생 이야기와 힘든 이야기들을 듣고 받아 주는 '인생의 선배'가 필요하다.

3. 다음 세대, 젊은 세대를 지원하고 응원하는 삶

한국교회 내 다양한 요인들로 갈등과 내분을 겪는 일이 적지 않게 발생한다. 그중에 특히 은퇴한 원로 목사와 신임 목회자 간 갈등이 교회 내 분쟁으로 연결되는 일이 많이 있다. 문제 발생의 원인을 단순하게 진단할 수는 없겠으나, 신임 목사의 문제도 있겠지만 대부분 강단을 떠난 은퇴 목사의 노욕이 원인이 되는 경우가 허다하다. 원로 목사가 수십 년간 가족 이상으로 가까운 관계를 해 온 교인들을 은퇴와 함께 일순간에 단절하고 떠난다는 것은 감정적으로 쉬운 일이 아니다. 은퇴 이후에 소외감이나 젊은 후계자에 대한 비교와 질투의 마음을 이해할 수는 있다. 그러나 은퇴 이후에 그에게 이전에 할 수 없는 새로운, 중요한 역할이 주어졌음을 깨달아야 한다. 현역 시절에는 무대에서 박수를 받으며 열심히 활동하지만, 때가 되면 무대를 내려와야 한다는 사실을 인정해야 한다. 그리고 다음 세대의 활동을 보며 응원하고 칭찬하고 지지하는 활동 역시 매우 가치 있고 중요한 일이다. 노년의 삶은 젊은 세대를 응원하고 지지하는 새로운 역할을 시작한다. 조지 베일런트는 "청년의 임무가 생물학적 후계자를 만드는 일이라면, 나이 든 임무는 사회적 후계자를 만드는 일이다"라고 말한다.[15]

필자가 경험한 멋진 선배 목사님을 소개하고 싶다. 30대 초반 어느 교회에서 부목사로 일하고 있을 때 담임목사님은 60대 중반으로 한국교회에 민족 복음화와 세계 선교 사명의 비전을 제시하며 전국적으로 큰 영향을 미친 유명한 부흥사였다. 이분에게 특이한 점은 아들뻘 되는 젊은 목사들을 잘한다고 칭찬하는 것이다. 노회에 여러 목회자가 있는 자리에서도 공개적으로 젊은 목사들이 잘한다는 말씀을 하신다. 어떨 때는 이런 모습을 바라보는 50대의 한 목사는 그 말에 동의하지 못하고 "모두 그렇지 않다"는 반론을 제기하였다. 이 목사님은 잠시 생각하더니 "아니야 젊은 목사들이 잘해"라고 다시 응수하셨다. 필자는 당시에 젊은 목회자에 대한 목사님의 태도와 말씀에 큰 의미를 부여하지 않았다. 그러나 나이가 들어 50대에 들어섰을 때 그 의미가 크게 다가왔다. 연륜과 경력을 갖춘 목사로서 이제 갓 목사가 된 30대 젊은 목사에게 잘한다고 평가하는 것이 쉽지 않다는 사실을 깨닫는다. 젊은 세대에게 경험과 지식이 부족하

---

15 R.P. Stevens, 『나이듦의 신학』, 68에서 재인용

기 때문에 안목이나 활동에서 부족한 면이 있는 것이 사실이다. 그런데도 모두가 존경하는 목회자로부터 그런 이야기를 듣는다는 것은 젊은 세대로서 큰 격려와 지지가 되지 않을 수 없다. 그때 깨달았다. 나이가 들면 무조건 젊은 사람들을 그 자체로 응원하고 지지해야 하겠다고. 이제 그 나이에 이르러 그 목사님이 보여주신 삶을 실천하려고 노력한다.

반대 현상도 볼 수 있다. 은퇴 이전에 열심히 일하였는데, 은퇴 이후에도 여전히 본인이 무대의 중심에 서 있으려 한다. 그리고 젊은이들을 관중에 세우며 자신을 응원하라고 한다. 자신이 중심에 서려고 하면 자연히 다른 사람들을 주변으로 밀어내는 결과를 가져온다.16 나이가 들어 은퇴한 후에도 현역과 같이 자기 분야에서 왕성한 활동을 하는 사람들을 드물지 않게 볼 수 있다. 건강과 모든 여건이 채워지면 그렇게 살아가는 삶도 멋있는 삶이다. 그런데 젊은 시절에 직장이나 자신의 전공 분야에서 주어진 일을 최선을 다해 살아왔다면, 또한 은퇴 후에는 무대에서 내려와 젊은 세대를 무대 중심에 세우고 그들을 응원하고 지지하는 것은 노년에 주어진 또 다른 중요한 역할이다. 노년에 할 수 있는 멋진 삶이다. 왜냐하면 자신이 사명으로 여기며 평생 활동해 왔던 일들을 젊은 세대들이 계승할 수 있도록 그들을 지지하고 응원의 박수를 보내는 것을 통해서 하나님 나라가 지속하기 때문이다.17

---

16 한국일, 『선교적 교회의 이론과 실제』(서울: 장로회신학대학교출판부, 2019), 390-392.

17 필자는 요즘 교회 의결기관의 변화를 강조한다. 장로교회의 경우 주로 당회가 어른 중심으로 구성되어 중요정책과 교회의 방향을 결정한다. 여기에 젊은 세대 발언의 기회도, 생각도 참여할 자리가 없다. 교회의 다른 세대의 부재로 인하여 염려하는 교회와 교인들이 많지만, 교회 안에 젊은 세대에게 발언권과 참여권을 주는 교회는 거의 찾아볼 수 없다. 이런 점에서 한국교회의 변화와 미래세대에 희망을 주기 위해서 교회의 주요 정책과 방향을

4. 소명의 지속: 일상의 신앙으로 살아가는 인생 후반기 소명의 삶

하나님으로부터 받는 소명은 젊은 세대에만 국한되는 일이 아니다. 나이가 들어도 여전히 소명의 삶을 사는 것이다. 스티브스는 인생 후반기의 소명을 발견하는 것이 중요함을 강조한다. 물론 젊은 시기와는 다른 성격의 일이다. 폴 투르니에를 인용하면서 인생의 후반기의 소명을 이렇게 언급한다.

> 인생 전반기를 성공하려면, 특정 분야를 전공하고 한정된 영역에서 높은 수준에 이르러야 한다. 그러므로 필연적으로 세계를 넓게 보는 눈은 희생된다. … 인생 후반기의 통합, 즉 인간 완성을 향한 새로운 진전은 오랫동안 커리어를 위해 희생해야 했던 모든 것을 일깨우는 것.[18]

인생의 후반기의 소명을 지속하기 위해서는 현재의 삶을 주목해야 한다. 지나간 젊음을 아쉬워하지 말고, 다가오는 짧아져 가는 삶의 여정으로 인하여 두려움을 갖는 대신, 현재에 주어진 일상을 충실하게 살아가는 법을 배우는 것이 필요하다. 그리스도인에게 일상은 다양한 의미로 이해된다. 일상이야말로 하나님이 일하시는 여전한 현장이다. 일상은 '하나님 앞에서'(coram Deo), 개인적 차원에서 매일의 평범한 시간과 공간에서의 삶을 가리키는 말로 기독교인들

결정하는 당회와 주요 기관에 젊은 세대에게 참여할 수 있는 기회를 줄 것을 주장한다. 독일교회는 이미 당회 안에 청년 장로제도가 있으며, 올해(2021) 독일과 호주 교회는 총회장을 30대 청년을 세우는 결단을 내렸다. 한국교회도 현재 어른 중심의 당회나 교회 의사결정기구를 다음 세대들이 참여하도록 개혁하지 않으면 가까운 미래에 희망을 보기 어려울 것이다.

18 R.P.Stevens, 『나이듦의 신학』, 57

에게는 주일과 대조되는 용어이자 또한 사적 영역과 대비되는 사회의 공적 영역이기도 하다.

라너(Karl Rahner)는 일상을 하나님의 은혜 안에 있는 평범한 매일의 생활이라고 이해하면서 짧은 책 『일상』에서 일상에서의 거룩한 삶이 무엇인가를 제시한다. 라너는 일상은 주일과 대비되는 주중의 시간, 즉 매일 인간이 살아가는 평범한 시간으로 그 속에 담긴 신학적 의미를 추출한다. 라너는 매일 반복되는 일상의 활동들—일하는 것, 가는 것, 앉는 것, 보는 것, 웃는 것, 먹는 것, 자는 것—에 대한 묵상을 통해서 일상생활에 임하는 하나님의 은혜를 발견하며 하나님의 은혜 안에서 일상을 살고자 한다. 그에게 일상은 하나님의 신비를 느끼며 그의 거룩성과 은혜를 경험하는 바로 그 장소이다. 때로는 고단한 일상사는 우리를 낙담하거나 절망에 이르게 할 때도 있으나 그러한 일들로 인하여 하나님의 힘으로 영원한 삶이라는 진정한 축제에 나아가도록 우리를 준비시켜 준다고 설명한다.[19]

리전트 칼리지(Regent College)의 휴스톤(Huston) 교수는 일상 속에 "세상적인 것을 초월하는 영원한 세계가 존재한다"고 말한다. 이러한 실재는 우리 안에 내주하는 성령의 역사와 함께 우리 삶의 일상적 성격을 정화해 준다.[20] 성경에서 말하는 거룩함은 삶 전체와 관계되는 문제이다. 그러므로 하나님 나라의 임재와 거룩함을 깨닫고 체험하기 위해 일상을 주목해야 한다. 우리는 하나님의 은혜를 이러한 개인적 또는 공적 차원의 일상에서 경험한다. 이러한 일상은 평범하

---

19 K. Rahner, *Alltaegliche Dinge. Theologische Meditationen/Band* 5(Einsiedeln, 1969), 장익 역, 『일상』 (왜관: 분도출판사, 1982), 7-46.

20 R. Paul Stevens, *Disciplines of the Hungry Heart. Christen Living Seven Days A Week* (Wheaton: Harold Shaw, 1993), tr. By Young-Min Park(1996), 10.

지만 동시에 하나님의 신비를 경험하는 현장이다.[21] 그러므로 지나온 과거의 삶의 의미도 중요하고, 미래에 주어질 삶도 중요하지만 매일 살아가는 현재의 삶, 일상을 어떻게 하나님이 주신 축복의 삶, 풍성한 삶이 될 것인가를 일상에서 날마다 새로이 경험하면 좋겠다.

IV. 결론

동양에서 나이가 들어감은 권위와 존경을 받는다는 의미이다. 그러나 오늘날은 이 의미가 많이 퇴색되고 있고 어떤 점에서 먼 추억처럼 남는다. 그러나 인생의 여정에서 피할 수 없는 노년의 삶을 젊은 시절의 삶을 그리워하며 현재의 삶을 부정적으로만 바라보는 것은 옳은 자세가 아니다. 성경은 우리에게 노년으로 하나님 나라에 적극적으로 참여하면서, 폴 투르니에가 언급한 "모험으로 사는 여행"을 하는 수많은 사람들을 보여준다.[22] "60대와 소통하는 선교적 교회"를 마무리하면서 강조하고 싶은 것은 60대는 교회의 선교의 대상이 될 수도 있겠으나 다른 면에서 여전히 선교의 주체가 되어 하나님의 선교에 적극적으로 참여하도록 교회의 전 세대적 소통과 협력이 필요하다. 다양한 세대가 모인 교회는 매우 특별한 공동체이다. 세대별 특징과 독특한 역할이 중요하지만, 동시에 세대를 관통하여 하나님 나라를 서로가 보완하며, 그런 과정을 통해서 교회가 보다 온전한 신앙 공동체를 형성해 간다.

---

21 조은하,『통전적 영성과 기독교교육』(서울: 동연, 2010), 150.
22 R.P.Stevens,『나이듦의 신학』, 71-86.

● 함께 생각해 볼 질문

1. 60대에 이르러 자신에게 생긴 변화는 무엇입니까? 변화에 어떻게 대응하고 있습니까?
2. 가정이나 교회에서 젊은 세대들과 소통을 잘하는 편입니까? 어렵다면 원인이 무엇이라고 생각합니까?
3. 젊은 세대들이 주체적인 삶을 살아가도록 기꺼이 그들을 존중하며 섬길 준비가 되어 있습니까?

● 도움이 될 만한 자료

1. 이근후.『나는 죽을 때까지 재미있게 살고 싶다』. 서울: 갤리온, 2013.
2. 전혜성.『가치있게 나이 드는 법』. 서울: 중앙books, 2010.
3. 폴 스티븐스/박일귀 역.『나이듦의 신학』. 서울: CUP, 2020.
4. 폴 투르니에르/정동섭·박영민 역.『모험으로 사는 인생』. 서울: IVP, 1994.
5. 프랑크 쉬르마허/장혜경 역.『고령사회 2018』. 서울: 나무생각, 2011.
6. 영화 <인턴>, 2015.

5장

은퇴 이후 노년 세대와
소통하는 선교적 교회

한경호*

I. 들어가는 말

바야흐로 장수하는 시대가 되었다. 우리 사회는 100세까지 아니 120세까지 살 수 있다는 희망을 갖도록 만들고 있다. 실제로 90세가 넘어서 돌아가시는 분들이 점차 늘어나고 있으며, 70대에 죽으면 일찍 갔다고 애석해하는 분위기이다. 반면에 이전에 몰랐던 질병들은 더 많이 발생하고 있으며, 의료업계는 장수 특수를 계속 누릴 전망이다.

이러다 보니 인생살이에 대한 설계와 대비도 자연히 달라졌다. 1970년대까지를 농경 중심의 사회였다고 보면, 당시에는 환갑을 넘어 사는 것이 장수였고, 그래서 환갑잔치를 아주 성대하게 하는 것이 관례였다. 환갑 이후에는 노동으로부터 떠나 집안과 마을의 어른으로 행세하다가 70세 전에 대부분 돌아가셨다. 잘 먹지 못하고, 고된 노동으로 평생 시달려왔으니 70세를 넘기기가 어려웠다. 시인

---

* 21세기농촌선교회 회장.

두보(杜甫)는 '인생칠십고래희'(人生七十古來希)라고 하지 않았던가!

산업사회로 전환되면서 생활양식이 농경적 공동체 생활에서 개인주의적 도시 생활로 바뀌었다. 높은 경제성장으로 먹고사는 수준도 향상되었다. 의료 수준도 크게 발전하여 선진국이 되었다. 여가 생활 시간도 증가하였다. 육신의 수명이 자연스레 늘어났다. 그 결과 노년의 삶이 중요하게 되었다.

사회에서 경제활동을 하다가 은퇴하는 시기가 직종에 따라 다르기는 하나 60세 이후로 보면 무난할 것으로 생각된다. 60세에 은퇴한다고 보면 남은 인생이 아직 30년 내외가 된다. 이 기간을 어떻게 보낼 것인가에 대하여 잘 준비하지 않으면 안 되는 시대가 되었다. 이 준비를 잘못하면 말년에 낭패를 볼 수 있다. 과거에는 겪지 않았던 새로운 노년 살이 문화가 형성되고 있다. 특히 6.25전쟁 이후에 태어난 베이비붐 세대(baby boomer)에게는 바로 현실적인 과제이다.

인생을 사계절로 비유하면 노년 시대는 겨울에 속한다. 봄(1~20세), 여름(21~40세), 가을(41~60세)을 지나 나뭇잎을 다 떨구고 벌거벗은 자신의 모습을 바라보면서 살아가는 시절이다. 열심히 가족들을 위해 헌신해 온 삶을 멈추고 이제는 자신을 위해 살아가야 하는 때이다. 무엇을 어떻게 할 것인가? 이것은 노년기에 대한 충분한 이해와 수용으로부터 시작되어야 한다. 노년기 육신의 변화, 심리적인 변화, 주변 환경과의 관계 변화 등에 대하여 잘 알아야 하고, 그것을 받아들이고 극복하면서 살아야 한다.

특별히 그리스도인에게는 남다른 준비가 필요하다. 내 인생을 섭리해 오신 하나님의 뜻이 어디에 있는지 깊이 성찰하고, 그리스도인으로서 더 성숙한 신앙인으로 자신의 영적인 삶의 수준을 한 단계 높여야 하는 과제가 있기 때문이다. 그동안 세상살이에 얽매어 자신을 돌아볼 여유를 갖지 못했다면 은퇴한 이제는 살아온 일생의 과정을 찬찬히 돌아보면서 성찰과 반성을 통해 인생의 열매를 잘 맺어야 한다. 나는 얼마나 그리스도인으로서 부끄러움 없이 살았나? 이 질문에 답을 하면서 노년을 준비하는 것이다.

노년기 인생의 가장 큰 행복은 건강하고 기쁘게 살면서 평안을 누리는 것이다. 그러려면 어떻게 해야 하는가? 행복은 저절로 굴러오지 않는다. 살아온 상황을 잘 살피고 자신을 냉철하게 돌아보면서 상대화, 객관화시켜 볼 때 주어질 수 있다. 결국 모든 것이 나의 마음에 달려 있는 것이다. 노년기야말로 자기 성찰의 좋은 기간이다. 혈기를 가라앉히고, 분노를 절제하고 마음을 가라앉혀 차분하고 고요한 시간을 가지면서 새로운 출발 준비를 해 보는 것이다.

II. 노년 세대의 규정

노년기를 어떻게 규정할 것인가? 요즘은 인생은 70부터라는 말을 공공연히 한다. 노령연금 나이도 70세로 상향 조정해야 하고, 노년층에게 주는 각종 혜택도 70세가 기준이 되어야 한다고 한다. 농촌에서는 환갑 나이에 청년회장을 하고, 과거 청년들이 하던 일들을 60대가 하고 있다. 그렇게 보면 노년기는 70세 이후라고 할 수 있겠다. 70세로 규정해도 앞으로 20~30년을 살아야 하니 말이다. 이것은 육신의 건강 수준을 놓고 하는 말이며, 노년 인구의 증가에 따른 사회적 부담을 의식해서 하는 말이다.

그러나 사회 · 경제적 활동을 기준으로 생각하면 60세가 합리적일 것이다. 기준이 될 수 있는 국가 공무원의 경우 일반직공무원의 정년은 60세, 교육공무원은 62세, 국립대학 교수는 65세이다. 민간 기업 근로자도 2016년부터 300인 이상 사업장과 공기업 등은 정년이 60세가 됐고, 2017년부터는 중소기업 등으로 확대되어 있다. 법적으로는 정년 60세 의무화가 시행되고 있다. 또한 최근 대법원이 육체 정년을 의미하는 가동연한을 기존의 만 60세에서 65세로 상향해야 한다고 판결했다. 가동연한이란 사람이 일해서 돈을 벌 수 있을 것으로 예상되는 상한 연령인데, 소송 당사자가 다치거나 죽지 않았을 경우 벌었을 것으로 추정되는 수입을 계산하는 기준이다.

정년 이후 은퇴 시기에는 연금 인생이 된다. 경제 활동을 하지 않고도 연금으로 생활할 수 있도록 하고 있다. 이때부터 인생은 큰 변화를 맞이하게 된다. 평생을 다니던 직장생활이 중단되고, 공적으로 주어진 일을 수행하던 상황에서 자신이 알아서 모든 일을 해야 하는 상황으로 바뀌는 것이다. 다시 말해 공적인 삶에서 개인의 사적인 삶으로 전환되는 것이다. 노년기의 내 인생은 내가 알아서 해야 하는 시기이다.

III. 노년 세대가 맞이하는 변화들

노년기가 되면 육신적으로나 정신적으로 많은 변화가 일어난다. 이 변화를 잘 감지하고, 이해하고 수용해야 한다. 특히 한국 사회는 지난 60여 년간 급격한 사회변동을 겪었다. 지금의 노년 세대는 바로 이 변화를 몸으로 체험하면서 살아온 세대이다. 따라서 어느 세대보다 과거와 현실 사이의 큰 격차로 인해 사회·심리적 갈등을 극심하게 겪고 있다.

농경사회에서 노년 세대는 매우 존경받는 세대로서 정신적인 권위와 지도력을 행사할 수 있었다. 가정뿐 아니라 마을에서도 대접받으며 지냈다. 물론 유교적 가치관이 지배했던 시대적 배경도 있지만, 노년 세대의 삶은 본받아야 할 가치 있는 것이었다. 그러나 산업화가 이루어지면서 산업사회가 요구하는 인력이 필요했고, 그것은 국민교육제도를 통하여 충족되었다. 교육 내용은 과거 노인 세대가 받았던 교육과는 매우 다른 것들이었다. 교육받은 세대들이 산업사회의 주축이 되었다. 노년 세대의 사회적 지도력은 점차 약화 되었고, 뒷방 신세로 전락하였다. 부모는 자식 세대보다 고등교육을 받지 못했다는 이유로 자신을 열등하게 여기는 분위기가 형성되었고, 이것은 자식을 더 많이 공부시켜서 사회적으로 출세시키려는 욕구로 분출되었다.

또한 농경시대의 대가족제도가 해체되고, 부모와 자식 중심의 핵가족제도로 바뀌면서 노인 세대는 출가한 자녀들과 떨어져 살아가는 고립된 처지에 놓이게 되었다. 공동체적 삶의 양식이 개인 중심의 생활양식으로 바뀐 것이다. 주거 양식이 단독주택에서 집단 거주 형태인 아파트로 바뀌면서 이는 더욱 공고해졌다. 노인 세대는 이제 갈 데가 없다. 부부가 함께 작은 아파트에서 살거나 배우자를 먼저 보낸 경우 혼자 외롭게 지내는 독거노인 신세가 된다. 도시산업 문명은 주거지의 이동을 요구하는 경우가 종종 발생하고, 이제는 글로벌 시대가 되면서 해외 거주 자녀들도 점차 늘어가고 있는 상황이다. 자녀들과 함께 살아가는 경우가 점차 어려워지고 있는 것이다. 이런 상황은 노년 세대가 행복하게 살아가는 데 매우 부정적인 영향을 미친다. 육신 건강의 약화와 함께 가족적, 사회적 관계의 약화는 장수시대 노년 세대에게 더 큰 해결의 과제로 주어지고 있다.

1. 육신적인 변화

1) 노화(aging, senility)

노화란 나이가 들어가면서 신체의 구조와 기능이 점진적으로 퇴화되는 것을 의미한다. 나타나는 증상으로는 피곤감, 무기력증, 식욕 저하, 체중 감소 등이 있다. 젊었을 때는 느끼지 못했던 이러한 퇴화 현상은 정신에까지 영향을 미쳐서 자신감의 저하, 심리적 위축, 의욕 저하로 이어질 수 있다. 불가피한 생물학적 현상이기 때문에 피할 수는 없지만, 마음가짐에 따라 대비를 달리 할 수 있다.

60대까지는 그럭저럭 건강하게 사는 분들이 많지만, 70대에 들어서면 몸에 이상 징후들이 하나둘씩 나타나기 시작한다. 이 이상 징후들을 병으로 알고 병원을 자주 드나들면서 치료하려는 사람들이 있다. 질병에 대한 불안과 공포 속에 병원을 의존하면서 사는 것이다. 그러나 늙어가는 것과 아픈 것은 비슷한 것 같지만 다르다. 노화와 질병은 다른 것이다. 나이 들어 발생하는 이상 현상들을 질병으로 생각하지 말고, 고령 친화적인 생활 습관의 변화로 극복해 나가는 노력이 필요하다. 그리고 나이 들어 지병(持病) 한두 가지를 갖고 사는 것은 자연스러운 일이다. 무병장수(無病長壽)가 아니라 일병장수(一病長壽)라는 생각을 갖고 사는 자세가 필요하다. 신앙인의 경우는 섭리로 받아들이면 불안과 공포로부터 벗어날 수 있다. 사고의 전환이 필요한 것이다.

2) 질병(disease)

노년기에는 노화현상과 함께 질병이 많이 발생하는 시기이다. 젊었을 때 나타나지 않았던 것들이 오랜 세월 축적되어 이 시기에 질병으로 나타나는 것이다. 특히 순환기 계통에 발생하는 질병이 많다. 제일 많이 발생하는 것은 피의 순환 통로인 혈관에 문제가 생기는 경우이다. 고혈압, 심장병, 뇌졸중, 뇌경색 등이다. 그리고 소화기 계통의 질병도 늘어나는데 이것은 암의 형태로 드러날 때가 많다. 그리고 노동을 오래 한 결과로 관절염도 많이 발생한다. 이러한 질병들은 노인들에게 커다란 충격으로 다가온다. 오랜 세월 동안 축적된 경우 금방 낫지도 않으며 의료비 지출이 과다하게 되어 생활의 압박을 받게 된다. 심리적으로는 우울증을 유발하기도 한다. 주위에 자신을 위로하고 짐을 덜어줄 사람이 별로 없는 경우에는 더심하게 나타난다. 그러나 노년기에 질병은 어쩌면 자연스럽고 당연한 일이기도 하다. 질병 한두 가지를 달고 사는 분들도 종종 있다. 질병을 동반자로 여기며 잘 다스리면서 살아가지 않으면 안 되는 세대이다.

3) 노화와 질병을 어떻게 극복할 것인가?

노화와 질병은 사람을 약하게 만든다. 자신감을 잃게 하고, 정신적으로 위축된다. 중요한 것은 이런 변화를 어떻게 극복하며 건강을 유지시켜 나갈 것인가 하는 점이다. 건강은 육체적인 질병이 없는 것만을 말하는 것이 아니다. 정신적으로나 사회적으로 좋은 환경과 관계를 유지하면서 사는 상태를 말한다. 영적으로나 육적으로 건강해야 노년기에 이루어야 할 자아실현을 원만하게 할 수 있으며 삶의 만족도를 높일 수 있다.

그러면 건강을 어떻게 유지할 것인가? 노화의 속도를 늦추고, 질병으로부터 멀어지는 생활을 어떻게 할 것인가? 하는 것이 건강한 노년 생활을 위한 중요한 과제이다. 몇 가지 과제를 생각해 본다.

(1) 식생활의 개선

노인 세대의 식생활은 건강과 직결되는 매우 중요한 실천 과제이다. 젊었을 때는 별로 신경 쓰지 않고 살았더라도 이제는 자신의 건강은 자신이 지킨다는 자세로 식생활을 개선해야 한다. 의식동원(醫食同源)이라는 말이 있다. 의료와 먹는 것은 뿌리가 같다는 말이다. 건강한 식생활은 바로 질병을 예방하고 치유하는 지름길이다. 그동안 식생활을 어떻게 해 왔는지, 과연 건강한 식생활을 해 왔는지 먼저 점검하고, 공인된 건강 식단을 기준으로 자신에게 맞는 식생활 양식을 만들어야 할 것이다. 구체적인 사항은 사람의 상태와 체질에 따라 다르기 때문에 자신이 스스로 잘 살펴서 실천해야 할 것이다.

질병은 치료보다 예방이 더 중요하다. 예방을 위해서는 인체가 자기 스스로 치유할 수 있는 능력을 갖고 있다는 믿음을 갖고, 평소 자연과 가까운 생활 습관을 갖는 것과 건강한 식이요법을 실천하는 것이 중요하다. 이를 통해 인체의 면역력과 치유력을 향상시켜 건강을 유지해 가는 것이다. 예를 들면 햇볕을 적당히 쐬어 인체 내에 비타민 D가 합성되도록 하고, 숲속을 정기적으로 거닐면서 피톤치드(phytoncide)2를 마심으로써 항균력과 면역력을 높이는 일 등이다.

식이요법의 경우 일반적으로 말할 수 있는 것은 육식을 피해 곡채식(穀菜食) 중심의 식단으로 하고, 소식(少食)하는 것이다. 육식은 사람의 심성과도 관계가 있다. 육식동물들이 사납고, 공격적이고, 급

---

2 식물이 스스로를 보호하기 위해 내보내는 항균 기능을 하는 물질이다. 피톤치드는 천연물질로 인체에는 이로우며 면역력과 심폐기능을 강화하는 데에 도움이 된다. 사람이 호흡을 통해 피톤치드를 흡수하면 스트레스가 완화되고 심리적으로 안정되는 효과가 있다고 한다. 편백나무, 소나무 등이 피톤치드를 많이 함유한 것으로 알려져 있다.

하고 잔인하듯이 사람도 육식을 좋아하면 그런 성품이 은연중에 나타난다. 초식동물들의 느리고 평화로움이 노년기의 식생활 속에 이루어지는 것이 바람직하다. 오늘날 식생활에서 육식의 비중이 커지면서 각종 성인병이 증가하고, 이전에 없던 질병들이 발생하며, 성격들이 더욱 거칠고 포악해지는 것은 매우 우려스러운 일이다.

다음, 가능하면 국내산 농수산물을 식재료로 삼는 것이 바람직하다. 수입농산물의 경우 수송과정에서의 부패를 방지하기 위해 인체에 해로운 각종 처리(화학농약, 방부제, 방사선, 훈증 처리 등)를 해서 들여오기 때문이다. 그리고 요즘은 유전자조작 농식품들이 수입되고 있다. 우리나라는 수입량이 세계에서 1위이다. 특히 가축들의 사료인 옥수수는 대부분 유전자 조작된 것이다. 그것을 가축들(돼지, 닭, 소 등)이 먹이로 먹고 우리는 그 고기와 우유와 알을 식품으로 먹는다. 내 건강을 위해서는 내가 사는 식재료가 누가, 어디에서, 어떻게 생산한 것인지를 살펴보는 것이 필요하다. 한 가지 더 생각할 것은 국내 농산물의 경우에도 화학 농법으로 생산하거나 공장식 축산으로 생산한 것보다는 유기농산물이나 소규모 축산 농가에서 생산한 것을 구입하여 먹는 것이 건강에 좋다고 할 수 있다. 감각적으로는 별 차이가 없는 것 같아도 그 미세한 차이가 오랜 세월 축적되어 건강에 이상을 일으키는 것이다.

(2) 적당한 운동

모든 생명체는 운동한다. 생존을 위해서 활동한다. 정지되어 있는 생명체는 죽은 것이다. 인간은 생존을 위해 노동을 할 뿐 아니라 건강을 위한 운동도 할 줄 아는 존재이다. 젊었을 때는 몸도 유연하고 활동도 많이 하지만, 노년이 되면 몸도 굳어지고 활동량도 줄어든다. 따라서 의식적으로 운동을 통하여 몸을 부드럽게 하고 활동량을 늘려서 생기를 북돋워 주는 것이 필요하다. 집안에서 간단하게 할 수 있는 체조도 있고, 걷기, 제자리 뛰기, 달리기, 등산, 수영, 탁구, 배구, 골프 등 본인의 취향에 맞는 운동을 할 수 있다. 축구, 농구 등 다소 격한 운동도 할 수 있으나 자칫 건강에 무리가 될 수 있다. 요즘은 체육 기구들이 많이 보급되고 있어서 그것들을 이용하는 방법도 있을 것이다. 필자는 예전에 일본의 평화운동가인 쓰찌다 다까시[3] 선생을 초청하여 한 주간 동안 그와 함께 우리나라 전역을 돌면서 강연회를 가진 적이 있는데, 그와 동행하면서 보니 평소에 소식(少食)하고 늘 운동을 하였다. 70대의 고령임에도 젊은이 못지않은 강하고 유연한 체력을 갖고 있었다.

집에서 할 수 있는 체형 교정 운동으로는 현수기(懸垂器)와 쿠룬타 등을 들 수 있다. 인간은 다른 동물과 달리 직립하여 생활하기 때문에 중력을 받아 척추를 비롯하여 뼈가 항상 압력을 받는다. 따라서 자칫하면 등뼈 마디에 이상이 발생한다. 이때 현수기를 집 안에 걸어놓고 사용하면 척추를 교정할 수 있다. 그리고 쿠룬타는 인도에서 전해져 내려온 기구로 굽은 등을 펴주고 척추의 상태를 바로잡아주는 데 도움이 되는 것으로 알려져 있다. 이것 역시 집안에 설치하여 사용하면 된다. 인터넷에서 자신에게 맞는 것을 주문, 구입할 수 있다.

중요한 점은 꾸준히 지속적으로 하는 것이다. 하다 말다 하거나 일시적으로 하고 마는 것은 건강에 별 도움이 되지 않는다. 인내심을 갖고 내 건강 내가 지킨다는 마음으로 꾸준히 하면 건강에 많은

---

3 쓰찌다 다까시(槌田劭): 교토대학(京都大學)·세이카대학(精華大學) 명예교수, 문명비평가.

도움이 될 것이다. 그리고 무리하게 하지 않는 것이 좋다. 마음은 청춘인 것 같아 운동을 열심히 했는데 몸이 소화를 못 해 오히려 부담으로 작용하는 경우도 있다. 내 몸에 맞는 수준의 운동량을 갖는 것이 중요하다고 하겠다.

(3) 대체의학 및 민간요법의 활용

질병은 오랜 세월 축적되어 발생하는 경우가 대부분이다. 따라서 은퇴자의 경우 자신이 그동안 어떻게 생활해 왔는지 생활 습관을 되돌아볼 필요가 있다. 나쁜 습관은 교정하고 몰랐던 것은 받아들여 생활 속에서 실천하면 된다. 증상이 나타나 병원에 가서 대증치료를 받는 것도 필요하지만, 그 전에 자신의 몸을 건강하게 유지하여 질병을 예방하는 것이 더 중요하다.

대체의학 및 민간요법은 매우 다양하지만, 일반적으로 쉽게 접근할 수 있는 것은 앞에서 말한 식이요법을 비롯하여 몸속에 쌓인 독을 배출시키는 해독요법이 있다. 현대인들은 오염된 환경, 즉 공기오염, 식품오염 등에 의해 몸에 독소가 많이 쌓인다. 이것을 제거해 주어야 한다. 우리의 경우 녹두와 도토리묵, 메밀묵 등이 해독작용에 효과가 좋은 것으로 알려져 있다. 그리고 온천욕, 좌욕, 반신욕 등의 치유법이 있고, 약초를 사용한 약초 요법이 있다. 때때로 단식을 통해 몸의 독소를 제거하고, 두통, 고혈압, 고지혈증, 관절염 등에 효과를 볼 수도 있다. 척추 교정은 위에서 언급하였다. 그리고 수지침, 부항, 뜸 등을 이용하는 방법도 있다. 요즈음은 의료기 상사에서 쉽게 구할 수 있으며, 사용 방법 역시 쉽게 알 수 있다.

대체의학이나 민간요법은 인간이 갖고 있는 치유력을 향상시키는 것에 주목적이 있으며, 치료보다는 예방에 목적이 있다. 경제적으로도 비용이 저렴하고, 부작용이 거의 없으며, 질병의 증상보다는 질병의 원인이 무엇인지에 더 초점을 맞추어 보는 특징이 있다. 따라서 현대 질병 자체의 증상에 초점을 맞추고 분석하여 대증적인 치료를 해 주는 서양의학의 한계와 문제점을 보완하고 극복하도록 도와준다. 그렇다고 전적으로 여기에만 의지해서는 안 되며 서양 의술과 병행하여 건강을 관리하고 유지하면 될 것이다.

2. 심리적인 변화

은퇴자가 되면 육신의 기력이 약해지면서 심리적으로도 여러 변화가 일어난다. 불안은 세대를 불문하고 인간이 갖고 있는 본성적인 것이나 노년이 되면 더 심해진다. 요즈음은 자식을 의지하고 사는 시대가 아니므로 은퇴 이후를 사전에 준비하지 못하면 경제적으로 불안정하여 불안한 나날을 보내게 되고, 준비를 했다고 해도 넉넉하지 않으면 혹시 무슨 일이 발생할 때 어떻게 대처할 것인가 근심하게 된다.

그리고 경제 활동의 현장에서 떠나 늘 하던 습관화된 활동이 멈춤으로써 상실감과 무력감에 빠져서 의욕을 잃고 방황할 수 있으며, 혹시 무슨 질병(치매, 당뇨, 고혈압, 뇌경색, 뇌출혈, 암 등 각종 성인병)에 걸리지 않을까 불안한 마음을 갖게 된다. 또한 그간 유지해 오던 사회적 인간관계들이 점차 끊어지거나 감소하여 '이제 혼자구나' 하는 고립감과 소외감도 커질 수 있다. '내가 평생 열심히 일해 왔는데, 그래서 가족을 부양하고 사회를 위했다고 자부하는데 지금 내 처지는 거기에 상응하는 대우를 받고 있는 것인가?' 생각하면서 미흡하다고 느낄 경우 분노가 치밀어 오르기도 한다. 또한 배우자가 먼저 세상을 떠날 경우 외로움이 지나쳐 우울증에 빠질 수도 있다. 이러한 현상들이 제대로 극복되지 못하거나 신앙적으로 소화되지 않으면 교회 생활에도 부정적인 영향을 미치게 된다.

노인 자살률이 점차 높아지고 있는 사회현상은 노인들의 우울증, 상실감, 소외감, 스트레스, 분노 등이 치유되지 못하기 때문에 나타나는 일이다. 무엇보다 가장 두려운 것은 죽음이다. 내 존재가 지상에서 사라져 없어지는 죽음의 문제는 여전히 공포다. 이 죽음의 문턱을 어떻게 넘을 것인가?

1) 사례

60대의 교인이 교회 생활에서 보인 상반된 행태 두 사례를 통하여 은퇴자가 가져야 할 바람직한 자세에 대하여 생각해 본다.

(1) 사례 1

60대 초반의 은퇴 여성으로서 교회에서는 권사의 직분을 갖고 열심히 신앙생활 해 오고 있는 분이다. 어느 날 주일예배 후 공동식사를 하고 일어나다가 갑자기 "억!" 하면서 주저앉았는데 그것이 인생 말년 고난의 시작이었다. 아들이 초등학생이었을 때 남편과 이혼한 후 직장에 다니면서 열심히 살아오느라 건강을 돌볼 사이도 없었고, 교통사고 후유증도 제대로 치료하지 못한 채 지내 온 것이 화근이었다. 양다리 무릎관절염 수술, 경추 수술, 디스크 수술 등을 했지만 제대로 회복되지 못한 채 집안에서나 겨우 움직이면서 살아가는 신세가 되었다. 은퇴 이후 갑자기 찾아온 여러 질병으로 정신적인 충격이 매우 컸다. 노총각 아들이 벌어오는 수입으로 임대아파트에서 근근이 살아가는 형편이니 자신의 인생에 대한 회의와 좌절감이 찾아왔다. 신앙생활도 흔들렸다. 열심히 살아온 결과가 겨우 이것인가? 그러나 모태 신앙인인 그녀는 그러한 육신적, 정신적 변화에도 불구하고 끊임없이 기도하면서 자신의 상황을 극복하려고 노력하였다. 지금은 자신의 처지를 수용하면서 하나님의 뜻과 사랑을 발견하고 감사하면서 살아가고 있다.

(2) 사례 2

69세 남성 장로의 경우 유럽에서 오랜 기간 활동하다가 귀국하여 은퇴 이후의 삶을 사는 교인이다. 그는 해외에서 한국교회의 문제점들에 대해서 많이 들었는지 자신이 보기에 문제라고 생각하면 꼭 고치려고 하였다. 그러나 그의 주장들은 대체로 사소한 것들이었다. 목사가 가운은 왜 입는가? 주보에 헌금자의 이름은 왜 기록하는가? 등 주변적이고 논란의 여지가 있는 것들이지만, 그에게는 그것이 고쳐야 할 큰 문제들이었다. 젊은 사람을 지도자로 세워야 한다면서 여러 면에서 자격 미달인 서리집사를 안수집사로 세우자고도 주장했다. 실제로 새신자들이 시험받는다면서 헌금자 이름을 주보에 기록하지 말자고 당회에서 끝까지 주장하여 관철시켜 실행에 옮긴 적도 있었다. 그러나 결국 부작용이 발생하여 원점으로 되돌아왔다. 헌금에 대한 분명한 성경적 이해의 부족과 교회 생활의 현실적인 상황을 고려하지 않은 탓이었다. 교회 차를 새로 구입하는 데 모든 교인이 다 하는 차량 헌금을 전혀 하지 않았고, 후에 재정 보고를 통해 이런 사실이 드러나자 부끄러운지 왜 그런 보고를 하느냐고 크게 불만을 표출하기도 하였다. 이렇듯 자신의 뜻대로 교회 일이 이루어지지 않자 불만을 품고 여러 사람을 선동하여 마침내 교회를 떠나고 말았다.

사례 1의 권사는 자신의 처지를 신앙적으로 소화하여 어려움을 극복하면서 감사하는 생활을 하였다면, 사례 2의 장로는 70을 바라보는 나이에도 교회의 일을 자신의 뜻대로 주장하려다가 잘되지 않자 분노하여 교회공동체를 파괴한 경우이다. 분노는 가인이 저지른 죄로써 인간의 본성에 속하는 뿌리 깊은 죄성(罪性)이다. 분노의 극복은 신앙생활의 중요한 과제이다. 나이 들어서까지 분노를 다스리지 못해 스스로를 초라한 사람으로 만드는 일들이 종종 있다. 자기 의(義)가 강한 사람들이 이 부류에 속한다.

2) 심리적인 변화의 극복과 치유

이러한 여러 가지 심리적 변화는 긍정적인 영향보다는 부정적인 영향을 더 많이 끼친다. 따라서 이것을 잘 극복하는 것이 은퇴 이후의 삶을 정서적으로 안정되고 행복하게 살게 해 주는 중요한 과제이다. 그런데 심리적인 변화는 정도에 따라 본인이 스스로 극복할 수 있는 것도 있지만 외부의 도움을 받지 않으면 안 되는 것들도 있다.

제일 중요한 자세는 자신에게서 일어나고 있는 마음의 변화를 긍정하고 수용하는 것이다. '내가 왜 이러지?, 이러다가 어떻게 되는 걸까?'라고 생각하기보다는 '그래, 나이가 드니 자연스러운 일이지, 어떻게 좋은 방법이 없을까?', '남들은 어떻게 하고 있지? 알아보고 나도 해 봐야겠네'라고 생각하는 것이 필요하다. 나만 은퇴한 것 아니지 않은가? 수많은 은퇴자가 있는데 다른 사람들은 어떻게 하고 있는지 또 도움을 구할 수 있는 방법은 뭐가 있는지 알아보고 해결해 나가는 자세가 중요한 것이다.

둘째로 중요한 것은 주위에 대화하고 소통할 수 있는 인간관계를 맺는 일이다. 혼자만의 세계에 갇혀서 우울해하고 소외되지 않으려면 나와 비슷한 연배의 사람들과 사귀는 일이 필요하다. 그들과 대화를 나누면서 공통의 과제를 발견하고 서로 위로하고 격려하면서 지내는 것이 큰 도움이 될 수 있다. 문제가 생길 때 그 문제를 끄집어내 놓고 소통할 수 있는 상대가 있는 것이야말로 문제 해결의 첩경인 것이다.

셋째로 자기만의 취미 생활을 하는 것이 필요하다. 현역 시절처럼 활동을 못 하게 됨으로써 시간과 여유가 많이 생기는데 무엇으로 그 시간을 보낼 것인가? 취미 활동이 그 답이다. 내가 하고 싶은 것이 무엇인지 스스로 생각해 보고 결정한다. 취미 활동도 매우 다양하다. 그중에 지금의 내 형편(경제적, 육체적, 시간적, 기능적 등의 형편)에 적합하면서 즐길 수 있는 것이 무엇인지 정해야 한다. 가장 대중적인 것으로는 등산, 낚시, 여행 등이 있을 것이다. 바둑과 장기와 같이 한자리에서 하는 활동, 탁구, 당구 등과 같은 활동도 있다. 서예, 미술, 악기, 성악 활동도 있고, 꽃 가꾸기, 분재, 텃밭 가꾸기 등도 있다. 요즈음 도시 은퇴자들에게 각광받는 것으로는 목공예 활동도 있다. 어느 지역에서는 은퇴자들이 돈을 모아 공방을 마련하고 그곳에 모여 목공예 활동을 함께 하고 있다. 이외에도 수많은 활동이 있는데 중요한 것은 자신에게 맞는 것을 선택하여 꾸준히 실천하면서 즐기는 것이다.

그리고 마지막으로 기독교인에게 중요한 것은 영적으로 건강한 생활을 해 가는 것이다. 눈에 보이는 물질적이고 명예 추구적인 성공과 자기만을 위한 이기적인 삶으로는 행복을 누릴 수 없다. 참된 행복은 눈에 안 보이는 정신적이고 영적인 세계에 그리고 이웃을 위한 사랑의 실천 속에 있는 것이다. 따라서 심리적인 문제를 극복하는 데 있어서 중요한 것은 영적으로 건강하게 살아가기 위해 노력하는 것이다. 그리스도인에게 영적인 건강은 성경 말씀 앞에서 늘 자신을 돌아보며 반성, 회개하고 겸손한 마음을 갖는 것이다. 특히 예수님께서 하신 말씀, 그중에서도 산상수훈을 늘 읽으면서 말씀대로 살려고 힘쓰는 것이 중요하다. 산상수훈의 말씀은 가능하면 암송하여 언제나 마음의 양식으로 삼는 것이 좋다. 아울러 하나님과 기도를 통하여 늘 교제하고 대화하고 소통하는 삶이 지속되어야 한다. 하나님과의 영적인 대화가 끊어지면 그 순간부터 영적으로 병들기 시작한다는 점을 잊지 말아야 한다.

그리고 이 영적인 생활에서도 함께 대화할 수 있는 신앙의 동지를 갖는 것이 필요하다. 신앙적인 대화를 통해 서로를 위로하고 격려하면서 일상을 살아간다면 활기 있는 생활을 할 수 있을 것이다.

3. 최후의 과제, 죽음 넘어서기

이 땅에 태어난 모든 생명체는 삶을 영위하다가 어느 순간 다 죽는다. 인간도 예외는 아니다. 태어남이 삶의 시작이라면 죽음은 그 끝이다. 죽음 앞에서는 누구나 다 평등하다. 모두가 다 겪어야 할 과정이지만 그 해결 방법은 제각각이다. 죽음이 있기에 삶이 더욱 빛난다. 만일 죽음이 없다면 긴장도 없고, 근심 걱정도 없고, 나태한 일상을 지루하게 보낼 것이다. 그것이야말로 고역일 것이고, 그런 삶이야말로 지옥 같은 삶일 것이다. 죽음은 그런 의미에서 인생을 더욱 활기차고, 재미있고 풍성하게 만들어 주는 활력소이다. 죽음이 있다는 사실에 감사할 일이다.

그러나 역시 죽음은 두렵다. 눈에 보이는 내 존재가 이 세상에서 영원히 사라진다고 생각하면 두렵고 끔찍하다. 가능하면 더 오래 살고 싶다. 구약시대의 조상들처럼 수백 년씩이라도 살고 싶다. 그러나 이제 겨우 100세 인생을 말하고 있으며 평균 80대에 세상을 떠난다.

은퇴자에게 죽음은 어느 날 갑자기 눈앞에 썩 다가온 전령과 같다. '아, 나도 이제 얼마 지나지 않아 죽겠지?' 멀리 떨어져 있었던 것이 손에 잡히듯이 가까워졌다. 피할 수 없는 일이다. 피할 수 없다면 정면으로 부딪쳐서 해결하는 수밖에 없다. 여기에 용기와 지혜가 필요하다. 두렵다고 회피하려는 비겁함에서 벗어나야 하고, 죽음이 무엇인지 깊이 생각할 수 있는 진지함과 지혜가 있어야 한다. 팔자나 운명으로 치부하며 포기와 체념의 길로 가면 어리석은 일이다. 인간의 이성과 영성으로 직면해서 답을 얻어야 한다.

많은 사람은 죽음의 극복을 내세로의 진입으로 해결하려 한다. 믿음으로 말이다. 그러나 내세는 가보지 않아서 모른다. 있다고 믿을 뿐이다. 믿음으로 내세를 해결하면 끝인가? 그러면 죽음의 공포로부터 완전히 벗어날 수 있는가? 모른다. 닥쳐봐야 한다. 1960년대에 쓴 김은국 씨의 소설『순교자』에 보면 6.25전쟁 당시 공산주의자들에게 붙잡혀 총살당할 순간이 왔을 때 아무리 피를 토하면서 살려달라고 기도해도 자신들의 죽음을 해결해 주지 못하자 무능한 하나님을 저주하면서 죽어간 목사, 교인들 이야기가 나온다. 내세에 대한 확신이 있었다면 기쁨으로 죽음을 받아들여야 했을 것이다. 그래서 모르는 일이다. 어느 날 갑자기 죽음이 찾아온다면 나는 어떤 자세를 취할까?

가수 최희준이 부른 <하숙생>이라는 노랫말에서는 인생을 '나그네길'이라고 한다. 인간은 지나가는 과객(過客)일 뿐이다. 천상병 시인은 인생을 세상 소풍이라고 한다. 그래서 죽음을 소풍 끝내는 날이라고 한다. 인생여부운(人生如浮雲)이라, 인생은 떠다니는 구름과 같다.

죽음이라는 종점이 있기에 우리는 거기에 이르기까지의 삶의 과정(process)에 더 의미를 둘 수 있다. 결과도 중요하지만, 과정이 더 중요하다. 처음과 끝, 그 사이에 있는 과정이야말로 변화와 운동의 원천이며 새로운 존재로의 승화를 가능케 해 주는 순간이다. 그리스도를 믿고 구원받은 존재로 살아가는 과정이야말로 신앙생활의 핵심이다. 죽음 이후의 세계를 소유하고 삶의 과정에는 진실하지 못한 사람이야말로 어느 의미에서 그리스도인이 아닐 수 있다. 죽음 이후의 세계에 가느냐 못 가느냐 하는 것은 하나님의 권한과 영역에 속하는 일인데 인간이 스스로 그것을 결정하는 것 자체가 오만한 일이기도 하다.

우리 그리스도인이 취해야 할 죽음에 대한 자세는 어떤 것인가? 미래를(죽음 이후를) 하나님의 섭리에 맡기고 나는 오직 '푯대를 향하여', '부르심의 상을 위하여' 현재의 삶의 과정을 그리스도의 제자로서 열심히 달려가는 것뿐이다. 여기에 죽음에 대한 신앙적 수용이 있고, 겸손이 있고, 삶에 대한 진실한 자세가 있다.

천상병 시인의 <귀천>을 읽으면서 지나온 과거의 삶을 돌아보고 앞날과 죽음을 생각해 보자.

나 하늘로 돌아가리라
새벽빛 와 닿으면 스러지는
이슬 더불어 손에 손을 잡고

나 하늘로 돌아가리라

노을빛 함께 단 둘이서

기슭에서 놀다가 구름 손짓하며는,

나 하늘로 돌아가리라.

아름다운 이 세상 소풍 끝내는 날,

가서, 아름다웠더라고 말하리라.

IV. 노년 세대의 인생사적 위치와 목표

1. 인생의 성숙기

은퇴 이후는 인생의 황혼기이다. 20~30년의 기간을 사는 기간이다. 이 기간은 모든 생명이 그렇듯이 성숙기이며 열매를 맺는 기간이다. <바램>이라는 노래(노사연 곡)의 가사처럼 단순히 늙어가는 것이 아니라 조금씩 익어가는 것이다. 익어간다는 말의 뜻이 무엇인가? 성숙해진다는 말이다. 그것은 나의 입장만을 생각하면서 언행하는 것이 아니라 상대방의 입장을 헤아릴 줄 알고 존중하면서 살아간다는 말이다. 그러려면 겸손해져야 한다. 벼가 익으면 고개를 숙인다고 하지 않나. 우리가 흔히 사람을 평가할 때 "많이 성숙해졌어"라는 말을 쓰는 데 그 의미는 '어른스러워졌다'는 말로 상대방의 입장과 여러 상황을 다 고려해서 판단하고 행동한다는 뜻이 들어 있다.

그런데 농경사회에서 산업사회로 이행하고, 초 · 중 · 고 · 대학의 국민 공교육체제가 시행되면서 사회진출 시기가 늦어지고, 그에 따라 결혼 연령도 늦어지면서 정신생활의 성숙기가 많이 지체되었다.

부부생활을 하고, 자식을 기르면서 정신도 성장·성숙하는데, 그 시기가 예전에 비해 10~20년 늦어지고 있다. 그 결과 나이는 들었으나 정신연령은 나이에 걸맞지 않게 아직 어린 모습을 보이는 경우가 많다. 예전에는 환갑이면 완전 노인인데 지금 시대에는 아직 한창인 시절이 되었다.

어떻게 하면 인생의 황혼기에 나의 인격을 성숙시킬 수 있을까? 가장 중요한 것은 자신의 과거의 인생을 곰곰이 돌아보는 일이다. 어떻게 살아왔는지, 올바로 행복하게 살아왔는지 돌아보는 것이 필요하다. 소홀히 한 점은 무엇인지, 후회스러운 점, 고쳐야 할 점 등은 무엇인지 살펴보는 것이 필요하다. 그래야 자기 발전을 도모할 수 있고, 성숙의 길로 갈 수 있다. 인간은 다른 동물과 달리 정신 현상이 발달하였고, 양심을 갖고 있어서 '반성적 사고'를 할 줄 아는 존재이다. 은퇴자는 이 반성적 사고를 통하여 자기 점검을 해야 한다.

그리고 은퇴 이후 자신의 인생의 목표를 세워야 한다. 노년으로서의 정체성을 분명히 하는 것이다. 목표를 이루기 위해서 해야 할 과제가 무엇인지를 생각하고 실천에 옮기는 노력이 필요하다. 그 실천을 꾸준히 하면 점차 자신이 바뀌어 가는 것을 느끼게 된다. 이 변화는 자신을 기쁘고 즐겁게 해 준다. 성격과 습관이 잘 바뀌는 것은 아니지만 조금씩이라도 바뀐다면 그보다 좋은 일이 어디 있겠는가! 내 인생의 마무리를 어떻게 할 것인지 깊이 생각해 보자.

2. 사회적 경험의 축적자

은퇴자들은 사회적 경험을 평생 쌓은 사람들이다. 어느 분야이건 경험자이다. 실패를 많이 겪은 분도 있을 것이고, 성공적인 삶을 산 분도 있을 것이다. 그러나 노년이 되면 실패든 성공이든 모두 똑같은 자산이 될 수 있다. 실패자는 실패를 통해서, 성공자는 성공을 통해서 얻는 것이 있다. 우열을 가릴 필요가 없다. 인생의 진정한 성패는 과거의 삶을 어떻게 소화하고 새로운 세계를 개척해 나가느냐에 달려 있는 것이다.

은퇴자의 사회적 경험은 대체로 전문성과 다양성을 띤다. 그 경험을 나만 갖고 있지 말고 서로 나누는 것이 필요하다. 내가 살아가는 현장에서 이웃들과 함께 자신의 경험을 공유하는 것이다. 물론 교회에서도 가능하다. 나의 지식과 기술과 경험이 옆의 이웃에게 도움이 된다면 기쁜 일이 아닌가! 일종의 재능기부가 될 수 있다.

이 사회적 경험을 효율적이고 체계화하여 공동의 유익을 위하여 활용할 수 있는 방안을 모색해 보는 일이 필요하다. 자신의 전문성과 경험을 사장(死藏)시키지 말고 누군가에게 도움이 되도록 하는 것은 모두의 삶을 더욱 풍성하게 하는 길이다. 사는 곳마다 이웃과 단체의 성격에 따라 그 방법은 매우 다양할 것이다. 상황에 맞게 머리를 맞대고 지혜를 모은다면 어렵지 않은 일이다.

3. 자아의 완성을 향하여

노년기 인생은 위에서 성숙기라고 말했지만, 그 보편적인 목표는 자아의 완성이 아닐까 싶다. "나는 누구인가?" 젊은 시절에 잠시 생각해 보았지만, 바쁘고 복잡한 사회생활 속에서 밀쳐두었던 이 주제를 다시 꺼내어 진지하게 생각할 필요가 있다. 내 이름이 '나'인가? 내 겉모습이 '나'인가? 도대체 나는 누구이며 어떤 존재인가? 생각해 보는 것은 어떨까? 인생은 '나'를 알아가는 과정이라고 한다.

소크라테스는 그 유명한 "너 자신을 알라"는 말을 하였다. 한평생을 살면서 내가 누구인지도 모르고 죽는다면 그 또한 초라한 인생이 아닐 수 없다.

자아의 완성은 어떻게 이루어지는 것인가? 인간은 욕망의 존재이다. 그 욕망을 긍정적인 방향으로 발전시키는 사람도 있고, 부정적으로 표출하는 사람도 있다. 욕망을 이루는 사람도 있고, 이루지 못하는 사람도 있지만 사람은 그 욕망의 에너지로 평생을 산다. 그런데 노년기가 되면 이 욕망에 대하여 깊이 생각해 볼 필요가 있다. 노년기에도 새로운 욕망을 가지고 살아간다면 이전의 인생과 별다른 점이 없지 않은가? 욕망은 긍정적인 면도 있으나 자기중심적이고 이기적인 면이 강하기 때문에 인격과 신앙의 성숙과는 거리가 있기 때문이다.

인격과 신앙의 성숙에서 중요한 것은 관계에 대한 점검이다. 첫째가 하나님과의 관계요, 둘째가 이웃과의 관계이며, 셋째는 자연생태계와의 관계이다. 인간은 특히 그리스도인은 이 세 가지 관계를 올바로 가질 때에 성숙한 신앙인이 된다고 할 수 있다. 나만의 기쁨과 행복을 위한 욕망 추구적인 삶으로는 자아의 완성으로 나아갈 수 없다. 참된 기쁨과 즐거움과 행복은 나의 욕망을 버리고 타자(他者)를 위할 때 누릴 수 있는 것이다. 욕망 추구적인 삶에서 욕망을 덜어가는 삶으로 변화가 일어날 때 이루어지는 것이다. 예수 그리스도는 그런 삶을 우리들에게 보여주신 가장 대표적인 분이시다. 자신의 욕망을 포기하고, 자기를 비워 하나님의 뜻에 온전히 순종하여 전적으로 '타자를 위한 삶'을 사셨다. 우리는 거기까지는 못가더라도 그분의 삶을 따라가려고 노력하는 것이 제자로서 도리가 아닐까 싶다. "성자(誠者)는 천지도(天之道)요 성지자(誠之者)는 인지도(人之

道"라고 했다(『中庸』). 우리는 말씀(言)을 이루기 위해(成) 힘쓰는 성지자(誠之者)의 삶을 사는 존재이다.

오늘 한국교회는 "예수 믿고 구원받고 천국 간다"는 구원론 중심의 신앙을 강조해 왔기 때문에 예수님처럼 살아가야 하는 성화(聖化)의 길을 잃어버렸다. 그리스도처럼 거룩한 삶의 길(타자를 위한 삶)로 나아가야 하는데 교회는 그 길을 제대로 제시하지 못했다. 그 결과 살아가는 모습에서 교인과 비교인 간의 차이가 없게 되었으며 오히려 더 못됐다는 부정적인 평가가 있기도 하다. 성숙의 길은 부단한 훈련과 수행을 필요로 한다. 말씀의 묵상과 기도 그리고 실천을 위한 부단한 노력이 뒤따라야 하는데 한국의 교인들은 이런 훈련을 받지 못했다. 욕망을 절제하고 버려야 한다는 말은 하지 않고, 욕망의 충족을 축복이라는 말로 정당화시켜 주었다. 수행은 불교만의 전유물이 아니다. 구원받은 자들 역시 끊임없이 자신을 갈고닦는 수행이 있어야 한다. 자아의 완성, 타자를 위한 삶의 길은 노년기 그리스도인에게 인생의 새로운 목표가 되어야 할 것이다.

V. 노년 세대의 사회적 역할과 과제

1. 사회적 역할

노년 세대는 모두 경력자들이다. 오랜 세월 사회 활동을 통해 어느 방면의 지식과 기술과 경험을 쌓아 온 사람들이다. 그래서 다른 사람이 갖고 있지 못한 재능과 특기를 가지고 있다. 과거에는 그것이 먹고사는 경제 활동의 토대였다. 이제 노년기에 이 재능을 어떻게 할 것인가? 형편이 어려울 경우에는 돈벌이의 방편으로 사용할 수도 있겠지만, 생계에 별 지장이 없다면 의미 있고 보람 있게 사용할 수 있는 자산이 될 수 있다. 바로 이웃을 위하여 재능기부 활동을 하는 것이다. 사람은 받는 것보다 주는 활동을 통해서 기쁨을 맛보는 존재이다. 노년에 이런 봉사활동을 통하여 기쁨을 누릴 수 있다면 인격의 성숙을 위해서나 육신의 건강을 위해서나 매우 유익한 일일 것이다.

필자는 오래전에 스위스의 교회를 3주간 방문한 적이 있는데 그때 어느 할머니의 수첩을 보고 놀란 적이 있다. 그의 수첩에는 한 주간의 봉사 일정이 빽빽이 쓰여 있었다. 오전과 오후 혹은 하루 종일 어디에 가서 무슨 활동을 하는지 기록되어 있는 것이었다. 필자가 만난 그날은 스위스에 돈 벌러 들어온 외국인 노동자들에게 영어를 가르치는 날이었다. 그러면서 그 활동들이 자신의 삶을 즐겁고 풍요롭게 해 준다면서 환하게 웃는 것이었다.

2. 교회 봉사

재능기부 활동은 먼저 교회에서 가능할 것이다. 내가 출석하고 있는 교회에서 봉사할 수 있는 과제를 수행하는 것인데 이것은 교회 차원에서 혹은 개인 차원에서 할 수 있을 것이다. 교회 차원은 교회가 일정한 역할을 부여해서 그것을 수행하는 것이고, 개인 차원은 교인 간의 교제를 통해 하는 것이다. 물론 가진 재능이 어떤 것이냐에 따라 활동의 양상이 다를 수 있다. 남을 가르치는 직업을 가졌던 분이라면 그에 맞는 활동이 주어져야 하겠고, 특정한 재능을 가진 분이라면 그것을 발휘할 수 있는 일감이 주어져야 할 것이다. 특정한 기술을 가진 분이라면 그 기술을 활용할 수 있는 과제가 주어져야 할 것이다.

교회 차원의 경우에는 목회자와 당회의 정책적인 배려가 있어야 할 것이고, 개인 차원의 경우에는 구역 활동이나 기관 활동을 통해 교인 상호 간에 필요한 일들을 발견하고 채워주는 일이 가능할 것이다. 이때 중요한 것은 봉사자의 자세이다. 봉사는 즐거운 일이기도 하지만 자칫하면 생색내거나 우쭐대는 마음을 가질 수도 있다. 자칫하면 상처를 주고받을 수도 있다. 따라서 항상 겸손하고 상대방을 위한다는 마음을 유지하는 것이 중요하다고 하겠다. 봉사는 이웃과 교회를 위하는 일이기도 하지만 내 마음과 영혼을 기르는 거름이기 때문이다.

3. 사회봉사

재능기부 활동은 사회봉사를 통해서도 이루어질 수 있다. 여기에서 사회는 가까이 사는 동네 이웃일 수도 있고, 약간 넓은 지역사회(동이나 면)일 수도 있고, 좀 더 넓은 단위(군이나 시)일 수도 있다. 자신의 재능을 필요로 하는 곳이면 어디든 가능할 것이다.

얼마 전에 TV 아침프로인 <인간극장>에서 전기기술을 가진 분이 귀농하여 이장(里長)직을 수행하면서 동네 가정에서 발생하는 전기 고장 사건을 모두 수리해 주면서 사는 모습을 본 적이 있다. 좋은 사례일 것이다. 그리고 성악을 공부한 사람이 농촌에 들어가 살면서 그 지역의 관심 있는 분들을 모아 성악을 가르치고 합창단을 조직해서 연습도 하고 발표도 하는 것을 본 적이 있다. 농사 노동만 하던 농민들이 고된 노동에서 해방되어 즐거운 한때를 보내는 모습은 참으로 보기에 좋았다. 재능을 가진 한 사람이 이렇듯 이웃에게 기쁨과 즐거움을 줄 수 있다면 얼마나 보람 있는 일이겠는가!

그런데 지역이 넓으면 누가 무슨 경력과 재능을 가지고 있는지 모르고 지내는 경우도 있을 수 있다. 특히 도시의 경우에는 가만히 있으면 모르고 지나간다. 이런 문제를 해결하려면 면(面), 동(洞) 혹은 군(郡)이나 시(市)에서 정책적인 관심을 갖고 자기 지역에 사는 노년 세대가 갖고 있는 재능이 어떤 것인지를 파악하여 연결해 주는 역할을 해 주는 것이 필요하다. 재능을 필요로 하는 사람이 누구인지도 아울러 파악해야 연결이 가능할 것이다. 혹 지역에서 발행하는 신문이나 매체가 있다면 그것을 통해 알리는, 보다 적극적인 노력도 할 수 있을 것이다.

VI. 노년 세대를 위한 교회의 정책

1. 노년 세대끼리의 동질성 체험(노인학교, 노인교실 등)

노년 세대는 그 세대들만이 갖고 있는 삶의 특징을 갖고 있다. 우리나라의 경우, 커다란 역사적 사건들을 많이 겪으면서 생활 변화의 폭이 심했기 때문에 세대 차이가 많이 난다. 무엇보다 과거 농경 사회의 경험을 갖고 있는 노년 세대는 도시에서 나고 자란 젊은 세대와는 문화·정서적으로 많이 다르다. 따라서 노년 세대끼리 어울리는 자리가 필요하다. 은퇴 이후에도 여전히 바쁘게 살아가는 분들도 있겠지만 경제 활동을 접고 살아가는 다수의 노인은 남는 시간을 어떻게 보내야 할지 답답할 것이다. 교회도 최근에는 노년 세대의 수가 증가하고 있다. 그들을 위한 정책적인 배려가 필요하다. 이에 부응하여 여러 교회가 오래전부터 노인교실, 노인학교, 노인대학 등의 이름으로 실행해 오고 있다. 이 프로그램을 통해 다양한 경험을 함께할 수 있다.

구체적으로는 노래 배우기, 그림 그리기, 체육 활동, 음식 만들기, 장기 발표회, 유적지(성지) 방문, 명승지 탐방, 특정 주제에 대한 그룹 토의 및 발표, 성경 퀴즈, 찬송가 경연, 고충 나누기, 각종 공예 작품 만들기 등의 다양한 내용을 함께 경험하면서 삶을 보다 여유 있고 풍성하게 누릴 수 있을 것이다.

2. 세대 통합적인 지도력 발휘의 장 마련
(주일학교, 중 · 고등 · 대학생들과의 만남의 자리)

교회는 세대 통합적인 성격의 기관이다. 어린아이부터 노인 세대까지 다 아우른다. 그래서 교회는 신앙을 통하여 문화 통합적인 역할도 자연스레 수행할 수 있다. 세대 간의 이질성과 차이를 신앙 안에서 좁히는 것이다. 요즘처럼 세대 간 차이가 심한 경우 이 역할은 더 필요하다. 현재의 청소년 세대는 노년 세대와는 성장 환경과 배경이 너무 달라서 사고방식이나 행동양식에서 차이가 크게 나타난다. 노년 세대가 보기에는 이해가 안 가는 모습일 수 있다. 그래서 마음속에 이미 서로 구분의식을 갖고 소통을 하지 않으려는 경향이 있다. 노년 세대가 보기에 청소년 세대는 예의 없고, 자기만 생각하는 이기적인 존재이고, 청소년들이 보기에 노년 세대는 답답한 과거의 사람들로서 툭하면 옛날 얘기하면서 자신들을 억누르려고 하는 꼰대로 보인다. 자신들을 전혀 이해하지 못하기 때문에 대화하지 않으려고 한다.

이렇게 된 배경에는 물론 급격한 도시화와 산업화 그리고 핵가족 중심의 생활 양식의 변화로 인해 세대 간의 대화가 구조적으로 단절되어 있기 때문이기도 하고, 자본주의 경제 체제 속에서 성장하면서 욕망의 충족을 제일로 여기는 가치관이 자리 잡고 있기 때문이기도 하다. 여기에다가 최근 정보통신 기술의 발달로 인간 간의 대화와 소통 방식이 현저히 자기중심으로 변화된 것도 큰 몫을 차지하고 있다.

이런 상황을 극복하려면 개인의 의지와 함께 교회의 정책적인 노력이 필요하다. 작게는 교회 내의 세대 간 통합을 위하여, 크게는 사회 속의 세대 간 통합을 위하여 보다 넓은 안목을 갖고 접근하는 것이 필요하다. 어떤 노력이 필요할까? 제일 중요한 것은 상호 간의 거리감을 좁히는 일이다. '서로 다른 점도 많지만, 이해할 수 있는 점도 많구나'라고 생각하게 해 주어 공감의 영역을 넓히는 일이다. 노년 세대의 노력이 더 필요하다. 어른으로서의 권위와 인정은 청소년 세대를 이해하려는 자세를 가질 때 가능하다. 훈계하고, 가르치고, 바로잡아 주어야겠다는 생각보다는 이들이 도대체 무슨 생각을 하고 있는지, 무엇을 좋아하고, 무엇을 하고 싶어 하는지, 이 아이들이 왜 이런 생각과 행동을 하는지 이해하려는 노력이 중요한 것이다. 소통은 쌍방적이어야 한다. 일방적인 대화는 소통이 아니라 서로에게 질곡이 되어 거리감만 멀어지게 해 준다.

교회에서 할 수 있는 것은 결국 만남과 소통의 자리이다. 이 계기를 어떻게 만들 것인가? 대학생이나 청년 세대와는 특정한 주제를 정하여 각 세대의 입장을 발표하고 경청하면서 대화하는 자리가 필요할 것이고, 주일학교나 중·고등학생들과는 사랑을 베풀고 나누는 자리가 필요할 것이다. 내 자식이나 손자, 손녀를 대하는 마음으로 함께할 수 있는 계기를 마련하는 것이다. 보다 세밀한 프로그램은 교회의 형편과 사정에 따라서 적합하게 마련해야 할 것이다.

3. 질병과 죽음에 대한 교육과 체험의 장 마련

노년 세대는 건강의 위협, 죽음에 대한 두려움, 우울감 등과 같은 다양한 심리적인 어려움을 경험한다. 특히 죽음에 대한 불안은 노년기에 나타나는 대표적인 정신건강의 요인으로서 노년기 삶의 질을 결정하는 중요한 요인이다. 특히 독거노인들은 다른 연령대나 비독거노인에 비해 정신적, 정서적 만족감에서 취약하여 부정적인 정서에 사로잡히고, 그로 인해 우울증에 걸리거나 심지어 자살로까지 이어지기도 한다. 교회 내에도 노년 세대가 점차 증가하고 있는 요즘 그들이 죽음의 문제를 잘 해결할 수 있도록 도울 필요가 있다. 설교나 성경공부 외에 별도의 시간과 프로그램을 마련하는 것이다.

기독교 신앙인이라면 이미 죽음이 무엇이며 어떻게 대처해야 하는지 지식으로는 알고 있다고 볼 수 있다. 하나님께서 때가 되어 내 영혼을 부르시어 천국에 가서 영생의 삶을 살게 될 것이라고 믿고 있다. 그러나 이것은 아직 겪지 못한 미래이며 믿음일 뿐이다. 현실에 얽매여 살던 사람이 어느 날 모든 인간관계가 소멸되고, 세상에 대한 미련을 버린다는 것은 너무도 큰 충격이다. 죽음은 생각만 해도 두려운 세계이다. 죽음 앞에서 믿음은 흔들린다. 물론 믿음이 매우 독실한 사람은 다를 수 있다. 어느 목사의 어머니는 병원에서 암이라는 판정을 받자 그 자리에서 "할렐루야! 아멘!" 하고 외쳤다고 한다. 이제 고통스러운 세상을 떠나 하나님의 품에 안기게 된다는 믿음이 확고했던 것이다. 그러나 이런 분이 얼마나 될까? 대부분의 교인들은 죽음 앞에서 공포와 전율을 느낄 것이다.

교세가 크고 전문적 인적 자원이 있는 교회에서는 그들을 활용하여 노인 상담자의 역할을 맡길 수 있을 것이다. 자신의 말 못할 어려움이나 고민을 털어놓을 사람이 없는 경우 도움을 받을 수 있을 것이다.

또한 죽음의 문제 해결을 위한 별도의 시간을 가질 필요가 있다. 죽음이 무엇인지에 대한 동서고금의 인류의 지혜들을 모아 볼 수도 있고, 죽음의 문제를 훌륭하게 해결한 사람들의 사례를 나누어 볼 수도 있다. 그 후 각자의 생각들을 나누어 볼 수도 있을 것이다. 요즘은 실제로 관(棺)을 준비하여 거기 들어갔다가 나오는 체험 프로그램도 한다. 어느 장로의 장례식에 참석하였는데 장례 버스 안에서 그가 생전에 녹음해 두었던 죽음에 대한 이야기가 흘러나왔다. "여러분! 제 장례에 참석해 주셔서 먼저 감사합니다. 우리 인간은 다 언젠가 죽습니다. 피할 수 없습니다. 피할 수 없다면 즐겨야지요. 저는 이제 땅에 묻히러 갑니다. 죽으면 끝입니까? 아니지요. 저는 천국에 대한 소망을 갖고 갑니다. 여러분들도 이 소망을 가지고 사시다가 오십시오. 천국에서 만납시다."

죽음의 문제는 인생 마지막 해결 과제이다. 평생의 신앙으로도 이것을 해결하지 못한다면 내 믿음을 다시 점검해 봐야 한다. 장자 (莊子)는 아내가 죽었을 때 동이를 두드리며 노래를 불렀다고 한다. 친구가 이를 보고 힐난하자 그는 대답하기를 "나도 처음에는 슬펐네, 하지만 가만히 생각해 보니 삶과 죽음이란 게 봄, 여름, 가을, 겨울의 사계절이 운행되는 것처럼 변화하면서 오는 것이 아니겠나, 저 사람이 이제 천지(天地)의 큰 집에서 편안히 쉬고 있는데 내가 시끄럽게 떠들면서 울어댄다면 이는 천명(天命)을 알지 못하는 것이 아니겠나"라고 하였다. 아내가 지금 하늘나라의 큰 집에서 편안히 쉬고 있는데 시끄럽게 떠들고 운다면 하나님의 섭리를 모른다는 말이다.

세상에 대한 미련을 버리자. 자식에 대한 정을 정리하자. 물질(돈, 재산 등)에 대한 애착을 버리자. 인생은 빈손으로 왔다가 빈손으로 가는 것, 세상에서 나와 관계를 맺었던 모든 것에 대한 집착과 애정을 끊어야 새로운 세계를 맞이할 수 있을 것이다. "그러므로 우리가 낙심하지 아니하노니 우리의 겉사람은 낡아지나 우리의 속사람은 날로 새로워지도다"(고후 4:16).

VII. 맺는 말

지금까지 노년 세대와 소통하기 위해서 어떤 선교적 노력을 할 것인가에 대하여 생각해 보았다. 예전 농경사회 시절에는 환갑 지나면 거의 돌아가셨다. 별도의 노력이 필요 없었다. 그러나 이제는 평균 수명이 늘어나 대부분 70세를 넘기며 사는 시대가 되었고 백 세를 바라보게 되었다. 고령화 사회로 진입한 것이다. 농촌교회의 경우 강단에서 보면 모두 센 머리의 노인들뿐이다. 주일학교와 중·고등부가 없어진 교회가 대부분이다. 도시교회도 청소년과 청년들은 점차 줄어들고 노년 세대들이 자리를 채우고 있다.

이렇듯 노년 세대의 비중이 교회와 사회에서 증가하고 있는 이즈음, 그들에 대한 보다 적극적이고 전문적인 접근이 필요하게 되었다. 가장 중요한 것은 노년 세대에 대한 종합적이고 충분한, 깊고 애정 어린 이해이다. 그리고 이를 바탕으로 구체적이고 효과적인 대처 방안을 마련하여 실천하는 것이다. 교회는 이제 노인 세대를 위한 별도의 정책적인 준비와 대응을 해야 한다. 그들이 평생 지켜 온 신앙이 흔들리지 않도록, 생활 속에서 기쁨과 만족을 누리며 살아갈 수 있도록, 그러다가 웃으며 생을 마감할 수 있도록 선교적 노력을 기울여야 한다. 무엇을 어떻게 할 것인지는 교회 형편에 맞게 조정하면 될 것이다.

● 함께 생각해 볼 질문

1. 이 글을 읽고 나서 '노년 세대'에 대한 개념 중 변화가 된 부분이 있습니까? 왜 그러한 변화가 생겼다고 생각하십니까?
2. 노년 세대가 감당할 수 있는 사회적 역할에 대하여 세 가지를 나누었습니다. 구체적인 사례와 그 외의 역할은 무엇이 있을까요?
3. 노년 세대를 위한 교회의 정책 중 내가 속한 교회에서 실천할 수 있는 부분은 무엇입니까? 어렵다면 그 이유는 무엇입니까?

● 도움이 될 만한 자료

1. 김은국/도정일 역.『순교자』. 서울: 문학동네, 2016.
2. 엔도 슈사쿠/공문혜 역.『침묵』. 서울: 홍성사, 2003.
3. 쓰찌다 다까시/김원영·김성순 역.『공생공빈 21세기를 사는 길』. 원주: 흙과생기, 2007.

이웃과 함께하는
선교적 교회론

6장

일상 속 이웃과 함께하는 세대 통합 교육

황인성*

I. 서론

제일 먼저 이 글은 학문적인 글쓰기라기보다는 실제로 마을에 있는 작은 교회공동체가 살아가는 이야기임을 강조하고 싶다. 세대 간의 소통을 위해 치열하게 몸부림치는 현장의 이야기를 통해 교회와 목회자가 고민해야 할 지점에 대해 생각해 보고자 했다.

보통 목회자가 '세대 통합 교육'을 고민한다고 할 때의 의미는 교회 내에서 주일예배와 2부 순서라는 한정된 시간 속에서 교회에 출석하는 성도들을 대상으로 미취학 아동부터 청소년에 이르기까지 각 연령층에 맞게 혹은 간혹 다양한 세대의 조합을 통해 어떻게 효과적으로 성경의 지식과 복음을 전달할 것인가에 초점이 맞춰져 있다. 혹은 만약 목회자가 조금 더 확대해서 '세대 간 소통'에 대해 정의를 내려보려고 한다면 앞에서 말한 교육부의 활동과 더불어 청년부, 젊은 부부 그리고 장년층의 성도들이 함께 만날 수 있는 비정기적 행사나 통합예배와 같은 주일예배의 형식을 떠올릴 것이다.

---

* 공명교회 공동목회.

그러나 '이벤트'로써 세대 간 소통을 할 수 있다고 생각하는 것은 일차원적인 접근이며 효과적 측면에서도 그리 큰 기대를 하기 어렵다. 시간적 측면에서도 단회적인 만남, 불연속적인 만남을 통해 상호 간의 배움이 일어나는 것 또한 쉽지 않아 보인다. 더군다나 평소에 왕래가 없었던 꼬마 아이부터 나이 지긋하신 어르신들을 어떤 단순한 규칙에 따라 범주화한다면, 모임을 인도하는 사람도 당혹스럽고 또 그 모임에 참여하는 사람들 또한 동기부여가 되지 않을 것이다.

이제 우리의 생각을 좀 더 넓혀 보자. '세대 간의 소통', '세대 통합 교육'을 말할 때 우리가 놓치지 말아야 할 중요한 요소가 있다. '시간', '장소', '사람'이다. 자신이 속해 있는 교회나 상황에서 잠시 벗어나서 어떻게 하면 세대 간의 소통을 긴밀하게 유지할 수 있을지, 어쩌면 이 질문 이전에 우리는 왜 세대를 뛰어넘는 관계를 맺고 살아야 하는지에 대해서 질문하는 시간을 가져 봐야 한다.

자칫 이론적으로만 돌아보고 '그래야 한다'라는 당위성을 검증하는 글로 그치지 않기 위해서 필자가 현재 활동하고 있는 사역을 함께 소개하면서 중요한 소통의 원리를 찾아보고자 한다.

II. 시간: 주일에서 주중 일상 속으로

1. 코로나19로 드러난 교회 주일 사역의 위기

2019년 말부터 본격적으로 시작된 코로나19 사태가 2021년을 마무리해 가는 지금 시점에도 좀처럼 사그라질 조짐이 안 보인다. 이제는 '포스트 코로나'가 아닌 '위드 코로나'를 기정사실로 하는 분위기이다. 코로나 사태 이전 대면하며 사람들을 만나고 이야기 나누고 함께 음식을 나눴던 시절이 과거로 잊힐까 두려움이 앞서기도 한다. 사회 전 영역에서 코로나로 인한 타격과 불가피한 변화의 조짐이 일어나고 있다. 그중에 교회가 맞고 있는 위기는 더 심각해 보인다.

교회공동체는 함께 모여 예배하고 교제하는 코이노니아의 성격이 강한 집단이기에 비대면이 지속되면 받게 되는 부정적 영향이 상대적으로 더 커 보인다. 일주일에 한 번 주일에 대규모의 인원이 집중적이고 밀도 있게 모였다가 흩어지는 유형이기 때문에 예전부터 주차 문제 등과 같은 이슈로 지역사회와 갈등이 있었다. 그러나 이제는 유행병의 집단 발생지라는 오명을 받게 되었다. 주일에 함께 모여서 예배하고 이어서 성경공부나 여러 교제 모임을 통해 교회공동체의 관계성을 유지해 왔던 기존의 시스템에 큰 위기를 맞게 된 것이다. 주일에 대면으로 모이지 않을 때도 교회 정체성의 중심인 예배와 교제, 양육을 지속할 수 있는 대안이 필요하다.[1]

2. 일상을 놓친 교회

코로나19 전부터 교회 내 주일 교회교육의 위기에 대한 목소리는 지속해서 있었다. 특별히 10대 청소년들의 교회 이탈 현상은 인구감소와 더불어 급격한 감소세를 보여 왔다. 교회 내부적 원인도 있지만, 시간적 측면에서 볼 때 한국 청소년들의 일상 속에 교회와

---

1 고원석, "다시 예배의 자리로, 예배의 가치를 새롭게: 포스트 코로나, 모이는 교회와 예배의 중요성," 신형섭 외 2인 편, 『재난과 교회』(서울: 장로회신학대학교출판부, 2020), 187-196.

접촉할 수 있는 시간이 절대적으로 부족하다.[2] 한국의 고등학생의 경우 한국의 교육 현실 속에서 주중에 학교 외에 다른 곳에 따로 시간을 쓴다는 것이 쉽지는 않아 보인다. 초등학생, 중학생들은 어떠한가? 대략 월요일에서 금요일까지 학원을 제외한 5시간 정도 온·오프라인 학교 수업을 듣는다고 가정하면 일주일에 25시간은 학교 수업을 받고, 그 외에 지역에 따라 다르겠지만 그에 대응하는 학원이나 기타 과외 수업을 받을 것이다. 한국의 초등학생, 중학생들은 최소 일주일에 대략 40~50시간을 '지식'을 배우는 시간으로 사용한다는 말이다. 이런 현실 속에서 주일에 교회에 나와 짧게는 1시간 길게는 3~4시간을 보내는 아이들에게 교회나 목회자가 목표하고자 하는 메시지를 잘 전달할 수 있을지 의문이 생긴다. 설상가상으로 코로나로 인하여 일주일의 3~4시간조차도 이제는 확보하기 어려운 상황이 되었다는 것이다.

청년들과 어른들의 경우는 어떠한가? 상황이 별반 다르지 않다. 대학생들은 수업 후 재정 충원을 위해 이미 취업 전선에 뛰어든 지 이미 오래다. 저녁이 없는 삶이 대부분이다. 젊은 가정의 경우에도 직장을 다니는 남편 혹은 부부가 밤늦게까지 일하고, 아이들은 최대한 오랜 시간을 어린이집, 유치원에서 보내며 운이 좋으면 친정, 시부모님이 아이를 일정 시간 돌봐 주기도 한다. 저녁에는 육체적으로 이미 지쳐 있는 상태이다.

교회가 전달하고자 하는 콘텐츠의 질과 프로그램을 논하기 이전에 메시지를 전할 수 있는 시간 자체가 절대적으로 부족하다. 소통을

---

2 김도일·한국일, "다음 세대의 생명을 살리고 번성케 하는 교회교육 모델 탐구," 김도일 외 10인, 『다음 세대신학과 목회』 (서울: 장로회신학대학교출판부, 2016), 16-20.

위해서는 자주 만나야 하고 대화해야 하는데 절대적인 시간의 결핍이다. 이런 심각한 상황인데도 교회와 목회자들은 여전히 기존의 패러다임을 벗어나지 못한 듯하다. 주일뿐만이 아니라 주중에도 성도들을 만날 수 있는 창의적인 접촉점을 만들어야 하는데, 여전히 주일 중심의 콘텐츠 혹은 주중에 개인적으로 만날 수 있는 인원이 적다는 이유로 시도조차 하지 못하는 경우가 생긴다.

3. 일상을 강조하는 교회

필자가 사역하는 곳은 경기도 양평의 작은 마을이다. 주중에는 책방을 운영하면서 사람들을 만나고 있고, 주일에는 교회공동체로서 온·오프라인을 병행하며 예배하고 있다. 양평에서 교회를 개척하며 제일 중요하게 생각했던 부분이 바로 '일상의 삶'이었다.[3] '주일' 하루에 모든 것을 해결할 수 없다는 결론을 내렸다. 오히려 짧은 시간에 많은 프로그램을 하다 보니 역효과가 나는 경우가 더 많이 생겼다. 주말에는 성도님들 또한 안식을 얻고 예배와 교제 가운데 쉼과 회복을 맛보아야 하는데, '소통과 교육'이 또 다른 사역이 되어 주일마저도 '소모'되어 버리게 되는 경우가 많다.

목회자 혼자 사역하는 것은 아니다. 함께 공동목회하는 목회자 가정과 함께 네 명의 책방지기가 공동으로 운영하며 교회공동체 지체 중 그리고 이웃 중에서 재능기부의 형식으로 최소한의 회비를 받고 마을 공부방처럼 운영되고 있다. 일주일에 약 90여 명의 동네

---

3 Tim Chester & Steve Timmis, 『일상교회』 (서울: IVP, 2015), 66-72에는 '일상'에 대한 교회의 접근에 대해 잘 설명하고 있다.

양평 서점 '책보고가게'의 주중 프로그램

2021.9. 현재4

	오전	오후
월	제로웨이스트	초고학년 기타반, 중학생 기타반
화	UBUNTU(평화교육 모임)	초1학년 그림책과 책놀이, 초2학년 그림책과 책놀이
수	성인 영어 그림책 모임	초1학년 그림책과 책놀이, 초2학년 그림책과 책놀이 (수요신학강좌)
목	엄마들의 영어 그림책 수다	초고학년 한자 모임, 초고학년 비폭력 대화
금	성인 인문학, 엄마 마더와이즈	엄마 자수 모임
토	청소년 인문학 클래식과 그림책 미술과 그림책	

이웃들을 온·오프라인으로 현재 만나고 있다. 현재 교회에 출석하고 있는 가정은 15가정이다. 한 가정을 제외한 14가정은 모두 주중 서점을 통해 교제했던 이웃이었다. 그중 몇 가정은 교회를 처음 나오는 초신자 가정이다. 교회공동체 지체들, 특별히 아이 대부분은 서점 주중 프로그램에 참여하고 있고, 공동체 지체들뿐만 아니라 동네 이웃들, 아이부터 어르신들도 다양한 모임에 참여하고 있다. 오히려 맞벌이 부부 중에는 주중에 함께 참여하지 못해서 토요일 저녁이나 평일 저녁에 강좌가 개설되기를 요청하는 이웃들이 많이 있다. 다양한 세대들과 '접촉'한다는 의미에서 초등학교 1학년부터 60세가 넘으신 어르신들까지 일종의 평생교육의 개념을 가지고 '책'을 매개로 매주 정기적으로 만나고 있다. 간헐적으로 책 저자와의 만남, 보드게임데이, 공휴일 이벤트 등을 통한 비정기적 모임도 이어가고 있다.

---

4 책보고가게 블로그, http://blog.naver.com/drop-book.

주중에 여러 모임을 통해서 목회자와 아이들 그리고 교회 성도들과 이웃들이 자연스럽게 배움의 장을 형성하고 관계를 맺어가고 있다. 프로그램뿐만 아니라 책방이자 도서관이기 때문에 강좌 이외의 시간 혹은 강좌가 운영되는 시간에도 서점과 도서관 다른 공간에서 만남을 지속하고 있다. 이렇게 다양하고 복잡한 프로그램을 운영하는 이유는 바로 '접촉점'을 최대한 만들기 위함이다. 공교육 시간만큼은 아니더라도 학원이나 다른 사교육의 시간이 좀 줄어들고 같은 가치를 공유하고 있는 사람들이 함께 지속해서 만날 수 있도록 여러 기회와 가능성을 열어 두는 것이다. 이를 위해서는 함께 가치를 공유하고 자신의 상황에서 일부 헌신할 수 있는 동역자들이 발굴돼야 한다.[5]

4. 교회공동체의 일상 교제

주중에 서점을 통해서 다양한 마을 프로그램을 운영하고 있지만 동시에 이러한 접촉점을 통해 만나게 되어 공동체를 이룬 열다섯 가정의 신앙 그룹이 있다. 공동체의 정식 회원이 되기 위해서는 11주간의 성경공부를 거쳐야 한다. 지금 공동체 가정은 대부분 어린 자녀를 둔 젊은 가정이다. 될 수 있으면 입문 과정에 부부가 함께 참여하기를 권면하고 있어서 부부가 함께 주중에 시간을 내어서 목회자와 함께 기독교 기본 교리에 대해 서로 이야기하는 시간을 갖는다. 주중에 직장이 바쁜 경우에는 토요일 아침 기도회가 끝난 후 이른 시간에 모임을 한다. 보통 한 가정씩 만나고 1시간 30분에서 2시간 정도 만남을 갖는다. 아이가 어린 경우에는 아이들을 재우고

---

5 Michael Frost & Alan Hirsch/지성근 역, 『새로운 교회가 온다』(서울: IVP, 2009), 53-67.

밤 10시 이후에 만나기도 한다. 이야기를 나누고 신앙에 대해 질문하다 보면 새벽 1~2시가 되기 일쑤다. 그래도 함께 최대한 시간을 보내고 교제하고자 개인적으로 방문하여 교제하고 양육하는 시간을 갖는다. 여러 상황으로 인해 혼자 입문 과정을 하는 경우에는 주중 프로그램을 피해 낮에 일대일 성경공부를 진행하기도 한다. 처음에는 늦은 시간과 지속적인 만남으로 인해 부담감을 가질 수 있으나 함께 만나면서 오히려 자신의 삶이 위로되고 도전되며 복음의 메시지 앞에서 자신을 돌아보는 시간을 가지며 서로의 만남을 기대하게 된다. 혼자서는 감당할 수 없는 일이다. 그래서 팀 사역이 필요한 부분이기도 하다. 한 가정씩 진행하는 성경공부이기 때문에 목회자 한 명이 일주일에 동시에 두 가정 이상 입문 과정을 진행하기에는 무리가 있다. 일주일에 두 가정은 깊게 교제하면서 기독교 교리에 대해 서로 나눔을 갖는 과정이 된다.

공동체 아이들과 더 시간을 보내고 싶어 학교에 가지 않는 방학 때는 아침 7시에 야외 농구장에 모여 농구도 하고, 배드민턴도 하고, 배구를 하기도 했다. 마침 공동체 지체 중 중학교 체육 선생님이 섬겨 주셔서 방학 기간 중 거의 매일 중·고등학생 아이들과 운동하는 시간을 가졌다. 주일 1시간 혹은 3~4시간의 시간을 극복해 보고자 훨씬 더 긴 주중 시간을 활용해서 접촉점을 넓혀가고 있다.

코로나 상황 속에서도 방역 규칙 안에서 주중 남자들의 모임, 여자들의 모임이 비정기적으로 열린다. 사역자가 주도하는 것이 아니라 단체 채팅방을 통해 누군가가 제안하면 시간이 되는 사람들이 자발적으로 모여 식사 교제나 차를 마시기도 한다. 혹 오랫동안 안부를 묻지 못한 가정이 있다면 연락해서 부부가 함께 만나서 근황을 듣기도 한다.

5. 일상 속 가족의 역할

이런 사역의 기본은 소그룹이다. 그러므로 교회공동체가 일정 규모 이상이 되면 깊은 교제와 정기적인 만남을 이뤄내기 어렵다. 사역자 수를 늘리는 방법도 있으나 또 다른 행정이 생기게 마련이다. 그래서 교회공동체가 적정 수준의 규모를 유지하는 것이 중요하다. 사역자나 교회공동체가 최대한 서로 시간을 내어 만남을 이어간다고 하더라도 사실 가장 많은 시간을 공유하는 그룹은 바로 가족이다. 가족 구성원 모두 각자의 삶 속에서 바쁘게 살아가고 저녁이 되어 함께 모이면 각자 쉼을 취하는 데 급급할 수 있을 것이다. 그런데도 좋은 구심점이 있다면 가족이 함께 공동의 관심사를 통해 이야기를 나누고 복음의 가치를 재발견하는 시간으로 삼을 수도 있다.

신앙적인 이야기들을 함께 고민하고 이야기 나눌 수 있도록 매주 목요일 저녁에는 유튜브를 통해 그림책을 읽고 나눔을 하는 시간을 갖는다. 매주 한 권의 그림책을 정해서 공동체 가정 중 한 가정이 아이들을 포함하여 책을 낭독하고 그림책을 통해 던질 수 있는 가치 질문 몇 가지와 기독교적 가치와 연관된 질문을 던진다. 각 가정에서 함께 이야기를 나눌 수 있는 구심점을 마련해 주는 것이다.

III. 장소: 자연스럽게 자주 그리고 함께 만날 수 있는 그곳

1. 멀어져가는 교회와 사람

주일에는 각 가정이 함께 모여 예배에 집중하고 성도 간의 교제를 통해 안식을 취하고, 주중에 다양한 프로그램과 만남을 통해 일상의 소통을 강조하는 것이 다소 이상적으로 들릴 수 있다. 그러나 실제로 이러한 접촉점의 확대화를 위한 노력은 지속되어야 한다. 그리고 접촉점을 늘리기 위해서는 '장소'에 대해 고민하지 않을 수 없다. 단순히 성도들이 모이는 교회로서의 장소를 말하는 것은 아니다. 먼저 일상의 소통을 위해서는 이용자 측면에서 성도를 포함한 이웃들이 물리적으로 가까이 거주하는 것을 의미한다. 이동 시간이 길면 아무래도 지속적인 만남을 갖기가 어렵다. 호스트 측면에서 누구나 쉽게 오갈 수 있는 교회가 아닌 '마당'이 필요하다.

도시목회 특별히 서울에서의 목회 현장은 어떠한가? 한국은 60~70년대 급격한 산업화로 인하여 극단적 도시화 현상이 일어났다. 일자리를 찾기 위해 젊은 사람들이 도시로 몰려들었다. 이로 인해 주거 문제, 노동 환경의 문제가 오랫동안 사회적 문제로 대두되기도 했다.[6] 대한민국의 수도 서울은 2021년 통계 기준으로 대한민국 면적의 0.6%에 해당하는 605.2km² 면적에 약 980만 명이 거주하는데 이는 전체 인구의 17% 정도이다. 기계적으로 계산해 보면 서울의 1명이 차지할 수 있는 면적은 가로세로 7.8m 정도의 땅인데, 이 또한 산이나 강 등 다른 불용 지역을 제외하면 훨씬 더 줄어들 것이다. 도시의 주거 형태가 고층화되고 고밀도 지역이므로 땅값이 비싸지는 것은 당연하다. 2021년 4월 「KB월간주택」 가격 동향에 따르면 4월 한 달간 서울 아파트 평균 매매가격은 11억 1,123만 원을 기록했다.[7]

---

6 이 주제에 대해서는 다음의 논문을 참고하라. 황인성, "산업화 시대와 한국교회의 선교적 응답," (미간행 박사학위 논문, 장로회신학대학교, 2020), 59-72.

7 https://www.mk.co.kr/news/realestate/view/2021/04/401879/

오르는 집값과 주거비, 교육 환경, 직장 등의 여러 조건으로 인하여 한 곳에 정주하지 못하고 자주 거주지를 옮기는 생활 방식이 고착화되었다. 목회자로서는 교회 가까이 있었던 성도들이 먼 곳으로 이사하는 일이 잦아졌다는 의미이다. 아이들을 양육하는 젊은 가정이 주거비를 감당하기 어려워 서울 외곽으로 멀어지고 있다. 그러나 예전부터 신앙생활을 해 왔던 모교회와 정든 교회를 떠나기 쉽지 않다. 그래서 1시간이 걸려도 교제가 친숙하고 안정감이 있는 기존의 교회를 고수하려는 경향이 있다. 서울 강남의 어느 중형 교회는 다음 세대를 찾아보기 힘들다고 한다. 절대적 인구감소도 영향이겠지만 아이들을 키우는 젊은 부부가 살 수 있는 동네가 아니다 보니 연령대가 있는 어르신들이 대부분인 전통 교회에 일부러 찾아가지는 않는다는 것이다.

코로나로 인하여 '비대면', '메타버스'가 현실화하고 있다. 예전보다 상대적으로 물리적 거리에 대해 비교적 자유로워졌으나 지금까지의 판단으로는 가상현실 또한 현실 세계에 기반한 거울의 역할을 하고 있다.[8] 결국 지금 내가 생활하고 있는 공간, 장소가 여전히 중요하다. 설사 주중에 시간이 확보되고 사람들을 만나려고 한다고 해도 먼 지역에서 오는 사람들을 함께 만나는 것은 어렵다. 설상가상으로 이제는 주거 문제로 인하여 담임 목회자, 전임 사역자가 교회 근처에 살지 않는 경우도 생기고 있다.

---

8 김상균, "현실은 소멸되는가? 메타버스와 현실의 관계," 『메타버스』 (서울: 플랜비디자인, 2020), 324-326.

2. 지방이 돌아왔다

　이러한 대도시 집중 현상에 따른 문제점은 이미 산업화 시대를 겪으면서 인지하고 있었고 오랫동안 대안을 찾아오는 중이다. 최근에는 폭등하는 부동산 가격으로 인해 자의 반, 타의 반 서울을 떠나야 하는 강제 이주 현상이 벌어지고 있다. 탈도시화 현상이 본격적으로 시작된 것이다.9 일본의 경우도 마찬가지이다. 2014년 일본 정부가 도쿄에 사는 젊은이들에게 설문조사를 실시했는데 약 4%가 지방으로 이주를 예정하거나 검토하고 있다는 결과가 나왔다. 이주 배경에는 조기 퇴직, 전직, 자녀 양육, 결혼 등이 있었고 흥미로운 젊은 '슬로 라이프'를 추구하기 위해 자발적으로 지방으로 이주하는 경우도 늘어가고 있다는 점이었다.10

　필자가 거주하고 있는 경기도 양평도 바로 이러한 탈도시화의 전형적인 예이다. 양평군은 면적이 877.08km² 서울의 1.4배 크기이

경기도, 서울특별시 전입전출 비교(1970-2019)11

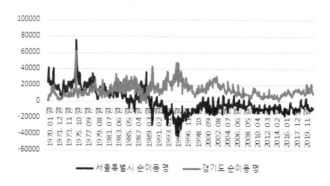

9 공석기 · 임현진, 『마을에 해답이 있다』 (서울: 2020, 진인진), 221-224.
10 마쓰나미 게이코/이혁재 역, 『로컬 지향의 시대』 (서울: RHK, 2017), 6.
11 https://kosis.kr/statHtml/statHtml.do?orgId=101&tblId=DT_1B26001_A01.

며 2021년 8월 현재 양평군 인구수는 약 12만 명[12]이다. 양평군민 1인당 가로세로 85m 정도의 면적을 차지할 수 있는 규모이다. 물론 양평은 산림지역이 많아서 이 숫자는 사실 통계에 불과하다. 그런데 도 양평군은 최근 들어 꾸준히 인구가 유입되고 있다. 특별히 양평 역과 용문역을 중심으로 아파트가 들어서면서 젊은 세대 인구가 증 가하였고 향후 3년 이내에 4,500세대 이상의 아파트가 신축 예정이 다. 필자가 사는 강상면은 2020년 말 현재 10,450명 정도인데 그중 49세 이하가 54%이다. 양평 지역 전체 중에서 역과 근접한 양평읍, 강상면, 용문면이 젊은 세대의 인구 유입이 뚜렷하다.[13] 전철, 기차, KTX가 정차하는 양평역 주변으로 서울로 출퇴근하는 젊은 세대들 이 모이고 있다. 단순히 거주비로 인한 선택뿐만 아니라 자연환경, 교육 환경 등으로 인하여 젊은 세대가 이주하고 있는 '로컬 지향의 시대'[14]를 몸소 체험하고 있다.

3. 기반 시설 부족, 세대가 소통할 수 있는 블루오션

보통 이곳에서 젊은 어머니들의 상황은 이렇다. 연고지가 있었 던 곳은 아니었기에 아이들을 데리고 이사를 왔으나 남편은 서울이 나 다른 곳으로 직장을 다니고 주중 대부분 시간은 아이들을 육아해

---

12 양평군청, "2021년 8월 말 인구 현황"(등록외국인 포함).
   https://www.yp21.go.kr/www/selectBbsNttView.do?key=1179&bbsNo=21&nttNo=169501
   &searchCtgry=&searchCnd=all&searchKrwd=&pageIndex=1&integrDeptCode=.
13 양평군청, "주민등록인구통계"(2020. 12. 31. 기준).
   https://www.yp21.go.kr/www/selectBbsNttView.do?key=1176&bbsNo=18&nttNo=150507
   &searchCtgry=&searchCnd=all&searchKrwd=&pageIndex=1&integrDeptCode=.
14 마쓰나미 게이코/이혁재 역, 『로컬 지향의 시대』(서울: RHK, 2017).

야 하는 상황이다. 서울처럼 문화 시설이나 아이들을 대상으로 하는 교육 사업, 시설이 절대적으로 부족한 상황이기 때문에 부모가 오롯이 그 부담을 다 져야 하는 형편이다. 서울과는 달리 양평 군내에는 대중교통 시설이 잘되어 있지는 않아서 차를 가지고 이동해야 하는 고립되기 쉬운 구조이다. 신도시와 달리 밀집해서 살지 않기 때문에 스스로 생활 관련 문제를 해결하거나 맘스카페 등 인터넷을 통해서 상황을 대처해야 한다. 더구나 코로나 시대에 접어들면서 아이들과 고립된 환경에서 보내야 하는 상대적 부담감이 도시 지역에 비해 훨씬 더 크게 다가온다.

'세대 간의 소통'을 이야기하면서 최근 사회적 동향을 길게 언급한 감이 없지 않아 있지만 '세대 간의 소통'은 그 자체로 풀어 가기보다는 목회자, 교회가 속해 있는 지역을 돌아보고 지역의 필요를 살펴보는 것이 전제되어야 한다는 점에서 지역 조사는 필수적이다. 아이들을 위한 교육 시설이 필요하고, 어머니들뿐만 아니라 육아를 책임지는 부모, 조부모들에게 도움을 주고 서로의 관심사를 함께 나누는 '마당'이 필요하다. 서울에는 이미 지자체 자체적으로 그리고 다양한 문화 시설과 인프라가 잘 구축되어 있기에 시설의 문제보다는 시간, 재정의 요소로 인해 선택을 고민할 것이다. 그러나 양평은 서점을 비롯한 다양한 문화 시설이 여전히 부족한 상황이다.

대학입시에 초점이 맞춰져 있는 한국의 전형적인 입시 교육을 탈피하여 아이들과 함께 다양한 인문학 활동과 생태 활동을 통하여 지식 전달이 아닌 삶의 문제, 세계의 문제, 신앙의 문제에 대해 질문할 수 있는 장소와 여건을 마련해 주는 노력이 필요하다. 부모로서도 이미 지방으로 이사를 오는 큰 결정을 한 데에는 다양한 원인과 동기들이 있다. 물론 다시 서울로 돌아가려는 세대들도 많겠지만 이웃들을 만나보면서 대부분은 이곳을 정착지로 삼고 정주하려는 가정들이 더 많다는 것을 느낀다. 신도시나 다른 위성도시처럼 잠시 거쳤다 가는 과도기라고 생각하면 아이들이나 부모들이 그 지역 자체에 관심을 두지 않으며 지역 단체들과 관계를 깊게 맺으려 하지 않는다. 이에 반해 새로운 유입된 세대들은 그보다는 조금 더 장기적인 생각으로 이주하는 경향이 많다는 것을 알게 된다.

이러한 지역적 상황을 고려하여 아이들과 젊은 부부들을 위한 다양한 접촉점을 만들기 시작했다. 처음에는 학원과는 구별되는 정체성을 가지고 초등학교 고학년 친구들과 얇은 영어책 원서 읽기를 시작해서 1년 이상 매주 지속해 왔다. 자연스럽게 어머니들을 알게 되고 아이들의 친구 어머니들을 자연스럽게 알아가게 되었다. 함께 사역하시는 백흥영 목사님은 원래 중어중문학과 출신이셔서 초등학교 저학년 아이들과 함께 매주 한자 모임을 시작했다. 그 사이 두 가정이 정기적으로 그림책을 연구하고 책을 선별하고 매입하면서, 자연스럽게 매달 주제를 선정하여 그림책 모임을 어른들과 아이들 따로 모임을 진행하게 되었다. 어떻게 아이들에게 책을 매개로 해서 육아할 수 있을지 실제적인 도움을 주기 위함이었다. 이러한 과정에 자연스럽게 육아의 고충과 새로운 환경에서의 적응의 어려움을 듣게 되었고 서로 격려해 줄 수 있는 '따뜻한 서점'으로 자리를 잡아가고 있다. 코로나 전에는 방학이 되면 아이들이 학원을 배회하는 대신에 다양한 책 모임, 보드게임 놀이, 일회적 이벤트 등을 통하여 자주 서점에 들르고 사랑방처럼 편안하게 원하는 강의를 들을 수 있도록 선택지를 가능한 한 많이 만들어 두었다. 6주간 70여 명의 아이가 방학 때 와서 느슨한 대안학교를 진행하기 시작했다.

주로 아이들의 이야기만을 했지만 장년 세대 중 퇴직 후 양평으로 내려와서 한적한 전원생활을 즐기시는 분들도 꽤 많이 생겨나고 있다. 서울 혹은 대도시에서 나름 전문성을 가지고 일하셨던 분들도 많아서 그들의 문화적 수준과 외국어 능력은 매우 높은 편이다. 이 분들을 위한 영어 그림책 수다 모임도 개설되었다. 어르신들이 모여 유창하지는 않지만, 영어로 대화하시고 영어책을 꼼꼼히 읽어가며 한 팀을 이뤄가고 있은 지 벌써 몇 년째이다. 매주 목요일 오전에는 어머니들을 위한 기초 영어 그림책 모임이 있다. 육아로 인해 경력 단절이 될 뿐만 아니라 배움의 기회조차 잃어버리고 살아가는 어머니들에게 작은 희망과 격려의 시간으로 진행되고 있다. 영어 배움도 배움이지만 그간의 어려움과 외로움을 토로하는 눈물의 장이기도 하다. 금요일 오전 어른들과 함께 매달 한 권의 책을 매주 분량을 나눠서 꼼꼼히 읽고 토론하기도 한다. 분량이 많거나 혼자 읽기 어려운 책들 위주로 진행하고 있는데 의외로 시간을 자유롭게 쓸 수 있는 남자분들의 참여도가 높다. 최근에는 코로나로 인해 줌으로 진행하고 있는데 모임에 관심이 있는 사람들이 다른 지역, 해외에서도 접속해 들어오고 있다. 그림책을 매개로 아이들과 책 놀이 혹은 토론 수업을 진행하고 있기도 하다.

처음에는 네 명의 책방지기가 각자가 할 수 있는 작은 재능들을 조금씩 활용하여 시작하였는데 이제는 이 좋은 취지에 동참하는 사람들이 늘어나고 있다. 그중 대부분은 교회공동체를 함께 섬기는 지체들이다. 또한 이웃 중에 미술사를 전공해서 대학에 출강하는 어머니, 바이올리니스트인데 출산 후 육아에 전념하는 선생님께서 각자 시간이 되는대로 정기적으로 아이들을 만나고 가르치는 일이 생겨났다.

주일뿐만 아니라 주중에 시간을 확보하는 것이 일상 속에 세대와 소통하는 중요한 단서인데, 시간을 확보하기 위한 좋은 구실, 콘텐츠가 필요한 것이다. 그리고 이웃들이 쉽게 이용할 수 있는 물리적 거리가 필요한 것이다. 이처럼 지방으로 이주하는 지금의 시대 속에 그리고 이 현상은 앞으로 더 본격적으로 가속화될 것인데, 새로운 교회와 사역을 준비 중인 사역자들이 꼭 한번 고민해 봐야 할 주제일 것이다.

4. 모두의 놀이터 자연

도시를 떠나 지방으로 옮겨가는 경우 덤으로 얻는 유익 중 자연이 주는 풍성함은 의외의 큰 수확이다. 최근 코로나로 인하여 기후 위기와 환경에 관한 관심이 높아져 가고 있다. 이미 지구는 인류가 사용해야 할 이상의 자원을 남용하고 낭비하고 있다. 최근 도시 내에서는 '퍼머컬쳐'(Permaculture)운동[15]이 일어나고, '제로 웨이스트' 운동[16]이 확산되고 있다. 생태 교육은 전 세대가 함께 자연스럽게 만나고 소통할 수 있는 좋은 도구가 되기도 한다. 전문적이고 이론적인 이야기보다는 필자가 서점 주변에서 하는 텃밭을 둘러만 봐도 쉽게 체감할 수 있다.

봄이 되면 서점에 놀러 오는 아이들과 함께 호미를 들고 텃밭 주변을 정리하고 함께 가지, 고추, 호박, 상추, 방울토마토, 옥수수, 감자, 고구마, 허브 종류를 심는다. 이제 이 아이들은 이 식물들의 친구가 된 셈이다. 자주 올 수밖에 없다. 자주 와서 함께 물을 주고

---

15 Toby Hemenway/이해성·이은주 역, 『가이아의 정원』(서울: 들녘, 2014).
16 소일, 『제로 웨이스트는 처음인데요』(서울: 판미동, 2021).

풀을 뽑기도 하고 함께 열매를 수확하는 기쁨을 누린다. 감자와 옥수수를 재배하면 다시 땅을 준비하여 배추와 무를 심어놓는다. 초여름에는 이웃들이 운영하는 블루베리 농장에 함께 찾아가서 일손도 거들고 블루베리를 따오기도 한다. 가을이 되면 분양받은 배나무에서 수백 개의 배를 따온다. 그리고 교회공동체 가정마다 나눠주기 위해 직접 아이들과 소분하는 작업을 한다. 상추, 오이, 가지는 몇 개만 심어도 너무 잘 자라기 때문에 책방에 오는 사람들에게 나눠주기 바쁘다. 좁은 땅이지만 경작을 통해 나의 것을 다른 사람들에게 기꺼이 나눌 줄 아는 베풂의 가치를 몸으로 배우게 된다. 최근에는 직접 꽃씨를 받아 겨우내 싹을 키우다가 봄에 다양한 꽃을 키우시는 이웃이 서점 옆에 자리를 잡으셨다. 매주 서점 내 아름다운 야생 꽃들이 빈 음료수병에 담겨 그 아름다움을 뽐내고 있다. 교육은 강의실에 앉아서 교육자가 피교육자에게 일방적으로 지식을 전달하는 뇌의 작용이 아니다. 일상 속에서 삶을 통하여, 몸을 통하여 이론과 더불어 체화하는 과정이 진정한 배움의 과정이다. 이 통합적인 교육과정 속에서 세대 간의 장벽이 사라지고 서로의 경험과 생각이 공유되고 전달되는 것이다.

5. 마을을 기반으로 한 목회

책방을 운영하면서 자연스럽게 주변의 이웃을 만나게 되고, 목회자 이전에 한 사람의 이웃으로 서로 알아가면서 신뢰가 쌓이기 시작했다. 그리고 이웃들은 우리의 생각과 신앙에도 관심을 두기 시작했다. 그렇게 모인 가정이 3년여를 지나면서 15가정 60여 명 남짓 된다. 대부분 가정이 서점과 그리 멀지 않은 곳에 살고 있기 때문에 사실 거의 매일 돌아가면서 얼굴을 본다고 해도 과언이 아니다. 서점, 도서관이라는 공공시설에 방문객으로 방문하면 언제나 책방지기이자 목회자 가정이 상주하고 있어서 자연스러운 만남이 가능하다. 최근 코로나로 인하여 비대면 예배만을 드려야 하는 주일이 늘어났다. 평소 주일에 모든 것을 해야 했던 전통교회 방식 혹은 교인들이 교회 주변에 살지 않기 때문에 주말에만 잠시 얼굴을 볼 수 있었던 교회 구조에서는 비대면 예배가 장기화할수록 속수무책으로 손을 놓을 수밖에 없다. 그러나 지역을 기반으로 한 작은 교회 공동체들은 주중에 가정별로 소규모로 계속해서 교제를 이어갈 수 있다. 코로나가 창궐하던 작년 부활주일에는 온라인으로 예배를 드린 후 두 목사가 성찬기를 들고 성찬 빵을 들고 교인들의 가정을 직접 방문하여 성찬 하기도 했다. 십여 가정을 돌면서 성찬을 나누고 기도하는데 30분이 채 소요되지 않았다. 이웃이고 가까이 있기에 가능한 사역일 것이다.

IV. 사람: 주중 성도이자 배움의 대상인 이웃

1. 주중 성도

교회와 목회자가 '세대 간의 소통'을 위해 노력한다고 할 때 또 한 가지 고민해야 하는 지점은 바로 '사역의 대상'이다. 보통 세대 통합 교육은 교회에 출석하는 아이들에게 어떻게 성경을 효과적으로 가르치고, 아이가 성장하는 데 도움을 줄 수 있을까 하는 질문에 국한된다. 그러나 안타깝게도 이제 교회에 출석하는 아이들이 줄고 있다. 인구의 절대 감소도 한 원인이겠지만 그 감소 속도보다 더 빨리 아이들이 교회에 오지 않고 있다. 그들은 여전히 존재한다. 그러나 교회 울타리 밖에서 말이다. 우리의 교회론에 대해 심각한 도전과 고민이 필요하다. '선교하시는 하나님'의 관점에서 하나님의 관심사가 오로지 교회 안에만 있지는 않다.[17] 그는 온 우주와 세계를 창조하신 창조주이시다. 자연을 포함한 온 피조세계의 회복과 구원에 관심이 있으시며 그중의 인류에 대한 애정은 성경을 통해서 잘 확인할 수 있다.

우리가 목양하고 사역하는 대상이 내가 속해 있는 지역의 이웃들이라는 생각의 확장이 필요하다. 양평 책방에서 주중에 만나는 그들 또한 목회자, 교회로서는 '주중 성도'인 것이다. 자연스럽게 일주일 대부분의 삶을 공유하는 이웃들에게 어떻게 그리스도의 사랑을 전하고 우리의 삶의 공명이 그들에게 전달될 수 있을지를 고민해야 한다. 우리 생각에 규모가 있는 교회나 종교단체가 세련된 시설을 만들고 위에서 언급한 부모들과 아이들의 필요를 채우면 된다고 생각하지만, 생각보다 비그리스도인이 교회의 영역 안으로 넘어오기는 쉽지 않다.

그리고 이웃과 대화할 때 가장 중요한 것은 '진정성'이다. 어떤 숨겨진 의도나 목적을 가지고 관계를 맺기 시작하면 얼마 지나지 않아 그 사람의 진정성과 신뢰를 의심받게 된다. 비그리스도인들이 목회자 혹은 그리스도인들을 만날 때 제일 먼저 보이는 반응은 '경계'이다. 우리의 행동과 말에 숨겨진 목적이 있으리라 의심하고 거

---

17 선교적 교회의 교회론에 대해서는 이 책의 1장 김도일의 글과 한국일, 『선교적 교회의 이론과 실제』 (서울: 장로회신학대학교출판부, 2019)를 참고하라.

리를 두는 것이다. 억지로 그들을 설득해서 교회 건물에 앉히는 것이 복음의 본질이 아니다. 복음의 본질은 예수 그리스도로 인하여 우리의 삶에 생명의 풍성함을 경험하는 것이며 그 안에서 하나님 나라를 누리는 것이다. 이 복음의 본질은 교회 건물 내에 국한되는 것이 아니라 그리스도인이 있는 모든 영역에서 드러나야 한다. 그러므로 주중에 우리가 일상 속에서 만나는 모든 이들이 사역의 대상이 아닌 복음의 풍성함을 함께 나누는 공유자이자 동역자이다.

2. 이중 언어 사용하기

일부러 감추는 것은 아니지만 서점에서 처음 만나는 이웃들에게나 자신을 소개할 때 책방을 운영하는 '책방지기'로 먼저 소개하지 '목사'로 나를 소개하지는 않는다. 행여나 그들이 가지고 있는 '목사'에 대한 부정적 인식이나 편견이 작용하기에 그렇다. 슬프지만 현재 한국에서 '목사'가 가지고 있는 이미지가 그다지 긍정적이지 않아 보인다. 목회자는 신학교에서 성경을 비롯하여 다양한 신학적 교리와 선교 이론들을 접하고 실습해 보기도 한다. 익숙해지면 무의식적으로 그리스도인들만의 은어, 용어를 사용하기 쉽다. 그러나 이웃들 대부분은 어색해하고 이해하지 못하는 용어들이다.

신학교에서 배우고 목회 현장에서 성찰을 통해 얻은 복음의 본질을 어떻게 일반적인 언어를 통하여 전달할 것인가는 현장 목회자가 끊임없이 고민해야 할 지점이다. 기독교적 텍스트나 성경이 아닌 일반 인문학책을 통해서 이야기 나누고 토론하지만 결국 그 의미와 방향성은 기독교적 가치를 함의하고 있을 수밖에 없다. 필자는 금요일 오전마다 어른들과 함께 매달 한 권의 책을 정해서 매주 정해진 분량의 책을 읽고 토론하는 시간이 있다. 일부러 혼자서 읽기는 어려운 인문 사회과학책들을 선정하는 편이다. 결국 이 세상에서 인류가 던지는 수많은 열린 질문들 앞에 목사는 과연 기독교적 입장에서 어떤 이야기를 던질 수 있을 것인가에 도전을 받는다. 『총, 균, 쇠』, 『사피엔스』, 『코스모스』, 『메타버스』 등과 같은 책을 함께 읽고 토론하면서 이웃들은 목사인 내가 어떤 생각을 하고 있는지 궁금해하기도 하고, 반대로 필자 또한 비그리스도인들이 이러한 인생의 질문에 대해 어떤 관점을 가졌는지 이해하고 배워가기도 한다.

파울로 프레이리는 '대화'의 정의에 대해서 교사는 일방적으로 가르치는 자가 아니라 학생들과 함께 배우는 자리에 있는 자이며, 서로 연결되어 함께 성장하는 과정이라고 말하고 있기도 하다.[18]

3. 이웃의 경험과 생각을 존중하고 활용하기

양평 작은 마을에서 책방을 통해 이웃과 소통한 지 이제 3년이 지나고 있다. 이제는 책방을 중심으로 한 인문학 교육뿐만 아니라 조금 더 마을 안으로 확장되어 들어가는 작은 모임을 진행하는 초기에 있다. '비폭력대화' 모임을 통해 실제 학교 현장에서 일어나는 학생들 간의 갈등, 학부모들 간의 갈등, 교사와의 갈등을 해결해 가는 방법을 공부하고 실제 현장에 적용하여 사용하기도 한다. 최근 들어 '혐오'라는 개념이 극단화되고 있는데 '이러한 사회 속에서 자녀들을 어떻게 키울 것인가?'는 모든 부모의 관심이기 때문이다. 환경운동의 하나로 양평 내에서 '제로웨이스트' 모임을 시작했다. 공

---

18 Paulo Freire/남경태·허진 역, 『페다고지』, 109-128.

동체 지체 몇 명이 주축이 되어 기후 위기에 대한 일반적인 강의를 듣고, 이미 잘 운영하고 있는 시설과 단체를 견학하고, 친환경 제품을 만들어 보기도 하며 실제로 양평 지역 내에서 실천할 수 있는 운동으로서 방향성을 모색해 가고 있다. 양평에서 수년 전부터 이미 네트워크를 형성해서 활발하게 활동하고 있는 협동조합과 함께 연대하기도 한다. 이러한 활동의 근간에는 결국 하나님이 우리에게 맡겨 주신 이 세계를 하나님 나라의 원리대로 회복시키고 정의롭고 공의롭게 하고자 하는 데 있다. 이러한 선교적 순수성을 목적으로 할 때 이웃들과의 모임에서도 더욱 진정성 있는 모습으로 참여하고 연대할 가능성이 생긴다.

함께 삶을 공유하는 과정에서 자연스럽게 그리스도인들의 가치관과 일상을 가까이에서 관찰하게 되고 매력을 느끼며 함께하고자 하는 마음이 생기는 것은 자연스러운 결과일 것이다. 실제로 다양한 활동을 통해 교회공동체의 지체가 되는 일이 생겨났다. 어떤 분들은 여전히 진리를 찾아다니는 소위 '구도자'이지만 그래도 진지하게 '기독교'에 대해 배우고자 성경공부를 요청하셔서 함께 10주간 주중에 한 번씩 시간을 내어 기독교를 소개해 주는 기회가 있었다. 서로서로 생각을 존중하고 서로의 생각을 들을 준비가 되었을 때 대화가 일어나고 배움이 일어나며 그에 따른 결과가 나타나게 되는 것이다.

V. 교육: 일상 속 전 세대를 아우르는 마을교육 공동체

'세대가 소통하는 교육 그리고 교회'라는 주제에 대해 단순히 주일날 교회에서 아이들에게 통합 성경공부를 한다는 제한적 의미를 뛰어넘어 우리가 먼저 고민해야 할 몇 가지 주제에 대해 짧게 살펴봤다. 전 세대가 함께 소통하기 위해서 먼저 시간의 영역에 있어서 주일뿐만 아니라 일상 속에서 자연스럽게 자주 만날 수 있는 환경을 조성하는 것이 중요하다. 장소적 측면에서도 지역을 근간으로 한 이웃으로서의 소통이 중요하며, 공통의 관심사를 기반으로 다양한 접촉점을 통하여 사람들이 함께 삶을 공유할 수 있는 '마당'이 필요하다는 점도 강조했다. 그리고 교회의 관심사가 교회 내부에만 있는 것이 아니라 교회가 위치한 지역과 이웃을 넓은 의미의 '성도'로 인식하고 함께 연대하며 하나님 나라의 원리를 회복해 가는 대상에 대한 인식의 전환이 필요하다는 점을 강조했다. 이를 위해 우리가 무의식적으로 사용하는 용어나 생각의 방향에 대한 점검이 필요하다는 점도 언급했다. 시간, 장소, 사람에 대한 이해 속에서 실제로 교회공동체가 어떻게 전 세대의 소통을 이어가고 있으며 자연스러운 신앙 교육 공동체로 성장해 가고 있는지 구체적인 사례를 통해서 한번 생각해 보고자 한다.

1. 공명교회의 일상

필자가 사역하는 공명교회는 교회 내에 서로를 부르는 특별한 직분이나 명칭이 없다. 주일에는 '목사'라고 부르는 것이 조금 더 익숙하기에 주일에 필자를 '목사'로 부르는 것 외에는 서로의 이름에 '님' 자를 붙여 부르며, 아이들은 이런 복잡한 체계가 아닌 '이모', '삼촌'으로 통일되어 불린다. 꼬마 친구들은 필자를 보통 '삼촌'으로 부른다. 주일도 예외는 아니다. 필자는 두 명의 자녀가 있다. 이제 고1 그리고 중2가 되었다. 몇 명의 이름을 언급하지 않을 수 없다.

첫째 윤서는 양평에 있는 공립고등학교에 다닌다. 정규수업이 끝나면 일주일에 한 번씩 게임 프로그래머인 성필 삼촌이 컴퓨터 코딩을 가르쳐 준다. 단순히 맛보기 정도가 아니라 실제로 업계에서 사용하고 있는 다양한 도구들을 알려 주고, 실제로 실습을 시켜 보기도 한다. 둘째 수아는 월요일 오후에 유튜브에서 꽤 유명한 기타리스트 성규 삼촌의 기타 수업을 듣는다. 화요일 저녁에는 미국에서 어렸을 때부터 살다가 대학을 졸업한 시연 이모와 함께 영어 토론 모임에 참여한다. 목요일에도 성실 이모와 함께 영어 공부를 하는 시간을 갖는다. 토요일에는 아빠와 함께 한 달에 한 권씩 매주 책을 읽고 있다. 최근에는 십여 명의 또래 친구들과 함께 철학책을 읽고 생각을 정리하는 글을 쓰고 있다. 중학교 체육 선생님인 호현 삼촌은 학기 중에는 조금 바쁘시지만, 방학 때는 매일 아침 7시에 공동체 중·고등학생들에게 농구, 배드민턴, 배구를 체계적으로 알려 주고 실제로 같이 시합하기도 한다. 시간이 되는 어른들도 같이 참여하면서 보조 교사의 역할을 하기도 한다. 작년 방학에는 호현 삼촌과 중·고등학생들이 함께 여행을 계획했다. 울릉도, 독도 탐방이었다. 주일 예배가 끝나고 아이들이 세운 여행 계획을 발표했고 마음이 동한 이모, 삼촌들의 찬조금이 쏟아졌다. 며칠간의 여행을 마치고 아이들은 호박엿과 명이나물을 선물로 사 들고 왔다.

공동체 초등학교 친구들은 주중에 '책보고가게' 서점에서 진행되는 프로그램 참여 시 교회의 지원을 받는다. 그림책 모임, 영어모임, 인문학책 모임, 한자 모임 등 다양한 프로그램에서 이모, 삼촌들을 만나고 함께 이야기를 나눈다. 초등학교 5학년인 소현이가 어느 날 기타를 들고 찾아왔다. 학기 말에 학교에서 장기자랑이 있는데 기타 연주를 하고 싶다는 것이다. 틈틈이 시간을 내서 기타를 알려

주고 성공적으로 아이유의 노래를 연주했다고 한다. 소스 레시피를 연구하는 인수 삼촌은 요리에 관심 있어 하는 홈스쿨 1학년생 이솜을 위해 다양한 요리강좌를 준비해서 일대일 맞춤 레슨을 진행해 준다. 유치원이 끝나면 거의 매일 책보고가게에 오는 하솜이와 함께 텃밭을 꾸미고 있다. 물을 주기도 하고 풀을 뽑기도 하며, 씨앗이 어떻게 자라는지 관찰하기도 한다. 갑자기 급한 일이 있어서 시연 이모가 6살 우주를 책보고가게에 맡기고 볼일을 보러 떠났다. 우주가 몇 권의 그림책을 뽑아 와서 읽어 달라고 한다. 같이 평상에 누워 책을 읽는 요즘 우주는 해양생물에 푹 빠져있다. 문어 흉내를 내며, 고래 소리를 내면서 책을 읽다 보면 어른인 나도 그림책의 재미에 흠뻑 빠져든다.

올해 대학생이 된 유진이를 백홍영 목사와 함께 만났다. 대학교에 가서도 수험생의 자세를 잃지 않고 열심히 공부하는 성실한 친구이다. 밥을 사 주면서 그간의 학교 이야기를 듣기도 한다. 책을 좋아하는 필자에게 본인이 후원하고 있는 철학 관련 독립 출판물을 수줍게 내민다. 얼마 전 현모 삼촌이 음악을 좋아하는 아이들을 모아 하남 문화회관에서 열린 기타 콘서트에 다녀왔다. 한참 기타와 밴드에 관심이 많은 사춘기 친구들에게 좋은 자극이 되었다.

중·고등학생들과 함께 청소년 알파코스를 진행했다. 함께 15~20분의 영상을 보고 기독교 기본 교리와 관련된 다양한 질문을 가지고 함께 토론했다. 질문하고 답하는 형식으로 신앙 교육이 진행되었다. 어른들은 수요일 저녁에 오프라인 혹은 온라인으로 한 달에 한 권씩 신앙 도서를 매주 함께 읽는다. 강의라기보다는 읽는 내용에 대한 소감을 나누고 몇 가지 질문에 대해 토론하고, 마치기 전 모임 인도자인 목사가 내용을 정리하는 정도이다. 매주 목요일 저녁에는 온라인으로 그림책을 읽고 가족끼리 함께 토론하는 시간이 있다. 오늘은 려원이와 하은이가 동물 울음소리를 내며 책을 재미있게 읽어 주었다. 그리고 '돌봄'에 대한 질문을 백 목사님이 던져 주셨다. 수아의 생각지 못한 대답을 들으며 기특하기도 하고 또 더 깊게 고민해야 할 주제가 생기기도 했다.

공동 거주를 하는 밀접한 생활 공동체는 아니지만, 근거리에 거주하는 이웃이기에 필요할 때는 쉽게 만날 수 있고 조금 더 만든 반찬을 가까운 지체들 가정과 함께 나누기도 한다. 오늘 저녁에도 필자는 신애 이모가 준 돼지고기와 승희 이모가 준 김치 그리고 예원이네가 준 가지와 고추로 멋진 저녁 한 상을 차려 먹었다.

작은 교회에서 주중에 일어나는 일들을 두서없이 적어보았다. 이 중에는 정기적으로 진행되는 모임도 있고 어떤 일들은 일회적인 행사도 있다. 그리고 여기에 다 언급되지는 않았지만 수많은 이모, 삼촌들이 알게 모르게 아이들을 챙기고 밥을 사 주고, 선물을 주며 이야기를 나누는 안전한 관계망이 그 바탕에 있다. 단순히 주일에 유아부, 유치부, 초등부, 유년부, 중고등부, 청년부, 장년부 등 나이에 따른 수평적 분화의 체계를 따르는 것이 아니라 전 세대가 유기적으로 엮여서 서로의 이모, 삼촌이 되어 주는 관계로의 소통을 하고 있다.

통합세대 교육은 특정한 시간, 특정한 장소, 특정한 프로그램으로 이루어지는 것이 아니라 일상 속에서 자연스러운 만남을 통해 무의식적으로 습관적으로 체화되는 과정이다. 근대 교육은 '돌봄'과 '교육'을 구분하려고 하였으나 실제 가정이나 작은 학교 운동에서는 돌봄과 교육의 통합 활동으로 접근하고 있다. 이분법적 접근이 아닌 돌봄과 교육이 함께 가는 방향성에 대해 고민해야 한다.[19] 코로나로 인하여 제도로서의 돌봄 시스템의 약점이 노출되었다. 역설적으로 세계화, 지구화를 외치던 신자유주의의 한계는 '지역', '마을'을 통해서 해소될 수 있다고 말한다. 다시금 마을공동체를 통한 교육과 돌봄이 강조되고 있다.[20]

VI. 나가는 말

이 글을 쓴 목적은 세대 간의 소통을 위해 치열하게 몸부림치는 현장의 이야기를 통해 교회와 목회자가 고민해야 할 지점에 대해 생각해 보고자 했다.

제일 먼저는 세대 통합 교육이 단순히 주일에 교회라는 특정 장소에서 프로그램이나 시스템으로 해결할 수 없다는 점이다. 교회 문화에 익숙한 나머지 무의식적으로 모든 생각의 출발점이 교회 안에서의 프로그램으로 생각하는 경향이 있다. 필자가 속한 양평이라는 지역은 그 지역이 갖는 '특수성'이 있을 것이다. 항상 어떤 구체적 사례를 드는 것은 생생한 현장감이 있지만 동시에 '보편성'에 있어서는 의문점을 남긴다. 그런데도 구체적인 사례는 그 현장을 통해 우리가 돌아봐야 할 '가치'가 무엇인지 생각하게 도와준다.

'세대와의 소통'을 위해 우리는 '시간'에 대해 심각한 고민을 해야 한다. 어떻게 하면 이 바쁜 현대인의 삶 속에서 일상을 공유하고 기꺼이 자신의 시간을 공유하고자 할지 기도하고 고민해야 한다.

---

19 심성보, 『코로나 시대, 마을교육 공동체 운동과 생태적 교육학』(서울: 살림터, 2021), 33-49.
20 위의 책, 53-60.

동시에 '장소'에 대한 고민이 필요하다. 만나고자 하는 교회 내 성도들과 이웃들에 대한 고민, 어떤 편안한 분위기의 장소에서 사람들을 지속해서 만날 수 있을지 연구해야 한다. 그리고 함께 소통하는 방법과 도구들은 어떠한 것이 있는지 돌아봐야 한다.

그리고 궁극적으로 내가 만나고 소통하고자 하는 대상에 대한 고민이 필요하다. 단순히 교회 내 성도들뿐만 아니라 일상 속에서 자주 만나는 이웃들에게 기독교 복음의 본질과 그에 따른 삶의 풍성함을 어떻게 나눌 수 있을지 창의적인 접근이 필요해 보인다.

이미 대도시에서 사역하고 있는 사역자라면 약간의 실망감이 생길 수 있다. 도시가 가진 장점과 동시에 약점으로 인하여 필자가 언급한 사례가 잘 맞지 않을 수 있기 때문이다. 그렇지만 본질적인 요소, '시간', '장소', '사람'에 대한 또 다른 특수한 상황 속에서의 재해석과 적용이 필요하다는 점에서 의미가 있을 것이다. 프로그램이나 시스템이 아닌 관계를 기초로 한 서로의 삶이 공유되고 서로 사랑하는 그리스도인의 공동체가 더 많이 생겨나길 소망해 본다.

이제 나는 너희에게 새 계명을 준다. 서로 사랑하여라. 내가 너희를 사랑한 것 같이, 너희도 서로 사랑하여라 너희가 서로 사랑하면, 모든 사람이 그것으로써 너희가 내 제자인 줄을 알게 될 것이다(요 13:34, 새번역).

● 함께 생각해 볼 질문

1. 내가 지금 속한 교회, 공동체에서 '세대 간의 소통'을 위해 실천할
   수 있는 것은 무엇일까?
2. 나의 상황 속에서 '시간', '장소', '사람'에 대한 새로운 해석이 어떻
   게 적용될 수 있을까?
3. 도시교회, 중대형 교회에서의 '세대 간 소통'은 어떻게 재해석 될
   수 있을까?

● 도움이 될 만한 자료

1. 심성보 『코로나 시대, 마을교육 공동체 운동과 생태적 교육학』. 서울: 살림
   터, 2021.
2. 조현. 『우린 다르게 살기로 했다』. 서울: 휴, 2018.
3. 짐 벨처. 『깊이 있는 교회』. 서울: 포이에마, 2011.
4. 한국일. 『선교적 교회의 이론과 실제』. 서울: 장로회신학대학교출판부,
   2019.

7장

MZ 싱글* 세대와 함께 살아가기

심경미**

I. 들어가는 말

결혼하지 않은 싱글들이 급격히 늘어나고 있다. 이미 2010년 통계청 자료에 의하면 서울과 수도권 20~40대 청장년 중 40~50%가 싱글로 나타났으며, 2015년 보건사회연구원, 통계청 자료를 살펴보면 국내 남성 미혼율은 25~29세의 경우 1995년 64.4%에서 2015년 90%로 급증했다. 같은 기간 30~34세(19.4%→55.8%), 35~39세(6.6%→33%), 40~44세(2.7%→22.5%) 연령층에서도 크게 올랐다. 여성 미혼율도 마찬가지다. 25~29세(29.6%→77.3%), 30~34세(6.7%→37.5%), 35~39세(3.3%→19.2%), 40~44세(1.9%→11.3%)에서 폭발적으로 증가했다.

---

* 이 글에서는 결혼하지 않은 사람을 '싱글'(single)이라 지칭한다. 요즘에는 결혼 상태에 있지 않음을 '비혼'(非婚)이라 부르기도 한다. 하지만 비혼은 결혼을 중심으로 결혼 상태에 있지 않음을 설명하고 있다. 나는 결혼 상태에 있지 않은 생활 방식이 결혼을 중심으로 혹은 결혼과 비교되어 규정되는 것을 원하지 않는다. 그래서 '비혼'보다는 '싱글'이란 용어를 선호한다. 싱글은 외래어이긴 하지만, 결혼과 상관없이 독립적인 존재로서의 생활 방식을 표현할 수 있고, 한국어로도 익숙하게 통용되기 때문이다.

* 우리고백교회 교육목사, 『싱글 라이프』 저자.

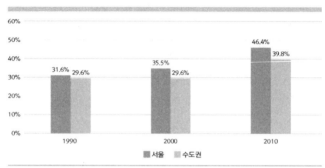

서울과 수도권의 20~49세 미혼 인구의 비중

자료 : 국가통계포털(kosis.kr)

미혼 인구 비율

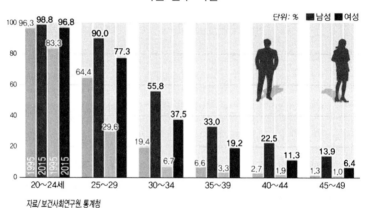

자료/보건사회연구원. 통계청

　　이렇게 결혼하지 않은 싱글이 급격히 늘어난 나이대는 MZ세
대와 일치한다. MZ세대는 밀레니얼(Millennials)의 M과 제너레이션
(Generation)의 Z가 합쳐진 말이다. M세대는 1980년대 초부터 2000
년대 초 출생한 세대, Z세대는 1990년대 중반~2000년대 초반 출생
한 세대이다. 이들은 대부분 사람들이 결혼하던 부모 세대와는 달리
결혼을 미루거나, 결혼해도 자녀도 많이 낳지 않고, 결혼하지 않고

싱글로 사는 사람도 많아지고 있다. 이들은 집단보다는 개인의 행복을, 미래보다는 현재를 중시하며 변화에 유연하고 새롭고 이색적인 것을 추구하며, 자신이 좋아하는 것에 쓰는 돈이나 시간을 아끼지 않는다. 이들은 '혼밥'과 '혼술'이라는 트렌드를 만들어 내고 결혼을 필수로 여기지 않는다. 교회는 이들의 필요와 삶의 변화를 읽어 내고, 증가하는 청장년 싱글과 소통하며 세심하게 대응하는 것이 필요하다.

이 글에서는 증가하는 MZ세대 청장년 싱글을 주목하여 교회가 이들과 함께하기 위해 어떻게 해야 할 것인가를 살펴보려 한다. 이를 위해 첫째, MZ세대 싱글이 마주한 삶의 현실과 이들의 의식을 살펴보고, 둘째, 이들이 교회에서 마주한 현실을 알아볼 것이다. 셋째, MZ세대 싱글의 건강한 싱글 라이프를 위한 팁을 생각해 보고, 넷째, MZ세대 싱글과 '함께하는교회' 공동체가 되기 위해 변화되어야 할 부분들을 나누어 볼 것이다.

II. MZ 싱글 세대가 마주한 삶의 현실과 이들의 의식 변화

1. MZ세대의 결혼과 삶에 대한 의식 변화

앞에서 언급한 것처럼 '요즘 세대'를 일컬어 MZ세대라 한다. M세대는 1980년대 초부터 2000년대 초 출생한 세대로 정보기술(IT)에 능통하며 대학 진학률이 높다. Z세대는 1990년대 중반~2000년대 초반 출생한 세대로 디지털 환경에서 자란 '디지털 원주민'이라는 특징이 있다. 통계청에 따르면 이 MZ세대는 2019년 기준 약 1,700만

명으로 국내 인구의 약 34%를 차지한다. 이들은 1990년대 경제 호황기 속에서 자라난 동시에 부모 세대인 X세대가 2000년대 말 금융위기로 인해 경제적 어려움을 겪는 모습을 보고 자랐기 때문에 안정성과 실용성을 추구한다.

「매일경제」가 취업포털 '사람인'과 함께 MZ세대 2030 미혼 직장인·구직자 1,600명에게 '결혼과 출산 의향'을 물어본 결과 '결혼은 (필수가 아닌) 선택'이라고 답한 비율은 전체 응답자 중 무려 71.9%에 달했다. '결혼은 선택'이라고 답한 이들 중에서도 '결혼을 하지 않을 가능성이 높다'는 답변이 47.9%로 가장 높았다. '할 가능성이 높다'고 답한 비율은 46.1%, '절대 안 한다'고 답한 비율은 6.0%였다. 전체적으로 보면 결혼 의향이 적거나 아예 없는 사람이 응답자의 10명 중 4명에 해당했다. 이들이 결혼·출산을 하지 않겠다고 한 이유는 '돈'·'시간'을 주요 이유로 꼽았다. 이들은 가정을 꾸린다면 돈·시간 부족으로 자신과 자녀의 삶이 불안해질 수 있다고 느끼고 있었다. 자녀 출산은 자신의 노후뿐 아니라 자녀의 미래가 자신보다 나을 게 없다는 두려움까지 이겨내야 하는 '용감한 선택'이 된 것이다.[2] MZ세대 청장년 입장에서 결혼과 출산을 기피하는 것은 자신들의 행복과 생존을 위한 그들 나름의 선택이라 보인다.

부모 세대는 결혼하고 자녀를 낳고, 자녀가 부모를 부양하거나 돌보는 방식으로 살아왔다. 그러나 이제 부모 세대 가치관과 생존 방식은 요즘 젊은 세대의 가치관과 생존 방식으로 통하지 않는다. MZ세대는 가족보다 개인을 중시하는 경향이 커지고 결혼하여 자녀를 낳을 경우 자녀 교육과 양육에 들어가는 비용을 현실적으로 따져

---

2 https://www.mk.co.kr/news/economy/view/2020/10/1018111.

보았을 때 소득이 불안정하거나 적으면 자신과 자녀의 생존이 어려워지고 행복한 삶을 살 수 없다고 두려워한다. 이러한 상황에서 청장년 싱글들에게 결혼과 출산을 강요할 수 없다.

2. MZ세대 청장년이 마주한 삶의 현실과 문화

MZ세대 청장년에게 취업과 주택 문제는 가장 큰 이슈이다. 행정안전부 자료에 따르면 2020년 1인 세대는 900만 세대를 넘었다. "국내에서 '1인 세대' 시대가 가속화하는 가장 큰 이유로 집 문제가 꼽히고 있다. 수도권의 집값 폭등 여파로 아파트 청약 등을 위해 '한 지붕 두 세대'의 세대 분화를 택하는 집들이 급증해서이다 … 1인 세대 증가세가 20·30대에서 두드러지는 것 또한 결혼이나 독립 등을 앞두고 먼저 세대 분화를 하는 세태를 보여주는 분석이다."[3]

한편으로는 집, 일자리, 정서적 독립을 위해 1인 세대, 1인 가구가 늘어나고 있다. 하지만 다른 한편 싱글 가구로 살기 위해 또는 결혼을 위해서는 소득과 주거 등 독립된 경제 생활을 할 수 있는 능력이 필요하다. 그러나 불안정한 고용시장, 고비용의 주택 문제는 이들이 결혼하는 것도, 혼자 사는 것도, 연애하는 것도 힘들게 만든다. 이러한 청장년 삶의 현실을 대변하는 N포 세대, 즉 청장년층이 주거·취업·결혼·출산 등 인생의 많은 부분을 포기한다는 의미의 신조어도 나왔다. 젊은 청장년 세대가 자력으로 자기 집을 소유한다는 것은 불가능에 가깝다. 그리하여 많은 사람이 주거 공간을 빌려 살거나 혹은 공유 주택 등으로 함께 사는 형식을 택한다.

---

3 https://news.joins.com/article/24053433.

MZ세대 청장년은 현재 상황에서 자신들의 삶을 살기 위해 다양성을 추구하고, 나름의 방식으로 참여를 통해 사회에 기여하는 것을 소중하게 여기며, 후렌드(who와 friend의 합성어)/느슨한 관계망을 선호하고, 재미있는 놀이에 집중하며, 과잉보다는 절제적 소비로 실천하는 스마트 소비를 한다. 이들은 타인의 취향은 존중하면서도 자신의 의견을 개진하는데도 거침이 없다.

사회가 변화하고 경제적 요인, 결혼과 삶에 대한 인식 변화 등 복합적인 요소들이 서로 맞물리면서 청장년 싱글들이 결혼하지 않는 이유를 2015년 한국보건사회연구원 자료를 통해서도 살펴볼 수 있다.

자료를 통해 결혼하지 않는 이유로 가장 주목해서 볼 것은 여성, 남성 모두 결혼할 생각이 없어서 결혼하지 않는다는 비율이 여성 23.6%, 남성 20%로 가장 높게 나타나는 것이다. 아울러 남성의 경우 결혼하지 않는 이유로 결혼했을 때, 주거 및 결혼 생활 비용에 대한 경제적 부담이 크게 작용하고, 여성들은 결혼 생활로 인한 사회 활동 위축 및 가부장적 가족문화에 대한 부담을 크게 느끼고 있다. 아울러 여성과 남성 모두 자신의 삶에 충실하고 자유롭게 살고자 하는 욕망도 결혼하지 않는 이유로 들고 있다.

청장년 싱글들은 경제적, 사회적으로 결혼을 통해 삶의 질이 높아지지 않는 한 결혼을 쉽게 결정하지 않을 것임을 보게 된다. 따라서 이들을 '결혼 대기자, 미혼자'(결혼 중심적 사고에서 아직 결혼을 하지 않았다)로 간주하며, 이들의 현재 삶의 방식을 존중하지 않는다면, 이들과 의사소통이 잘 안 될 것으로 보인다.

결혼하지않는이유별(1)	결혼하지않는이유별(2)	2015		
		전체	남성	여성
응답자수 (명)	소계	288	110	178
경제적 요인 (%)	소득이 적어서	6.3	7.3	5.6
	실업상태여서	2.8	6.4	0.6
	고용상태가 불안정해서	2.1	3.6	1.1
	집이 마련되지 않아서	0.7	1.8	0.0
	결혼비용(혼수비용 등)이 마련되지 않아서	2.4	3.6	1.7
	결혼 생활의 비용에 대한 부담이 커서	7.3	14.5	2.8
사회적 요인 (%)	결혼으로 인한 직장 내에서의 불이익	0.7	-	1.1
	결혼생활과 직장일을 동시에 수행하기가 어려울 것 같아서	2.8	-	4.5
	결혼생활로 인하여 본인의 사회활동 지장이 있을까봐	4.2	1.8	5.6
가치관 (%)	아직 결혼하기에는 이른 나이이므로	3.5	1.8	4.5
	결혼에 적당한 나이를 놓쳤기 때문에	3.5	2.7	3.9
	상대방에 구속되기 싫어서	10.4	9.1	11.2
	결혼보다 내가 하는 일에 더 충실하고 싶어서	9.0	4.5	11.8
	본인의 기대치에 맞는 사람을 만나지 못해서	11.5	9.1	12.9
	교육을 더 받을 계획이어서	1.0	1.8	0.6
	결혼을 하면 응당 아이를 낳아야 하는 상황이 부담스러워서	1.0	1.8	0.6
가족 요인 (%)	결혼제도가 남편 집안 중심이기 때문에	3.1	-	5.1
	장애 또는 만성질환을 경험하는 가족 수발 때문에	1.0	1.8	0.6
건강 (%)	건강문제·장애 때문에	1.7	2.7	1.1
기타 (%)	시간이 없어서(바빠서)	1.0	1.8	0.6
	형이나 언니가 아직 미혼이어서	0.3	0.9	-
	결혼할 생각이 없어서	22.2	20.0	23.6
	이성을 만날 기회가 없어서	1.4	2.7	0.6

〈한국보건사회연구원〉

3. 다양한 가족 형태에 대한 수용성 증가

우리 사회에서 다양한 가족에 대한 수용도가 꾸준히 높아지고 있다. 여성가족부는 2020년 5월 말 전국 17개 시·도에 거주하는

만 19세 이상 79세 이하 1,500명을 대상으로 "가족 다양성에 대한 국민 인식 조사"를 실시하고, 그 결과를 30일 발표했는데 「우먼타임즈」는 자료를 인용하여 다음과 같이 말하고 있다. "가족 개념이 전통적 혼인·혈연 중심에서 확장되고 있는 것으로 나타났으며, 다양한 가족에 대한 사회적·개인적 수용도가 전반적으로 상승했다. 응답자의 69.7%가 혼인·혈연관계가 아니더라도 생계와 주거를 공유한다면 가족이 될 수 있다고 답했다. 39.9%는 함께 거주하지 않고 생계를 공유하지 않아도 정서적 유대를 갖고 있는 친밀한 관계이면 가족이 될 수 있다고 대답했다." 가족에 대한 전통적 개념, 즉 결혼 그리고 혈연으로 맺어진 가족이라는 개념이 생계와 주거를 함께하는 사람들을 가족으로 간주하는 것으로 가족 개념이 느슨해지고, 확장되며, 타인에 대한 수용도, 다른 사람의 삶의 방식에도 수용도가 높아지고 있다.

MZ세대 특징 중 하나로 '다만추 세대'가 언급된다. 이는 '다'양한 삶을 '만'나는 것을 '추'구하는 세대라는 뜻으로 자신뿐 아니라 주변의 다양한 삶의 형태에도 관심을 가지며, 이를 통해 나의 가능성을 확장한다는 의미이다. 이들은 TV 속의 삶보다는 다양한 SNS를 통해 일상적인 사람들의 삶을 살펴보고, 다른 이들의 삶을 방식을 존중하며 이를 통해 자기 삶의 변화를 생각해 본다. 따라서 교회공동체는 사람들의 삶과 인식변화를 살피고 수용성을 높이며, 핵가족이 아닌 다른 삶의 방식으로 사는 사람들에게 핵가족 모델을 강요할 것이 아니라 이들의 현재 삶의 방식에 대한 이해와 수용 그리고 다양한 가족 형태, 사람들의 생활 방식, 생존 방식을 존중하는 것이 필요하다.

다양한 가족에 대한 사회적 수용도

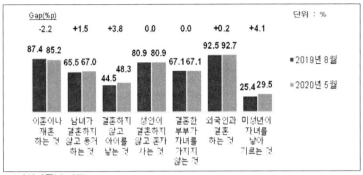

〈여성가족부 자료〉

III. MZ 싱글 세대가 교회에서 마주한 현실

1. 목회적 돌봄에서 소외되고 방치되고 있는 청장년 싱글

청장년 싱글들 가운데 공부하고 일하고 교회 활동 열심히 하다 보니 어느새 나이가 30대 중반, 40세를 넘어갔다고 말하는 사람들을 만난다. 그런데 교회공동체는 이들의 삶을 있는 그대로 존중하고, 돌보기보다는 결혼 스트레스를 주거나 불효하는 사람, 뭔가 부족한 사람으로 낙인찍는 것을 용인하곤 한다.

교회공동체는 전반적으로 결혼 중심적 체계로 운영된다. 아이들을 위한 교회학교, 30세 전후 결혼 때까지 머무는 청년부, 결혼한 부부 중심 장년부 체계이다. 이런 교회 환경에서 결혼 상태에 있지 않은 청장년 싱글은 자신이 소통하고 교제할 만한 마땅한 공동체를 찾지 못하고, 방황하다 조용히 교회를 떠나는 경우도 많다. 특히 어려서부터 교회를 다니고, 교회학교와 청년 시절을 교회공동체에서 보낸 싱글은 30대에 들어서면서 어느 순간 자신이 속한 교회공동체에서 소외됨을 발견하고 당황하며 교회를 떠나는 아이러니가 발생하기도 한다.

교회공동체에서 자란 사람도 이런 상황을 맞이하니 신앙생활을 하지 않던 청장년 싱글이 새롭게 교회공동체에 진입하여 신앙생활을 하는 것은 더더욱 어려운 분위기이다. 그리하여 청장년 크리스천 싱글들은 자신의 존재를 드러내지 않고 조용히 예배만 출석하다 아예 교회를 다니지 않는 '가나안 성도'가 되거나 신앙을 떠나는 사태가 발생한다. 이런 사태가 이미 오래전부터 교회공동체에서 발생하고 있으나, 교회 리더들은 여전히 이들을 '결혼 대기자'로 간주하고 방치한다.

2. 청장년 싱글 성도에 대한 배려가 아쉬운 교회공동체

교회는 전통적으로 결혼, 가족 중심 가치관과 공동체를 중시했다. 하지만 현대 교회가 처한 현실은 사뭇 다르다. 요즘에는 싱글 자녀나 가족을 둔 목사님, 장로님, 중직자, 일반 성도를 쉽게 본다. 이들은 자신의 자녀나 가족이 결혼 상태에 있지 않다는 이유로 사람들에게 평가절하당할 때 싱글 자신들뿐만 아니라 가족들 또한 상처받곤 한다. 성인 싱글들은 나와 상관없는 사람들이 아니라 나의 자녀, 형제, 자매, 친척, 친구, 교회공동체 일원임을 기억해야 한다.

성서에 보면 예수님, 바울, 빌립의 네 딸도 싱글로 살았다. 이들이 결혼하지 않고 싱글로 산다고 해서 교회공동체에서 소외당하거나 평가절하당하지 않았다. 그들은 싱글로 살면서 가족에 구애받지 않고, 교회 리더로 왕성하게 일했고 헌신했고 존중받았다. 우리는 성서에서 예수님도 바울도 결혼뿐만 아니라 결혼하지 않고 사는 삶에 대해 존중해 주시고, 각자 삶의 자리에서 하나님과 교회공동체를 섬기라 말씀하신 것을 발견한다(마 19:12, 고전 7:25-38). 예수님과 사도 바울에게는 '결혼을 하느냐 하지 않느냐'를 논하는 생활 방식이 중요한 것이 아니라, '하나님을 신실하게 섬기며 사는 삶'에 초점이 있다. 또한 예수님은 "누구든지 하늘에 계신 내 아버지의 뜻대로 하는 자가 내 형제요 자매요 어머니이니라 하시더라"(마12:49) 말씀하셨다. 그리스도인의 삶은 혈연과 결혼, 후손을 통한 삶에 의존하는 삶이 아니라 하나님께 의존하는 삶이다.

어떤 사람들은 예수님이나 바울, 빌립의 네 딸은 특별한 경우이고, 당신은 평범한 사람이니 무조건 결혼해야 한다고 강요하는 사람도 있다. 현시대에는 특별한 사람들이 싱글로 사는 것이 아니라 앞에서 통계 수치에서도 드러나듯이 극히 평범한 사람들이 싱글로 산다. 사람들의 의식이 바뀌고 사회와 문화가 변화되면서 이에 맞추어 사람들의 생존·생활 방식이 변화된 것이다. 부모 세대까지만 해도 결혼해서 자식을 많이 낳는 것이 생존과 풍요로운 삶에 유리하다 여겨졌다. 하지만 의학 기술의 발전으로 낮아진 영아 사망률, 피임 기구, 기술 발달, 고도의 기술과 도시의 발달, 교육 수준이 높아지고 의식이 변화되었다. 이에 따라 사람들은 이제 자신의 삶을 중시하고, 아울러 자녀들의 삶에 대한 책임감과 질도 고려하게 되면서 요즘 젊은 세대들은 결혼해도 자녀들을 적게 낳고, 싱글로 살기를 선호하기도 한다.

이러한 사람들의 의식 변화, 생존 방식, 삶의 방식에 대한 이해 없이 어떤 교회공동체에서는 여전히 싱글에게 결혼에 대한 압박과 편견을 싱글들이 당연히 들어야 할 소리라 여기기도 하고, 싱글은 결혼한 사람들이 하는 훈수와 이야기에 동조해야 한다고 보는 사람들이 많다. 이러한 교회 분위기에 싱글은 무기력함과 참담함을 느낀다.

교회공동체 안에서 함께 교류하며 사는 싱글들을 '결혼' 이슈로 소외시키고, 그 가족들을 불편하게 하는 것은 무례한 것이다. 싱글에게 결혼해야, 곧 현재 삶의 방식을 바꿔야 사랑받고 인정받을 수 있다 말하는 것은 싱글을 차별하고 무시하는 것이다. 이것은 각 사람을 있는 모습 그대로 받아 주시는 하나님의 사랑과 정의에도 위배된다. 모든 사람은 각자 자기 삶에 책임감을 갖고 살아야 한다. 자기 삶이 아닌 다른 사람 삶에 지나친 간섭이나 변화를 요구하는 것은 성숙한 시민의식이 아니다. 우리는 그리스도 안에서 한 몸이고 지체이다. 싱글을 배려하며 함께 사는 노력을 하지 않을 때, 이는 결국 나의 고통과 아픔으로 연결된다. 이제 하나님 사랑과 이웃 사랑을 전하는 교회공동체는 싱글에 대한 몰이해와 폄하로 사람들에게 상처를 주고 소외시키는 일을 멈추고, 이들을 하나님의 사랑으로 품고 함께 사는 방법을 모색해야 한다.

3. 싱글 라이프에 대한 몰이해

결혼과 가족 중심이 되는 사회에서 싱글은 독립된 사람으로 상정되기보다는 '결혼 대기자', 미완성의 사람으로 여겨졌다. 이는 결혼 중심적 입장에서의 싱글 이해이다. 싱글의 관점에서 싱글은 독립된 개인이며 온전한 사람이다. 싱글로 사는 것은 가장 기본적이고 원초적인 삶의 방식이다. 싱글 라이프는 나와 상관없는 삶이 아니다. 싱글 라이프는 현재 싱글에게는 실존적인 삶의 방식이며, 현재 결혼 상태에 있는 사람에게도 그들이 언젠가는 다시 맞이할 삶이다.

모든 이의 삶의 주기 중 싱글 라이프는 일정 기간 존재한다. 태어날 때도 혼자이고, 결혼하기 전까지도 혼자이며, 결혼하지 않거나 이혼, 사별하면 언젠가 다시 싱글 상태로 돌아간다. 모든 사람에게 싱글로 사는 삶의 주기는 상대적으로 길거나 짧거나 하는 차이만 있을 뿐이다. 경제협력개발기구(OECD) 보건 통계에 따르면 2017년 한국 남성 기대수명은 79.7년, 여성은 85.7년으로 노년에는 여성 싱글이 더 많다. 현재 결혼 상태라도 배우자가 먼저 죽으면 싱글로 자연스레 돌아간다. 그러므로 싱글 라이프를 편견 없이 받아들이며, 결혼 여부와 상관없이 독립된 삶으로, 나의 삶의 일부로 이해해야 한다.

에릭 클라이넨버그는『고잉 솔로: 싱글턴이 온다』에서 "21세기 들어 최초로 미국 성인들 가운데 다수가 독신이고, 성인이 되고 나서 결혼한 상태로 지내는 시간보다 결혼하지 않고 보내는 시간이 더 많으며 그 시간의 상당 부분은 혼자 살면서 보내고 있다"라고 언급한다. 이러한 현상은 단지 미국이나 유럽뿐만 아니라 우리나라에서 마찬가지이다. 싱글 라이프는 결혼 대기 삶이 아니라 그 자체로 독립적인 삶의 방식이다.

싱글 라이프에 대한 편견을 버리고 독립적인 삶의 방식으로 이해하는 싱글 라이프 교육은 어려서부터 자연스럽게 이해되는 것이 좋다. 그리할 때 나이 들어 싱글로 계속 살아도 당황하지 않고 독립적이고 건강한 자기 삶을 살 수 있다. 어떤 분들은 싱글 라이프 교육을 언급하면 결혼하지 말고 혼자 살라는 이야기를 하는 것이라는 선입견을 갖고 오해한다.

싱글 라이프에서는 결혼하지 말고 혼자 살라는 이야기를 하는 것이 아니다. 싱글 라이프에서는 독립된 성인으로 결혼 여부와 상관없이 자기 삶을 가꾸고 홀로 서야 한다는 것을 말한다. 각 사람이 독립적으로 자신의 삶을 잘 살아 나갈 수 있을 때, 결혼해도 자기 삶에 책임감을 갖고, 동시에 배우자와 다른 사람들과 삶을 공유하며 잘 살 수 있다. 아울러 싱글 라이프 교육은 현재 싱글인 사람들만 위한 것이 아니며, 현재 싱글 상태가 아니더라도 삶의 주기에서 언젠가 다시 맞이하게 될 삶에 대해 이해하는 과정이다.

싱글 라이프에 대한 고정관념과 편견을 걷어낸 새로운 이해는 사람들이 지니고 있는 싱글 라이프에 대한 막연한 두려움이나 왜곡된 관념들로부터 사람들을 자유로워지게 한다. 현재 싱글인 사람은 각자 입장에서 느끼는 감정이나 생각, 삶을 함께 나누며 자신이 혼자가 아님을 알고 공감대를 형성하고 각자 삶의 자리에서 어떻게 살아야 할지 안내받을 수 있다. 또한 결혼한 사람들은 자신이 싱글의 삶을 살았을 때 어려웠던 일들을 떠올리며, 현재 싱글로 사는 사람들의 삶을 더 이해하고 공감해 주기도 한다. 아울러 결혼한 사람들도 싱글 라이프가 자신과 상관없는 삶이 아니라 자신도 언젠가는 맞이하게 될 삶임을 깨닫고, 싱글 라이프에 대해 관심을 갖고 함께 살지만 동시에 독립적인 삶에 대해 생각해 보는 계기가 된다.

싱글에 대한 고정관념과 편견은 인내와 이해, 용납으로 문제가 해결되지 않는다. 교회공동체가 적극적으로 싱글 라이프 이해를 통해 싱글에 대한 오해와 편견 해체를 위한 교육과 성숙한 시민의식을 기를 수 있도록 힘쓰고, 서로 배려하며 함께 사는 사회를 만들어 갈 수 있도록 의식 개혁에 힘써야 한다. 목회자 그리고 모든 교회 성도가 싱글 라이프를 자기 삶으로 받아들이고 이해하고 배려하며 싱글들과 함께 사는 노력을 시작할 때 공동체에 함께 속한 다양한 싱글들, 싱글의 가족들 그리고 언젠가는 나의 삶이 될 싱글 라이프에 대해 편견 없이 대하고 생각하며 준비할 수 있다.

IV. MZ 싱글 세대의 건강한 싱글 라이프를 위한 제언

1. 결혼과 삶에 대한 입장 정리

요즘에는 결혼하지 않고 싱글로 살아갈 것이라며 공개적으로 '싱글 선언'하는 사람도 점점 늘어난다. 하지만 결혼 이슈는 '싱글 선언'한다 해서 매듭지어지는 것도, 항상 지켜지는 것도 아니다. 삶의 시기에 따라 결혼, 삶에 대한 이해와 방향성은 바뀔 수 있다. 따라서 결혼과 상관없이 자신의 삶 전체에 대한 그림을 그려보고, 결혼에 대한 생각도 정리해 보는 것이 지혜롭다.

청장년 싱글들은 서른이 넘어가면서 결혼에 대해 한 번쯤 생각해 본다. 여성은 가임기라는 실제적이고 현실적인 사안 때문에 아이를 낳을 생각이 있다면 30대 중반 전후로 결혼에 대한 고민이 깊어진다. 어떤 사람은 결혼에 대한 생각을 직면해 자신의 입장을 정리해 보라 권하면 두려워하거나 회피한다. 결혼에 대한 입장 정리는 자신의 삶을 어떻게 살 것인가와도 밀접히 연결되어 있다. 결혼에 대한 생각이 정리되지 않으면, 지금 현재 삶에 온전히 집중하지 못하고 막연히 '결혼 대기 인생'을 살면서 삶이 어려워질 수도 있다. 어떤 여성은 막연하게 결혼 중심으로 분절된 삶을 전제하고 직업이나 재정 계획을 세우기도 하고, 현재 삶에 집중하지 않는 사람도 있다. 이는 싱글로 살지만, 결혼에 현재 삶이 저당 잡힌 것이며 바람직하지 않다.

인생 전체에 대한 큰 그림 없이 근시안적, 결혼 중심적 삶을 살다가 싱글의 삶이 길어지면 당황하고, 현재를 잘 살지 못하며 미래에 더 불안을 느끼게 된다. 역설적으로 결혼에 대한 입장을 정리해 보면, 무의식적으로 결혼에 붙들렸던 마음이 자유로워지며, 현재 삶에 충실하게 된다.

결혼 여부와 상관없이 삶은 계속 흘러간다. 그러므로 현재 결혼 여부와 상관없이 평생 무엇을 하며, 어떻게 살아갈지에 대한 성찰과 인생 전반에 대한 점검이 필요하다. 예를 들면 30대 중후반이 되면 결혼뿐만 아니라 현재 하는 일이나 직업이 장기적으로 할 수 있는 일인지, 현재 일을 지속적으로 할 것인지, 이직을 해야 하는지 등 경제적인 상황과 일의 연속성에 대해서 점검해야 한다.

노후도 생각하며 소비와 저축도 규모 있게 해야 한다. 또 안정된 주거 공간 확보와 건강관리도 필요하다. 결혼하지 않고 사는 것이 꼭 혼자 사는 것을 의미하지는 않는다. 누구와 함께 혹은 관계를 맺으며 살 것인지에 대해서도 생각해 보아야 한다. 요즘 젊은 세대는 현재가 중요하고, 지금의 삶도 팍팍하기에 미래나 노후에 대해 생각할 여유가 없으며, 주택값이 너무 비싸 안정된 주거 공간을 마련하기도 어렵다 말한다. 그러나 삶의 실제적인 부분들을 직면해서 살펴보고 조금씩이라도 현실적으로 대처하고 준비하는 것이 필요하다. 결혼 여부와 상관없이 위의 사항들은 다 확인해야 하는 부분이다. 이런 것들을 구체적으로 살펴보다 보면 삶이 그냥 만들어지는 것이 아니며, 나의 삶을 다른 사람이나 결혼에 의존할 수 없으며, 내가 책임져야 한다는 것을 온몸과 마음으로 느끼게 되고, 삶의 자세를 다잡게 되는 계기가 된다.

2. '나답게' 살기 위한 '싱글 라이프' 공부

청장년 싱글이 독립적으로 홀로 서며, '나답게' 현재를 어떻게 잘 살 것인가에 대한 관심과 실천보다는 자신의 현재 삶인 싱글 라이프를 회피하거나 막연히 두려워하고, 결혼을 기다리거나 환상을 가지며 현재 삶에 집중하지 못하는 경우가 있다. 이러한 상황을 반영하듯 현재 결혼 상태에 있지 않은 청장년 가운데 현재 자신의 삶인 싱글 라이프 보다 결혼 관련 책이나 세미나에 적극적 관심을 갖는 경우도 많다. 거기다 싱글 세미나는 싱글로 살기 작정한 사람들이 참여하는 것이라는 편견도 있다. 또한 싱글들이 자발적으로 세미나에 참여하려 해도 주변에서 말리거나 다른 사람 시선으로 인해 참석을 못 하는 경우도 있다. 이로 인해 청장년 싱글은 현재 자신의 삶을 잘 가꾸거나 살피지 못하고, 결혼에 현재 삶을 저당 잡히거나 유기시키며 사는 안타까운 경우도 발견한다. 이는 결혼 중심적 관점에서 보는 '싱글 라이프'에 대한 편견이 그대로 청장년 싱글에게 반영된 것이다.

청장년 싱글에게 싱글 라이프는 실존적인 현재 삶이다. 스스로 홀로 서지 못하며 현재 삶이 행복하고 풍성하지 못한데, 결혼한다고 자동적으로 잘 살 수 없다. 현재 삶을 직면하여 잘 살아내는 것이 현재에도 미래에도 가장 좋은 선택이다. 현재 삶은 계속 지나가고 다시 돌아오지 않는데, 자신의 삶을 결혼에 매여 현재 싱글 라이프의 소중함을 알지 못한다면 인생의 소중한 지금이란 시간을 놓치고 살게 되며 당연히 삶의 질도 저하된다.

3. 자신을 사랑하고 수용하며 당당히 살기

어떤 사람은 자신이 싱글임에도 싱글에 대한 고정관념과 편견을 내면화하여 자존감이 낮아지고 힘들어한다. 자신을 사랑하고 당당히 살아가는 사람은 싱글에 대한 편견에 매몰되어 위축되거나 그 편견에 자신을 방치하지 않는다. 싱글에 대한 편견으로 위축될 때 다음과 같은 질문을 해 본다. 첫째, 지금 나는 누구의 시선으로 나를 바라보는가? 내 모습 이대로 나를 사랑하는 하나님의 시선으로 나를 바라보는가? 아니면 결혼 중심 사회에서 싱글을 미운 오리 새끼로 전락시키고 괴롭히는 시선으로 나를 보고 있는가? 나를 품어 주고 사랑하는 하나님의 시선으로 자신을 바라보고 수용할 때 편견으로부터 자유롭게 되고, 내 모습 이대로 멋지고 당당하게 살아갈 수 있다. 둘째, 결혼도 싱글 삶도 각기 장점과 단점이 있음을 인지하고, 사람들의 판단이나 편견에 위축되지 말고 내 삶의 중심을 잡고 살아야 한다. 싱글에 대한 편견에 휘둘리지 않기 위해서는 나의 삶을 쪼그라들게 하는 싱글에 대한 왜곡된 시각과 편견이 사실인지 질문하고, 잘못된 관점을 교정해 나가는 작업들이 필요하다. 싱글로 자신을 사랑하고 당당히 살아가는 것은 그냥 되는 것이 아니라 자신의 삶을 사랑하며 직면하고 수용하는 데서 시작된다.

자신을 사랑하고 있는 그대로 수용하는 사람이 혼자서도, 결혼해도 잘 살 수 있다. 자신에 대한 이해와 성찰이 없고 현재 삶에 만족하지 못하면, 싱글로 살든지 아니면 결혼을 할지라도 행복할 수 없기 쉽다. 어떤 사람은 두려움에 자신을 숨기거나 부정하며 다른 사람의 기대에 맞추어 사는 사람도 있다. 하지만 자신의 욕구나 필요를 숨기고, 자신을 있는 그대로 받아들이지 못하는 사람은 내적 갈등과 혼란으로 어려움을 겪는다. 결혼 여부와 상관없이 자기를 성찰하고 자신을 알아가며 자기 삶을 가꾸어 가야 한다. 아울러 자신을 있는 그대로 사랑하고 수용하는 용기가 필요하다. 자기 사랑은 자신의 욕구만 이기적으로 챙기는 것이 아니라 자신의 단점과 연약함 또한 자신의 모습임을 받아들이는 것이다. 진실한 자기 이해와 수용에 삶의 뿌리를 내리고 살 때 내적 평안을 누리며 다른 사람도 수용하고 이해할 수 있다.

4. 싱글 라이프 유익 누리기

싱글이 늘어난다는 것은 현대 삶을 살아가는 데 싱글 라이프가 주는 유익과 혜택이 있으며 결혼하지 않고 살 수 있는 상황과 환경이 조성되고 있음을 의미한다. 싱글은 배우자와 자녀의 필요나 요구로부터 자유로울 수 있다. 또한 자신만의 시간과 공간을 확보함으로 자기가 원하는 삶을 주도적으로 만들고, 자기 계발에 시간을 투자할 수 있다.

우리는 지금, 현재라는 시간과 공간에 살고 있다. 따라서 지금 싱글로 보내는 시간에 집중하고 소중히 여기며, 현재 내게 주어진 시간과 공간에서 할 수 있는 것들을 미루거나 주저하지 말고 시도해 본다. 지금 지나간 순간은 다시 돌아오지 않음을 기억하자. 현재 싱글의 삶을 주도적으로 이끌어 나가며 사람들과 다양한 만남을 갖고 네트워크를 구성해 본다. 공부, 운동, 봉사활동, 여행, 악기 배우기, 식물 키우기, 글쓰기, 요리 등 다양한 활동을 하면서 자신도 가꾸고, 다양한 사람들과 연결되면 삶의 활력소가 된다. 새로운 일이나 취미생활을 하면서 사람도 만나고, 새로운 것도 배우면 자신감도 생기고 시야가 넓어진다. 싱글로 살아가면서 가족에 구애받지 않고 새로운 것들을 시도하고 도전해 볼 수 있는 것은 큰 선물이며 자산이다.

어떤 사람은 재정도, 마음의 여유도 없다며 아무것도 시도해 보려 하지 않는다. 뭔가 새롭게 배우는 데 그리고 여행하는 데 재정과 시간이 필요한 것도 사실이다. 하지만 재정과 시간의 여유가 있어야만 새로운 것들을 시도할 수 있는 것은 아니다. 자신이 하고 싶은 일에 우선순위를 두고, 준비하고 계획을 세워 조절하면 하나씩 해볼 수 있다. 싱글일 때 자유롭게 할 수 있는 것 중 하나가 여행이다. 여행에 시간과 돈을 투자하면 시야도 넓어지고, 여행의 추억은 계속 마음에 남아 있으며, 다른 사람들과 이야기할 거리가 생긴다. 새로운 것을 배우는 데 시간을 투자하면 배운 것이 남고, 배운 것을 통해 새로운 것을 창출해 낼 수 있다. 싱글 라이프의 유익을 충분히 누리며 풍성하게 삶을 살아낼 때, 삶의 질 또한 향상된다.

5. 영적 성장과 내면의 힘 기르기

모든 사람은 하나님 앞에 단독자로 홀로 서며, 하나님을 만나는 시간, 자신을 만나는 시간이 필요하다. 싱글은 홀로 있는 시간을 통해 자신을 발견하고 하나님을 깊이 만나고 삶의 의미와 목적 찾는 데 시간을 투자해야 한다. 이것은 싱글이 누릴 수 있는 유익이다.

영적 성장과 내공을 쌓기 위해 하나님 사랑에 대한 신뢰, 말씀 읽기, 기도와 묵상을 통한 자아 성찰이 필요하다. 아울러 정기적인 신앙생활과 교회공동체 참여 및 활동은 삶의 중심을 잡아 주고 안정감을 준다. 건강한 영성을 소유한 사람은 결혼, 과거와 미래에 집착하지 않는다. 하나님을 온전히 신뢰한다는 것은 현재 삶이 하나님이 내게 주신 삶임을 수용하는 것이다. 현재 삶이 내가 원하는 바와 삶이 일치되지 않는다고 해도 하나님을 신뢰하기에 현재 삶의 흐름에 저항하지 않고 수용한다. 그리할 때 우리는 상황과 환경에 휘둘리지 않고, 평강을 누리며 살 수 있다. 또 하나 기억할 것은 우리는 항상 '영원한 현재'를 살고 있다는 것이다. 따라서 현재에 집중하고 하나님의 사랑을 신뢰하며 하나님의 신비에 삶을 맡기며 한 걸음씩 앞으로 나아갈 때, 영적 성장과 내면에 힘이 생긴다.

V. 싱글 친화적인 교회공동체를 기대하며

1. 새롭게 등장한 싱글 세대에 대한 교회 리더의 인식 변화

싱글이 교회에서 공동체에 적극 참여하고 원활한 의사소통을 하는 데 목회자들의 인식 변화가 가장 중요하다. 많은 목회자가 결혼과 가정은 하나님이 창조하신 기본 공동체임을 강조하며, 결혼하여 자녀를 낳고 번성할 것을 독려했다. 과거에는 결혼과 자녀 생산은 노동력과 연결되고, 농업과 목축업 등 노동집약적 사회에서 노동력이 많다는 것은 풍요로 이어졌다. 그리하여 결혼과 가족은 사람들의 생존과 풍요한 삶을 사는 방식으로 이해되고 작동했다.

그러나 도시가 발달하고 하이테크, 자동화, 인공지능이 발전하는 현시대와 우리나라 상황에서 사람들은 이제 단순한 생존뿐만 아니라 삶의 질을 중요시한다. 사람들은 이제 자녀를 낳았을 때 그들의 교육과 미래를 위해 필요한 경제력을 고려한다. 그리하여 이전 세대에 비해 결혼해도 자녀를 많이 낳지 않는다. 통계청 자료에 따르면 우리나라 2020년 합계 출산율은 0.84로 1명 이하로 떨어졌다.[4] 자녀를 많이 낳으면 본인들의 생존과 삶의 질을 책임질 수 없을 뿐 아니라 자녀 교육에도 많은 비용이 필요함을 인지하기 때문이다. 더구나 이제 결혼은 필수가 아니라 선택으로 여겨진다. 아울러 혼자 사는 것이 수월해진 삶의 여건 조성, 그러나 동시에 혼자 생존하기도 버거운 삶의 현실에서 결혼하고 자녀를 낳아 키우는 것에 대한 비용 부담과 경제적 어려움, 삶의 질에 대한 고려 등 젊은 세대는 이전 세대와는 다른 측면에서 삶을 바라보면서 싱글이 늘어나는 측면도 있다.

이러한 사회·문화적 변화를 이해할 때 목회자들은 싱글 세대에 어떻게 접근할지 고민하게 된다. 목회자들은 싱글을 '결혼 대기자'로 보는 시각을 버리고, 결혼 스트레스를 주지 않으며, 싱글의 현재 삶을 있는 그대로 존중하고, 자기 삶을 사랑하고 살아가도록 독려해야 한다. 이를 위해 목회자들이 먼저 결혼 중심적인 사고방식을 넘어서고, 싱글 라이프에 대한 이해와 배려를 가지고 전 성도를 교육한다면 이제 싱글을 대할 때 성도들의 의식은 점차 바뀔 것이며, 싱글들과 그들의 가족들은 격려받고, 성도들은 서로 존중하고 배려하며 살 것이다.

2. 싱글 라이프: 결혼 여부와 상관없이 나와 상관있는 삶

많은 사람은 싱글로 사는 것은 자신과 별로 상관이 없거나 다른 사람 이야기라 생각한다. 그래서 혼자 잘사는 법, 싱글 라이프 교육

---

4 https://www.index.go.kr.

은 관심 가질 필요가 없거나 알아야 할 필요가 없다고 생각한다. 하지만 지금 결혼 상태에 있더라도 나이 들면 언젠가는 싱글로 살게 된다. 삶의 주기에서 모든 사람은 길든 짧든 싱글 라이프 시간을 갖는다. 따라서 싱글 라이프는 나와 상관없는 삶이 아니라 나의 삶이며 내 주변의 가족, 친구, 친척의 삶, 결혼생활과 함께 우리 삶에 공존하는 삶의 방식임을 깨달아야 한다.

그래서 공동체에서 함께 사는 훈련뿐만 아니라 한 인간으로 홀로, 독립적으로 사는 싱글 라이프 교육과 훈련도 필요하다. 이 두 가지 삶의 훈련과 다른 사람에 대한 배려 그리고 개방적이고 유연성 있는 의식과 삶의 태도가 잘 자리 잡혀 있을 때, 공동체에서도 또 따로 독립적으로 싱글 라이프를 살 때도 잘 살 수 있다.

싱글에 대한 편견은 사실에 근거한 것이 아니라 결혼 중심적 관점에서 싱글들에게 꼬리표를 붙이고, 잘못된 고정관념을 만들어 낸다. 결혼 중심적 사고방식은 상대적 소수인 싱글을 폄하하고 왜곡시킨다. 드파울로(Bella DePaulo)는 그의 책『싱글리즘』에서 결혼이 건강과 행복에 큰 영향을 미치지 못함을 언급한다. 특히 평생 싱글로 살아 온 여성들은 매우 잘 지내고 있다고 연구 결과를 보여준다. 결혼 중심적 가치관이 팽배한 사회에서 싱글의 목소리는 묻히고 잘 드러나지 않지만, 그들은 자신의 삶을 살아가고 있다.

싱글 친화적인 교회공동체가 되기 위해서는 싱글들 대상으로만 교육과 인식변화를 꾀할 것이 아니라 교회공동체 전체적으로 싱글 그리고 싱글 라이프에 대한 편견 해체와 인식변화를 위해 힘써야 한다. 교회공동체 성도들이 함께 싱글 라이프 교육에 참여하고, 싱글의 삶과 그들의 이야기도 직접 듣고, 이에 관련 책들을 읽고 공부하며 함께 나누면 수용성과 유연성 있는 교회공동체가 되는 데 큰 도움이 된다. 교회공동체 전체적으로 싱글 라이프에 대한 의식 변화가 일어날 때, 싱글과 결혼한 사람들, 다양한 사람들이 공동체 안에서 서로 배려하며 살아갈 수 있다.

3. 싱글 성도가 주는 유익에 주목하고, 싱글 리더 지지

교회공동체에 많은 봉사와 섬김이 필요하다. 싱글들은 "싱글의 봉사가 없으면 교회가 잘 돌아가지를 않는다. 싱글이 교회 봉사와 섬김의 주축이다"라고 언급한다. 결혼한 사람도 봉사와 섬김에 참여하지만, 가족과 자녀 돌봄으로 인해 제약을 받는 경우들이 있다. 반면 싱글은 결혼한 사람에 비해 상대적으로 시간을 투자하고 봉사와 섬김에 참여하기 수월한 경우가 많다. 교회는 싱글 리더와 성도들이 교회공동체에 끼치는 유익과 현신하는 삶에 주목하고 이들을 적극 활용해야 한다.

현재 교회 리더십은 대부분 결혼한 사람들이고, 싱글들은 리더십에서 배제되거나 차별받기 일쑤이다. 청장년 싱글을 목양하는 교역자도 대부분 결혼한 사역자이며, 목회자들도 싱글인 경우 사역지를 찾기 어려운 환경에 몰리거나 사역에 제한받는다. 결혼과 가정 중심 사고체계와 교회 체제에서 싱글 목회자, 싱글 평신도 리더는 롤모델로 격려되지 않고, 이들을 위한 자리는 없다.

결혼한 사람은 가족 구성원을 보호하고, 가족 안에서 친밀한 유대와 사랑을 나누며, 하나님의 친밀하고 배타적인 사랑을 보여줄 수 있다. 반면 싱글은 혈연 가족 울타리와 경계를 넘어 하나님의 한없는 사랑, 차별 없는 사랑을 공유할 수 있다. 싱글은 혈연 가족을 넘어 그리스도 안에서 모든 사람이 한 몸이며 지체임을 드러내는 사랑을 보여주는 역할을 한다. 이에 대해 스텐리 그렌츠는 *Sexual Ethics*에서 "결혼은 계약을 통한 배타적인 사랑과 충성을 기초로 친밀한 교제의 공동체를 세우겠다는 신적인 의지를 표현한다. 이와 대조적으로 싱글 생활은 공동체라는 관계성을 통하여 모든 인류를 아우르기 원하시는 신적인 사랑에 내포된 두루 퍼져가는 성질을 대표한다"고 언급한다. 결혼한 사람이 교회공동체에 주는 유익과 싱글이 교회공동체에 주는 유익은 다르지만, 상호보완적이며 교회공동체를 풍성하게 만든다.

교회 리더들은 싱글의 삶을 잘 살펴야 한다. 싱글과 결혼한 사람들이 교회공동체 구성원으로 함께 존중되도록 인도해야 한다. 아울러 싱글을 교회공동체에 적극 참여시키는 방향으로 교회공동체 조직 구성하고, 다양한 부류의 싱글을 배려한 목회적 돌봄과 지지가 이루어져야 한다.

4. 싱글 라이프 존중하기

결혼하지 않은 싱글을 압박하는 말 중 하나는 "결혼을 통해 가족을 이루고, 자녀를 낳아야 성인이 되며, 결혼은 사회 구성원으로 책임지며 사는 길"이라 말하는 것이다. 어떤 사람은 그것이 하나님의 뜻이라 말하기도 한다. 결혼만이 사회적 책임을 지고 사는 유일한 방법인가? 결혼만이 각 사람을 향한 하나님의 뜻인가? 교회에서 결혼과 가족 중심 메시지와 모임, 싱글을 괄시하는 이야기를 접하면, 싱글들은 사람들과 의사소통하는 데 벽을 느끼고, 침묵하다 조용히 교회를 떠나기도 한다.

어떤 사람들은 싱글의 삶을 있는 그대로 존중하며 의사소통하고 함께 살기보다는 싱글이 결혼 상태에 있지 않다는 이유로 자신들의 결혼 중심적 관점을 당연히 여기며 싱글을 미성숙한 존재로 여기며 훈계하거나 측은히 여기기도 한다. 싱글들은 이런 사람들을 무례하다고 여기며 피한다.

싱글을 대할 때 싱글 입장에서 생각해 보고 말해야 한다. 예를 들면 첫째, 왜 결혼하지 않느냐고 남의 결혼사에 대해 불쑥 묻는 것은 무례하다. 싱글은 결혼한 사람들에게 왜 결혼했느냐 묻지 않는다. 둘째, 싱글 당사자의 의사를 묻지 않고, 아무나 소개하거나 엮으려는 태도는 싱글을 무시하는 태도이다. 결혼한 사람도 자신의 의사와 상관없는 일을 다른 사람이 자신에게 행했을 때 불편해하는 것과 마찬가지이다. 이것은 싱글 입장에서는 불쾌한 일이다. 셋째, 결혼 중심적 관점에서 싱글을 판단하고, 이들에게 쓸데없는 인생 훈수나 스트레스를 주지 말아야 한다. 결혼 여부가 성숙, 성인을 나타내는 척도가 아니다. 진짜 성숙한 사람은 싱글의 삶을 존중하고 각자가 처한 삶의 상황과 환경에서 현재 삶을 잘 살 수 있도록 지지한다.

교회공동체는 성도들이 친밀하게 교제하며 지내는 곳이다. 따라서 싱글 입장에서 그들의 사생활이 언급되면 더 힘들게 느껴진다. 자발적이든 비자발적이든 싱글로 사는 삶이 존중되지 않을 때 싱글 자신이 먼저 마음 상함을 경험하지만, 그들의 부모나 가족도 스트레스를 받고 힘들어한다. 우리 각자의 삶은 다른 사람의 삶과 다 연결되어 있기에 싱글의 어려움은 단순히 싱글만의 어려움이 아니라 결국 공동체 전체의 문제가 되며 남의 문제로만 볼 수 없다. 싱글의 삶을 존중하고 배려하는 의식이 교회 전체 성도들에게 자리 잡는다면, 싱글들이 평안함 가운데 좀 더 적극적으로 교회공동체에 참여하며, 하나님의 사랑을 체험하게 될 것이다.

5. 싱글의 필요를 채우는 목회 프로그램 지원

모든 사람은 하나님의 형상으로 지음받았다. 하나님은 우리가 결혼해야 하나님 형상이며 구원받고 하나님 기준에 맞는다고 말씀하지 않았다. 결혼 유무로 사람을 차별하거나 소외시키는 것, 함부로 대하고 말하는 것은 무례한 행동이다. 싱글은 존재하는 모습 그대로 온전한 하나님의 형상이며, 모든 사람은 하나님 앞에 단독자로 서 있다.

교회 프로그램을 살펴보면 결혼예비학교, 임산부학교, 부부학교, 어머니학교, 아버지학교, 아기학교, 자녀들을 위한 주일학교 등 온통 결혼과 가족에 관련된 것이 중심을 이룬다. 반면 싱글을 위한 프로그램은 찾아볼 수 없다. 싱글은 목회 돌봄 사각지대에 놓였고, 생애 독신과 만혼, 이혼한 사람들이 소속감을 가지고 편안히 교제할 수 있는 공동체를 찾기 어렵다. 결혼 상태에 있는 사람뿐만 아니라 싱글도 교회공동체 구성원으로 함께 존중되어야 하며, 다양한 부류에 싱글의 필요를 배려한 목회적 돌봄이 필요하다. 싱글들끼리 자신의 삶과 관심사에 대해 편안히 이야기할 수 있는 모임과 교육이 필요하다.

싱글들에게 가장 중요한 목회적 돌봄은 싱글이 무엇보다 먼저 현재 삶을 직면하고 잘 살아갈 수 있도록 지지해 주는 것이다. 30~40대 싱글 모임이라면 현재 삶의 방식인 싱글 라이프를 직면하고 소중하게 여기며, 현재 싱글로 지내는 기간을 어떻게 유익하게 보낼지를 솔직히 나누고 필요한 정보도 공유하며 함께 이야기하는 것이 좋다. 모든 사람은 매 순간 현재를 살고 있다. 따라서 현재를 직시하고, 그 삶을 충실히 유익하게 사는 것이 가장 중요하다. 어떤 싱글들은 현재 삶인 싱글 라이프를 두려워하며 계속 '결혼 대기자'로 사는 사람이 있다. 이런 사람은 현재도 힘들고, 미래도 없다. 현재를 직면하지 않고 대기 상태로 사는데 어떻게 미래가 있겠는가?

싱글들이 자신의 삶에 대한 이해와 나눔을 위해 싱글 라이프 관련 책도 읽고 세미나도 함께 하는 프로그램, 서로 심방도 해 주는 것이 필요하다. 아울러 싱글들 가운데 여행도 가고, 식사도 함께하고 싶은데 함께 할 마땅한 사람이 없어 고립감을 느끼는 사람들이 있다. 이들에게 교회공동체는 함께 식사하고, 여행하고 삶을 함께 나눌 수 있는 사람을 만날 수 있는 네트워크, 관계망을 넓힐 수 있는 모임이나 프로그램 지원이 필요하다. 싱글 모임에서 삶에 의미를 줄 수 있는 활동을 함께 펼칠 수 있도록 돕는 것도 좋다. 싱글이 소외나 고립감에 빠지지 않고 자신의 삶을 소중히 여기며 자존감을 갖고 신앙생활을 할 수 있도록 도와야 한다. 아울러 싱글을 배려하는 의식 있는 교역자의 돌봄을 받을 수 있도록 싱글을 목회적으로 지원해 주는 것이 중요하다.

VI. 나가는 말

이제 교회는 젊은 MZ세대들의 삶의 변화와 필요를 읽어 내고 세심하게 대응해야 한다. 급격히 증가하는 싱글들이 현재를 잘 살고, 미래를 잘 살아내게 하기 위하여 무엇보다 먼저 그들이 처한 삶의 상황과 환경, 의식 변화를 이해하고 현재 삶에 잘 대처하며 살아갈 수 있도록 지원해 주어야 한다.

이를 위해 교회공동체는 목회자와 성도들의 의식 변화에 힘쓰며, 싱글이 교회공동체에 주는 유익을 적극적으로 수용하고, 그들과 삶을 공유하고 의사소통하기 위한 방법을 모색해야 한다. 교회에서 그리스도인이 따라야 할 삶의 방식 모범으로 결혼한 부부와 자녀로 구성된 '핵가족'만이 중시된다면 다양한 싱글, 한부모 가정, 자녀가 없는 사람들은 교회에서 하나님 사랑, 이웃 사랑을 경험하기보다 오히려 교회공동체에서 소외감을 느끼며 공동체 일원으로 소속감을 갖기 어렵다.

파커 파머는『비통한 자들을 위한 정치학』에서 "민주주의의 번영을 위해 우리가 알아야 할 것들의 일부는 우리와 다르게 사는 사람들 속으로 '경계를 넘어 들어가는 것'을 통해서만 배울 수 있다"라고 언급한다. 교회공동체에는 다양한 삶의 방식을 사는 사람들이 함께 공존한다. 결혼한 사람, 결혼하지 않은 사람, 이혼한 사람, 사별한 사람, 한부모 가정, 조손가정 등 다양한 삶을 사는 사람들이 함께 속해 있다. 이제 교회공동체도 사람들의 삶의 방식 패러다임이 '가족' 단위에서 '개인' 단위로 변화되고, 다양한 삶의 방식을 사는 사람들이 교회공동체에 함께 공존하고 있음을 인지하고 배려하고 함께 사는 방법을 모색해야 한다. 더구나 요즘 젊은 MZ세대들은 부모 세대와는 다른 삶의 여건, 가치관과 생활 방식을 영위하고 있다. 두려움이나 편견, 고정관념으로 인해 나와 다른 삶의 방식을 사는 사람들을 소외시키거나 차별하지 않고, 오히려 나의 한계와 경계를 넘어 다른 사람에게 마음을 열 때, 우리는 서로 수용하고 이해하며 삶의 지평을 넓혀가며 함께 살 수 있다.

어떤 사람들은 싱글로 사는 사람이 이기적이며 개인주의적 성향이 강하다고 언급한다. 그러나 이런 사고방식은 결혼과 가족중심적 고정관념일 뿐이다. 싱글들은 결혼한 사람들에게서 자신들의 가족 울타리를 공고히 하려는 가족이기주의를 본다. 예수님은 그의 어머니와 동생들이 그를 만나러 왔을 때 "누가 내 어머니이며 내 동생들이냐" 말씀하고, 제자들을 가리키며 "나의 어머니와 나의 동생들을 보라, 누구든지 하늘에 계신 내 아버지의 뜻대로 하는 자가 내 형제요 자매요 어머니이니라"(마 12:46-50) 말씀하셨다. 예수님은 혈연 중심 가족주의에 도전하고, 하나님 뜻대로 함께하는 사람들을 가족으로 삼았다. 교회공동체가 예수님의 말씀을 마음에 새기고, 새로운 피조물의 삶을 실천하며 살아가기를 기대한다.

● 함께 생각해 볼 질문

1. 싱글 차별적 편견에 대해 나누어 봅시다.
2. 교회는 왜 결혼 중심적인 사고가 강할까?
3. 싱글 친화적인 교회공동체가 되기 위한 제안을 해 봅시다

● 도움이 될 만한 자료

1. 심경미. 『싱글 라이프』. 서울: 아르카, 2019.
2. 홍재희. 『비혼 1세대의 탄생』. 서울: 행성B, 2019.
3. 우에노 치즈코/나일등 역. 『화려한 싱글 돌아온 싱글 언젠간 싱글』. 서울: 이덴슬리벨. 2008.
4. 우에노 치즈코·미나시티 기류/조승미 역. 『비혼입니다만, 그게 어쨌다구요?!』. 서울: 동녘, 2017.
5. Klinenberg, Eric/안진이 역. 『고잉 솔로, 싱글턴이 온다』. 서울: 더퀘스트, 2013.
6. Depaulo, Bella/박준형 역. 『싱글리즘』. 서울: 슈나, 2012.
7. Depaulo, Bella/박지훈 역. 『우리가 살아가는 방법』. 서울: RHK, 2016.

8장

'함께하는교회', 40대 그들이 함께 사는 방식에 대하여

고성휘*

I. 들어가는 말

'함께하는교회'를 만나게 된 것은 2015년 가을 즈음이었다. 광화문 세월호 천막에서 만난 그들은 목회자든 평신도든 가릴 것도 없이 모두 자발적으로 커피를 내리고 카페지기를 자원하였다. 물론 만 4년의 세월을 밤낮없이 광장 카페를 지켰던 교회들이 있었다. 희망찬교회, 언덕나무교회, 기둥교회 등 '교회 2.0 목회자 운동' 소속 회원 목사님들과 성도들의 자발적인 헌신은 촛불 광장에 따스한 온기를 채웠다.

그중 '함께하는교회'를 눈여겨보게 되었고, 그들의 관계적 평등성에 기초한 공동체 운영 방식에 매료되어 2016년 연구를 시작하여 2019년까지 지속적인 관찰을 통해 두 편의 논문을 발표하였다.[1] 두

---

* 성공회대학교 박사.

1 고성휘, "협력적 관계가 교회와 마을공동체에 미치는 영향 연구," 「기독교교육논총」 54집 (2018. 6.): 332-337(협력적 관계로서 친밀성의 문제, 약함과 기다려줌의 소중함, 관계의 수평성으로서 설계도의 공유, 탈중앙집권적, 수평적이고 개방적인 목회관, 경계의 허묾 등

편의 논문은 두 교회의 사례연구와 6개 교회의 사례를 비교, 수행한 것이었는데 본 연구는 한 걸음 더 나아가 단일 사례연구로서[2] 기술적 사례연구를 설계하였다.[3]

　　본 연구는 '함께하는교회'의 단일사례를 중심으로 코로나 이후 40대 기독인들의 삶을 살펴보고자 출발하였다. 단일 사례연구가 정당화될 수 있는 것은 다음과 같은 다섯 가지 경우이다. 중요하거나 (critical), 독특하거나(unusual), 전형적이거나(common), 모르던 것을 알게 하거나(revelatory), 종단적인 경우(longitudinal)인데[4] '함께하는 교회'의 경우 한국교회가 고민해야 하는 공동체 운영의 가치와 선교

이 교회 안의 공동체원들에게 소중한 가치로 이어왔음을 밝혔다); 고성휘, "교회의 마을목회 전환과 마을 공동체 교육에 있어서의 활동유형 연구," 「종교교육학연구」 66호(2021. 7.): 187-203(지역 내에서 돌봄을 받지 못하는 청소년들의 돌봄을 주요 사업으로 하면서도 내적 공동체 강화 문제를 소홀히 하지 않는 6개 교회 사례를 비교하였다).

2 본 연구를 위해 2020년 12월 29일 목회자, 평신도 3명을 대상으로 비구조화 면담 1차 3시간, 2021년 2월 20일 목회자, 평신도 2명을 대상으로 반구조화 면담 2차 50분, 5월 11일 목회자, 평신도 2명을 대상으로 반구조화 면담 3차 1시간, 6월 17일 목회자 비구조화 면담 4차 2시간 30분, 7월 1일 목회자 5차 인터뷰 40분, 8월 6일 목회자 6차 인터뷰 1시간 20분, 9월 3일 마지막 인터뷰 1시간을 실시하였다. 총 10시간이 넘는 시간과 7차에 걸친 인터뷰를 통해 1~5차는 비구조화, 반구조화된 면담을 시작으로 하여 6, 7차는 구조화된 면담을 실시하였다. 또 1차 면담과 2차 면담 녹취록을 통해 1차 코딩작업을 마쳤고, 3차 면담에 연구 참여자와의 보완 절차를 거쳐 2차 코딩작업을 하고 핵심 방향과 주제 설정을 마쳤다. 4차 면담 후 3차 코딩작업을 마치면서 본 연구를 진행하게 되었다. 코딩작업절차는 Creswell의 질적연구방법론 중 사례연구에 근거하였다(John W. Creswell, *Qualitative Inquiry and Research Design: Choosing among Five Approaches*, 조흥식·정선욱·김진숙·권지성, 『질적연구방법론: 다섯 가지 접근』(서울: 학지사, 2013).

3 Yin은 사례연구를 3가지로 나누었다. 1) 설명적 또는 인과적 사례연구, 2) 기술적 사례연구, 3) 탐색적 사례연구로서 기술적 사례연구는 대인관계에서 발생하는 사건들을 시간의 경과에 따라 추적하여 특정 집단의 하위문화를 상세하게 기술하는 연구이다. 저임금 청년층의 성공과 실패 그리고 신분 상승을 위한 조건 등과 같은 그 시대의 사회 현상을 발견하고 이를 기술하는 예가 있다. Robert K. Yin/신경식·서아영·송민채 역, 『사례연구방법』(서울: 한경사, 2016), 29.

4 Robert K. Yin, 위의 책, 103.

의 개방적인 관점들을 살펴볼 수 있는 중요한 사례이다. 설교권의 공유와 다양한 소그룹의 민주적인 운영 방식은 한국교회 공동체에 모범적인 사례를 제공한다. 또한 사람과 사람 사이에 형성되는 선교적 공간이 느슨한 연대와 다양한 삶의 경험을 통해 다각적으로 이뤄짐을 보여주는 용이한 사례이기도 하다.

또한 연령 구성비가 일반적인 한국교회의 비율에 비해 상대적으로 젊다. 한국 개신교인 구성원이 차지하는 비율이 50, 60대에 집중되어 있는 것을 감안할 때 '함께하는교회'는 40대의 성도들이 집중되어 있어 40대와 그들의 자녀들인 미취학부터 청소년기의 세대가 타 교회에 비해 비율이 높다.[5] 40대들이 대부분을 구성하고 있는 '함께하는교회'는 11년째 마을공동체와 성장하고 있다. 이제 이들의 이야기와 삶의 방식들을 통해 한국교회가 그동안 간과해 온 마을과 함께 살아가는 교회의 모습을 고민하고자 한다.

---

5 '함께하는교회'의 목회자는 이중직으로 '좋은나무학원'을 3층에서 운영 중이며 결손가정이나 형편이 어려운 청소년 무료교육으로 마을 주민과 만남의 영역을 확대하고 있다. 또 북 카페 '바오밥'은 2층에서 마을 주민들의 이야기 공간으로, 주일에는 예배 공간으로 활용하고 있다. 바오밥에서 모인 마을 주민들의 청춘다방은 오랫동안 유지해 오는 책 토론 모임이며 이외 크고 작은 모임으로서는 공예, 그림, 재봉 등 다양한 모임체들이 바오밥을 통해 운영되어 오고 있다. 함께하는 커뮤니티를 운영하여 지역 청소년 학교교육 문제 해결에 적극 참여하며 청소년 돌봄 사역을 동시에 진행하고 있다. 청소년 상담센터 등의 운영 역시 바오밥을 통해 진행하고 있다. '함께하는교회'는 11년 차 교회로 고착되는 자신들의 모습은 없을까와 11년 차로 새로워져야 할 일과 끝까지 유지되어야 할 일을 고민하는 시점에 있다. 그동안 여러 커뮤니티 활동을 통해 만들고 전시된 전시품들과 도서관으로서도 활용되었던 책들을 다른 도서관에 기증, 정리하고 심플한 공간 창출을 위해 리모델링하면서 '향인'이라는 비건 베이커리를 함께 운영하는 공간을 만들었다.

II. 소통하는 40대가 살아가는 방식

1. 효성동에 사는 사람들: '자기 비움'의 방식

효성동은 인천시 계양구에 있으며 1, 2동으로 나뉘어 있다. 계양구는 인천의 8개 구와 2개의 군 중 다섯 번째 인구밀도를 기록하고 있으며[6] 고령인구가 많은 강화, 옹진, 동구와 젊은 층이 많은 서구, 연수구에 비해 세대 비율이 일정한 편이다. 계양구의 12개 동의 세대 분포 중 효성2동은 세 번째 인구수를 기록하고 있으며 60~70대의 고령인구 비율 역시 세 번째를 기록하고 있다.[7]

〈표 1〉 인천시 계양구 세대별 현황

	만20~만29	만30~만39	만40~만49	만50~만59	만60~만69	만70~만79
인천광역시	44,652	38,258	46,495	61,139	37,614	15,371
계양구	44,652	38,258	46,495	61,139	37,614	15,371
계산1동	3,081	2,611	2,855	4,421	3,063	1,294
계산2동	2,581	2,089	2,159	3,566	2,612	1,034
계산3동	3,512	2,868	2,756	4,484	2,573	778
계산4동	4,047	2,643	4,052	5,308	2,267	620
계양1동	3,058	2,723	3,294	4,275	2,766	1,277
계양2동	5,291	4,493	5,369	7,217	4,247	2,092
계양3동	2,991	3,961	5,219	4,022	2,730	1,134
작전1동	4,336	3,704	4,533	5,864	3,549	1,355
작전2동	6,853	2,578	2,596	3,968	2,966	1,276
작전서운동	4,826	3,984	5,363	6,439	3,012	1,258
효성1동	3,697	2,883	3,744	5,369	3,702	1,569
효성2동	4,379	3,721	4,555	6,206	4,127	1,684

---

6 인천광역시 인구는 2010년 275.8만에서 2019년 295.7만으로 꾸준한 상승세를 보인다. 서울의 양천구가 26,316으로 인구밀도 1위의 수치에 비해 인천시 계양구는 50위로 6,714의 인구밀도를 기록하고 있다. https://blog.naver.com/jjooni81/222096539481(통계청 자료에 근거함).

7 https://blog.naver.com/survival_lab/222092373888.

연령별 인구 비율이 상대적으로 고령 세대에 높이 나타난다. 효성2동은 1동에 비해 중·소규모 생산시설과 주거시설이 혼재한 준공업 지역으로서 130여 개 중·소형 공장 등이 소재하고 있으며 부평구(청천동), 서구(가정동)와의 경계를 이루는 전형적인 원도심 지역으로 주변 지역 개발 사업에 따른 저소득, 소외계층 증가하고 원룸(쪽방) 형태의 다가구주택 및 여관 등 수급자 가구가 집중분포된 지역이기도 하다. 효성1동에 비해 인구수는 많으나 의료 시설 및 복지 시설 등의 사회적 복지 시설이 상대적으로 취약한 편이다.

〈표 2〉 효성 1동 일반현황[8]

면적	인구	세대수	다세대	연립	아파트	단독	기초 수급자	교육 기관	의료 시설	복지 시설
2.08km²	25,150	10,426	3,472	424	6,030	303	812	8	29	노인11

〈표 3〉 효성 2동 일반현황[9]

면적	인구	세대수	다세대	연립	아파트	단독	기초 수급자	교육 기관	의료 시설	복지 시설
2.90km²	29,679	11,631	3,878	217	7,290	240	730	2	17	노인7/ 장애2

사회적 복지 시설이 상대적으로 취약한 지역에서 교회가 할 일은 무엇인가. '함께하는교회'는 지역에서 함께 살아가는 주민들의 답답한 문제, 즉 교육 문제와 생존의 방식들에 대한 근본적인 문제에 질문을 한다.

---

8 효성1동 행정복지센터 https://www.gyeyang.go.kr/open_content/dong/sub/present.jsp?dong=22.
9 효성2동 행정복지센터 https://www.gyeyang.go.kr/open_content/dong/sub/present.jsp?dong=23.

그들은 40, 50대가 가장 중요하다 느끼는 자녀교육 문제를 현실적으로 접근하려 하였다. 교육 사각지대에 있는 아이들의 교육 문제를 어떻게 감당할 것인가를 고민하고 '좋은나무학원'을 통해 사각지대에 놓인, 즉 부모의 보호범위 내에 있지 못하는 청소년들의 교육을 맡아 그들의 삶을 함께 고민한다. 때론 무료로, 때론 무료일 때 책임감 문제가 소홀해지지는 않을까 싶은 가정에는 최소한의 책임을 부과하고 이들의 밥상 문제까지를 교회공동체 일원 모두가 돌아가면서 감당하며 돌봄 사역을 통해 청소년 교육과 이들 가정의 소소한 문제들에 적극 개입하기를 십일 년째 하고 있다.

그렇게 개입하는 소소한 마음의 총합은 마을 주민들을 감동시켜 신뢰의 공간들을 열어 나간다. 지난한 시간이 그들 앞에 있었고 그 시간은 헌신으로 채워 나갔다. 그제야 마음의 문은 열렸다. '바오밥'이라는 공간은 이제 주민들에게는 교회 공간이 아니라 주민들의 공간이며 그들의 안식처로 인식되기 시작하였다.

헌신. 헌신만이 그들의 마음 문을 열게 하였다. 그리스도인들에게 헌신이 없다면, 하나님의 선교는 가능할까. 다분히 계산된 무엇인가는 늘 들키기 마련이다. 포교의 수단, 정착의 도구 등 이 모든 것이 주민들에게 드러나는 순간은 생각보다 짧다. 마음 다해 함께하는가와 그다음 무엇인가의 의도된 프로세스가 있을 것이라는 마을 주민들의 촉은 훨씬 빠르고 정확하다. 함께 나누는 공간 안에 수혜자와 시혜자가 사소한 지점에서 나뉘는 순간 하나님의 선교는 방향을 잃는다. 시혜는 시민사회와 지자체로 충분하며 그조차 시혜의 옷을 벗으려 노력하는 때이다.[10]

---

10 최근 각 지자체는 기다리는 복지에서 찾아가는 복지를 표방하고 시민들의 복지와 건강을

도움의 손길보다 공감이라는 빈 공간의 메움이 필요한 시대이다. 공감은 시혜에서 오는 게 아니라 마음 다해 오는 헌신과 관심, 세심히 들여다보는 사랑에서 비롯된다. 아무 계산도 없이 '함께하는 교회' 공동체는 그냥 그대로 접점의 공간을 열어 나간다. 너와 내가 이곳에서 살아가려는 공통의 마음이 우선이다. 아무 의도가 없다. '함께하는교회'는 하나님의 선교란 함께 사는 공간에서 함께 눈물을 이겨내고 함께 공동 대응을 하는 연대의 발걸음으로 살아가는 것에서 출발해야 함을 보여준다.

그냥 뭐 그런 거 있잖아요. 처음 들어섰을 때아 여기는 뭔가 지역 활동을 하지 않으면 안 될 무엇인가의 아우라가 느껴진다는 거죠. 처음 들어섰을 때 그동안 크고 작은 소모임에서 만들어 낸 소품들의 배열이 처음 온 분들에게는 범접하지 못한 일종의 '아우라'를 느끼게 만드는 거죠. 그래서 바꿨어요. 처음 오시는 분들이 '어? 그냥 까페구나' 하고 느낄 수 있게요. 당신이 여기 처음 들어오는 순간 무언가 과제를 해내야 하는 중압감을 주는 공간이 아니라 그냥 편하게 쉬는 공간으로 생각하세요. 그리고 여러분의 친구를 만드세요~ 하는 공간으로 재탄생하고 싶은 마음이 들었어요. 그래서 부족한 교회 재정에도 불구하고 리모델링을 강행했습니다.

살피고, 마을공동체를 지원하는 곳으로 변화를 시도하고 있다. 도움이 필요한 분과 도움을 줄 수 있는 곳을 연결하고 촘촘한 주민 관계망을 형성해 주민이 주도하는 마을공동체 조성을 지원하는 일까지 진행하고 있다. 도움이 필요한 분들에게 도움을 주는 것은 이제 시민사회에서 충분히 가능한 일이 되었다.

2. 여러 겹의 만남과 기다림

한국갤럽조사연구소의 종교인 비율을 보면 40대 추이가 다른 연령대보다 크게 변화가 있음을 볼 수 있다. 현재 40대는 2004년에는 20대로 45%, 2014년에는 30대로 38%의 비율이었다가 2021년에 들어서 32%로 13% 떨어진 수치를 보인다. 현재 50대는 2004년에 30대로서 49%를 차지하고 있었으나 2021년에도 크게 다르지 않은 43%를 차지하고 있다. 60대는 변화가 거의 없다. 그만큼 50, 60대 종교인의 비율은 시대적 흐름에도 변하지 않고 자기 자리를 유지하고 있는 셈이 된다. 하지만 현재 40대는 다르다. 시대적 변화에 가장 민감한 세대가 40대이다. 2004년에 20대였던 그들이 현재에 이르러 40대가 되었을 때 시대는 너무나 급격하게 변했다. 40대의 그들에게는 어떤 변화가 있었을까.

〈표 4〉 종교인 비율 1984~2021

		종교인(현재 종교 믿고 있는 사람) 비율					
		1984년	1989년	1997년	2004년	2014년	2021년
성별	전체	44%	49%	47%	54%	50%	40%
	남성	34%	40%	36%	44%	44%	34%
	여성	53%	58%	58%	63%	57%	56%
연령별	19~29세	36%	39%	36%	45%	31%	22%
	30대	45%	46%	47%	49%	38%	30%
	40대	49%	54%	53%	57%	51%	32%
	50대	53%	56%	56%	62%	60%	43%
	60대 이상					68%	59%

〈한국갤럽조사연구소〉에서 발췌

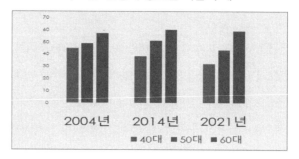

〈표 5〉 연령대 종교인 비율 추세

2004년 2014년 2021년
■ 40대 ■ 50대 ■ 60대

1971~1980년생인 40대는 최근의 경제난을 온몸으로 겪은 세대이다. 직장을 한창 구할 나이인 20대에 외환위기가 닥쳐 취업 문이 좁아졌고 가정을 이룰 30대에는 글로벌 금융위기에 직면하였다. 최근 조선업과 해운업, 자동차 업계 구조조정으로 실직으로 내몰린 세대도 주로 40대이다. 사회·경제적 위기 상황에 시기적으로 우연찮게 번번이 내몰린 특이한 경험을 한 세대이다. 이들에게 종교가 안식처 혹은 삶의 대안이 될 수 있었을까. 보통 사회에서 40대는 응당 열정적으로 살아온 20, 30대에 구축한 자원을 바탕으로 안정적인 삶과 주거 환경, 커리어, 관계 등을 구축해 놓은 상태로 살아갈 것이라 여겨진다. 하지만 시대적 흐름은 여러 방면의 좌절을 경험하게 하였다. 평생직장이 보장되지 못하는데 부모님은 부양해야 하고 한창 자라는 청소년기 자녀들의 양육을 감당해야 한다. 게다가 제2의 사춘기라고 말할 수 있는 갱년기, 연령을 가리지 않는 건강 위협 문제 등 예전의 산업 발전기에는 상상하지 못한 복병들이 40대들을 괴롭히고 있다. 사회적 안전보장 망에서도 제외되기 일쑤이다.[11] 이

---

11 일자리 시장에서 40대의 처지는 참담하다. 2020년 10월 전체 고용률은 61.7%로 23년 만에 최고치를 찍었다. 20대부터 60, 70대까지 모두 고용률이 늘었지만 40대만 취업자 수가 43만 6,000명이 줄면서 고용률도 하락했다. 40대 취업자 수는 2015년부터 만 4년 동안 계속 줄고

른바 '긴 세대'의 전형이 바로 40대이다.

이렇게 40대 삶의 객관적인 상황에서 '함께하는교회'의 전반적인 연령층을 구성하고 있는 그들 40대는 어떠한 모습을 하고 있을까.

〈표 6〉 '함께하는교회' 공동체
구성원 연령분포도

연령분포

■ 미취학~10대 ■ 20대 ■ 30대 ■ 40대 ■ 50대 ■ 60대

유·초 8명, 10대 9명, 20대 2명, 30대 2명, 40대 17명, 50대 6명, 60대 3명 등으로 위와 같은 분포를 점하고 있다. 40대가 교회의 주도적인 역할을 하고 있기 때문에 그들의 자녀인 초등~10대 초반 역시 교회의 중요한 연령층으로 점하고 있다. 이들이 함께 만들어 가는 공동체의 새로운 이야기에 우리는 집중할 필요가 있다.

이야기 나눔을 좋아하는 교회공동체 구성원들에게 개별 가정에서 줌으로 드리는 온라인 예배는 새로운 경험이 되었다. 온라인 예배는 각 가정에서 더 많은 이야기로 확산되어 의외로 가정 내 토론하는 기회를 갖게 하였다. 본 연구자는 단일 사례연구를 위해 '함께하는교회' 온라인 예배를 10회 차 참석하며 함께 만들어 가는 예배

―――――――――

있다. 제조업 불황으로 폐업과 구조조정이 늘면서 40대가 직격탄을 맞은 것이다.

의 소중함을 보았다. 40대 교인이 대다수를 점하기 때문에 유·초년 부터 청소년기의 어린 학생들이 함께 예배에 참여하고 있었고, 그들의 참여하는 모습이 진지하여 긴 예배 시간임에도 불구하고 이해의 폭이 넓은 것에 큰 은혜의 시간이 되었다. 적어도 일주일에 한 번 드리는 예배에 최선을 다하는 교회공동체는 목회자의 설교와 평신도 설교가 절반의 비율로 이뤄지고 있었고 평신도 및 청소년들의 참여가 두드러지는 예배를 드리고 있었다.

신앙 교육의 문제를 중시하는 40대 부모이지만 그들 역시 고민이 많다. 학교교육에 있어서는 한 치의 물러섬이 없는 부모들이 신앙 교육에는 한없이 관대하다는 모순된 문제를 되돌아보게 되는 기회가 되었다. 학교와 학원을 안 간다면 기필코 가게 하고 공부에 뒤떨어지지 않을까 노심초사하지만 정작 신앙 문제에는 자녀들의 자율과 선택에 맡긴다. 이는 마치 부모가 신앙은 학교교육보다 중요하지 않으며 부차적인 의미로 여긴다는 암묵적인 인정으로 자녀에게 받아들여지는 것은 아닐까 하는 고민이 된다.

이렇게 40대의 고민은 자녀교육에 머문다. 가정 수입의 많은 부분이 자녀교육에 집중되고 자녀들의 성적에 관심을 갖지만 정작 신앙 교육은 강요하면 안 된다는 생각으로 얼마만큼 관심을 갖고 집중하는가에 할 말이 없을 때 이율배반적인 자신의 모습을 보게 된다. 일주일에 한 시간 드리는 예배 시간을 지키는 것보다 학원 시간 지키는 것에 더 민감했던 자신들을 볼 때 부끄러움을 고백하는 그들, 그러나 예배에 참석하는 청소년들의 모습은 코로나 이전의 탄탄했던 주일학교 성서 교육의 저력을 보여주고 있었다. 설교 이해의 폭이 넓은 그들, '함께하는교회'를 선택한 그들은 은혜 안에 머물 수 있어 행복함을 고백하고 있다. 신앙과 인문학 학습을 넘나들며 토론에 익숙한 그들은 코로나19의 위협 속에서도 굳건히 공동체를 유지하고 있다. 탄탄한 교육의 결과이다.

'함께하는교회'의 소모임은 아주 다양하다. 생성과 소멸 그리고 융합이 작은 교회에서 수시로 일어나며 여러 겹의 소모임을 일궈간다. 40대의 그들이 만들어 가는 이야기는 자못 새롭다. 성경통독방, 예배팀방, 교제팀방, 돌봄팀방, 주일학교팀방, 주방팀방, 재정팀방, 선교팀방, 각팀장방, 구제와 시설팀방, 전체교인방, 함께 남자방, 함께 여자방, 함께 책방, 바오밥지기방, 유초등부(교사)방, (중고등부)팀방, 금요모임방, 함께하는 커뮤니티뿐 아니라 바오밥으로 연결되는 청춘다방 등의 모임까지 수많은 모임이 열리고 닫힌다.

'함께'는 그들의 타이틀이다. '함께하는교회'의 이름을 따서 '함께'로 무조건 공동의 톡방을 열었다. 그 안에서 이러저러한 이야기를 나눈다. 단톡방이 다수이기에 여러 겹으로 겹쳐 있다. 이 안에는 '함께하는교회' 교인만 있는 것이 아니라 마을 주민들도 섞여 있다. 여러 단톡방은 단지 그들이 의사소통하는데 편리성을 제공하는 것이라 은근한 강제도 없고 열었다가 닫히기도 하고 또 새롭게 열리기도 한다. 서로 맞대는 면의 개수를 늘려나가는 방법이기도 하다. 그리고 서로 '들여다봄'에 익숙해진다. 들여다봄에 익숙해지면 이제 기다림에도 익숙하게 된다.

2014년 9월 청춘다방 … 시작은 각자의 바람이었을 것이다. 청춘다방이 시작되면서 그 바람들은 형태를 갖추기 시작했다. 오래도록 아이 양육에 지친 엄마에게는 자신에게 충실해 보는 시간이었을 것이고 교회 안에서 타락과 구원의 차원으로만 사람을 들여다보았던 어느 목사에게는 다양한 층위의 인간의 심연을 보는 시간이 되었고 누군가에게는 우리를 둘러

싼 정치, 사회 그리고 역사를 다른 시각으로 들여다본 시간이었고 누군가에게는 시간여행을 하는 시간이었다. 아무도 이 다방이 어느 모양으로 갈지 결정하거나 예측하지 않았다. 청춘다방은 별로 규칙이 없다. 인도자도 안내자도 없이 그렇게 걷는 시간이 청춘다방이다. 함께 읽어나간 다방면의 책들은 무심함의 옷을 벗어 버리게 만들었다. 관심이 폭을 넓히기 시작한 것이다. 단체행동은 한 번도 없다. 삼삼오오 뜻이 맞는 자들이 여러 단면에 참여하기 시작했다. 공통적으로 '들여다봄'에 익숙해지게 되면서 수많은 질문이 우리로 하여금 깊음으로 인도하였다. 질문들은 더 이상 두려움의 대상이 아니었다. 청춘다방의 수혜자는 나다. 청춘다방에서 수혜를 베푸는 자도 나다.

III. 복수의 주체가 만드는 주름

1. 실존과 맞닿아 있는 면

'함께하는교회'의 40대 어려움은 건강 문제가 가장 크다. 아버지에게 신장을 이식해 드린 목회자부터 오랜 간암 투병으로 암을 이겨낸 간사, 갑상선암 환자, 선천적인 문제로 신장이식을 요하는 환자 등 건강을 위협하는 여러 요인에 노출된 교인들이 서로에게 힘을 북돋워 주며 건강을 지켜가고 있다.

심신이 미약한 부모를 부양하며 자녀를 양육하는 전형적인 40대 세대주가 있다. 자신도 선천적으로 신장이 좋지 않아 하루를 살아가기 벅찬데 부모의 간병 문제까지 짐을 져야 하는 어려움의 호소에 목회자는 그의 지난한 세월과 고통에 공감하며 애통함의 눈물로 기도한다. 목회자 자신의 신체적 고통이나 오랜 간암 투병 생활을 했던 신도의 고통도 만만치 않은데 또 한 사람의 고통의 이력에 가슴 아파 하는 공감의 열매가, 그 애통함이 교인들에게 올곧이 전해지는 살아 있는 예배를 드리면서 그 눈물의 기도들이 모이고 모여 그에게 지치지 않는 지지대가 되어 주었다. 건강이 좋지 못하고 삶이 윤택하지 못할 때 선택할 수 있는 길은 한계가 있고, 그것으로 인해 삶이 곤고해지며 강퍅해질 만하지만 공동체는 그에게 기댈 언덕이 되어 주는 따스함을 내놓는다. 대형교회에서 보기 어려운 함께함의 공동체가 만들어 내는 은혜이다. 본 연구자가 함께 예배를 드릴 때 처음에 보았던 검은 빛의 얼굴은 예배를 드릴 때마다 밝아지고 빛이 나고 있었다. 그리고 처음에 보지 못한 미소와 여유가 얼굴에 서서히 번지고 있었다. 공동체의 따스한 마음이 그에게 머무를 때 부모님 보살핌의 어려움도, 자신의 건강 문제도 긍정적인 힘을 얻어 조금씩 좋아지고 있음을 감사했다. 공동체는 함께 함으로 스며드는 하나님의 치유 은혜를 체험하는 공간을 만들어갔다.

건강 위기의 시대를 살고 있는 오늘의 현실에서 몸과 마음의 치유는 절실한 과정이다. 이 과정을 아파보지 않은 사람은 알 수 없는 자신만의 몫이고, 타인과 공유할 수 없는 개별적인 문제로 겪어야 한다. 건강 위기의 시대에 어떤 세대든지 안전 세대는 있을 수 없고, 실제로 많은 수의 환자들이 개별적으로 분투해야만 하기 때문에 혼자 떨어져 나온 개인은 신체적 질병보다 마음의 질병에 더 많은 고통을 감수해야 한다. 타자가 존재하지 않을 개별적 존재의 불안함이 질병보다 더 큰 무게로 엄습해온다. 타자 없는 개인은 존재하지 않는데 건강을 잃게 되었을 때는 괴리감을 우선으로 느끼게 된다. 신자유주의의 파편화된 개인 일상에서 몸의 건강은 숨기고 싶은 은밀한 영역으로 치부

되기 때문에 환자는 자아 상실의 고난을 겪게 된다. 병이 심해짐에 따라 병자는 인간관계를 유지하기가 더욱 힘들어지기 때문에 더욱 긴밀한 인간관계를 필요로 한다.[12]

하지만 건강 문제는 개인만의 문제는 아니다. 한국이 세계 10위권의 경제 대국으로 성장하면서 양극화현상은 더욱 심화되고 있다. 경제의 양극화는 소득의 양극화, 소비의 양극화, 의료의 양극화로 이어진다. 가난 때문에 건강을 잃기 쉽고 건강하지 못하니 가난할 수밖에 없는 악순환이 존재한다. 그만큼 사회·경제적 수준이 낮은 집단은 건강 위해(危害) 요인에 더 많이 노출된다는 뜻이다.

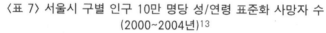

〈표 7〉 서울시 구별 인구 10만 명당 성/연령 표준화 사망자 수
(2000~2004년)[13]

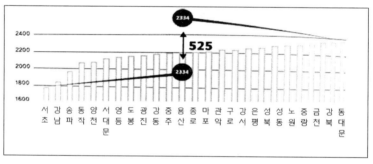

위의 표는 사회 안에 존재해 있는 건강 불평등을 실질적으로 설명해 준다. 운동을 할 수 있는 공원, 마음껏 걸어 다닐 수 있는 안전한 보행로, 신선식품을 파는 소매점의 분포, 대기오염과 범죄 수준 등 건강 '결정요인'이 동네마다 다르다. 또 동네의 사회·경제적 환경이 우리 대장 점막, 대변 속 세균 같은 미생물 생태계까지 영향을

12 Sarah Nettleton/조효제 역, 『건강과 질병의 사회학』(파주: 도서출판 한울, 1997), 125.
13 이창곤, 『추적, 한국 건강불평등』(서울: 도서출판 밈, 2007), 124.

미친다. 가공식품 섭취, 신체활동 부족, 복부비만, 사회심리적 스트레스, 과도한 항생제 사용, 오염물질이나 독성 요인 노출 같은 생활습관 요인, 생태학적 요인은 장내 세균의 다양성을 저해하는 요인들로 알려져 있다.[14]

　이렇게 건강의 사회적 문제에 교회공동체가 적극적으로 나서는 일은 삶의 터전에 함께 모인 사람들을 보다 근원적인 구조의 문제를 해결하고자 하는 실질적인 연대이다. 사회 정의에 입각해 질병과 고통에 접근하는 것이다.[15]

　'함께하는교회'는 리모델링하면서 '향인'이라는 비건 베이커리를 함께 열었다. 교회 공간 안에 평신도가 운영할 베이커리를 함께 열면서 바오밥 카페는 세 개의 공간이 되었다. 마을 주민이 공동 운영하는 카페, '함께하는교회' 예배마당 그리고 향인이 그것이다. 그들에게는 너무나 친숙한 공감의 공간 안에 '향인'을 그들의 새로운 건강과 치유의 모임방으로서 기능하도록 공간을 부여하였다. '향인'은 마을 주민들과 여러 가지 모임을 열고 운영하는 가운데 건강이 좋지 않아 아픈 사람들이 한두 명이 모이기 시작하면서 건강한 먹거리를 고민하고 정보를 공유하기를 원하는 사람들이 늘어가는 데 얻은 아이디어로 열게 되었다. 어떤 분은 위암 투병을 하면서 건강한 먹거리를 찾고 있다가 '향인'을 만났다. 그래서 '건강과 치유의 1인 1밥' 소모임이 시작되었다.

　　"코로나가 잠잠해지면 아픈 분들과 함께 밥 먹는 모임을 하려고 합니다"

---

14 시민건강연구소, 『몸은 사회를 기록한다』(서울: 도서출판 낮은산, 2018), 112.
15 폴 파머/김주연·김병도 역, 『권력의 병리학』(서울: 후마니타스, 2009), 233.

했더니 너무 좋아하는 거예요. 지난번에 오신 위암 환자분께서 자기 아내도 자기를 이해 못 하는 지점이 있다고 하더라고요. 아내가 거의 못 맞춰 주는 거예요. 먹거리에 신경을 많이 써야 하니까요. 그런데 간사님은 그걸 이해하니까 잘 들어주는 거죠. 아픈 사람이 아픈 사람을 이해하는 거니까. 그중에서도 몸이 안 좋은 사람들이 다른 모임으로 발전할 생각을 해요. 공간을 편안하게 한 거는 누가 오더라도 함께할 수 있는 시간을 갖는 곳, 조금 더 힘들어하는 분들과 함께할 수 있는 것을 만들어 가는 것, 교회에서도 공공연하게 이야기를 나누는데 코로나 끝나면 바로 시작되지 않을까 싶어요. 멤버는 이미 마을에 있으니까, 단지 우리가 모여 함께 먹는 모임을 못 하니까 그러는데 하고자 하시는 분은 꽤 많을 거라 생각해요. 오히려 책 모임 보다 더 많은 인원이 모이지 않을까 싶어요. 어쨌든 우리의 실존과 무관하지 않거든요. 어느 공동체에서도 가르쳐 주는 곳은 없는 거 같아요. 건강의 문제, 먹거리의 문제는 자기가 알아보고 다녀야 하고 자기 개인의 문제로만 따로 떨어져 있는거죠. 그런 건강 문제에 대해서는요. 교회에 소속되지 않아도 그런 모임은 계속할 수 있을 것 같아요. 사람과 사람으로서 나눌 수 있는 일들을 생각하면 우리가 할 수 있는 모임으로 가능해지는 거 같아요.

예수의 공생애에서 가장 많은 기적은 치유의 기적이다. 그만큼 몸도 마음도 심령도 아픈 사람이 많은데 그 아픔이 자기 자신만의 신체적 고통과 책임으로 치부하는 것이 아니라 예수 앞으로 나와 사람들 앞에서 아픈 몸을 보이고 예수의 능력으로 나음의 은혜를 입는다. 마을공동체에서의 치유도 그러하다. 혼자만의 고통과 책임에서 벗어나 공유하고 소통하고 상호협력과 위로를 통해 치유의 과정을 만들어감으로써 그 안에 하나님의 특별한 은혜, 즉 치유의 은사를 경험하도록 해야 하는 일에 공동체적 관심을 가질 때이다. 우산을 들어주는 것이 돕는 것이지 우산을 접고 함께 비를 맞는 것이 무슨 도움이 될 것인가. 혼자 비를 맞고 가면 참 처량하다. 그렇지만 친구와 함께 비를 맞으며 걸어가면 덜 처량하다.[16] 그 마음 씀씀이가 헌신한다고 나서는 일보다 더 고마운 일이다. 환자 홀로 어려운 상황을 이겨내야 하는 시점에 개인 영역으로 치부되었던 것을 공동의 문제로 교회공동체가 드러내 함께 고민하고 함께 겪는 회복의 과정으로 전환하는 일은 교회가 해야 할 공공성의 영역이다.

교회가 화해와 치유의 공동체가 되는 것은 하나님 나라에 대한 전망에서 관계들을 창조하고 새롭게 하는 교회의 선교에 대한 본질적인 표현이다. 이것은 그리스도의 은혜와 용서를 선포하고 생명의 충만함을 전망하는 가운데 몸들, 마음들, 영혼들을 치유하며 깨어진 관계들을 화해시키는 것을 의미한다.[17] 치유의 사역은 육체적 차원에서는 몸의 온전성을 회복해 가는 사역이고, 정신적인 차원에는 마음의 온전성을 회복해 가는 사역이며, 사회적 차원에서는 다른 사람들과의 관계의 온전성을 회복해 가는 사역이고, 정치 · 경제적 차원에서 정의로운 정치 · 경제의 구조를 회복해 가는 사역이며, 생태적 차원에서 창조 세계와의 관계의 온전성을 회복해 가는 사역이고, 영적 차원에서 하나님과의 관계의 온전성을 회복해 가는 사역이라 할 수 있다.[18]

구약의 맥락에서 하나님은 모든 치유의 근원이다. 치유와 구원은 상호 연결되어 있으며 여러 곳에서 같은 의미로 사용된다. "주님,

---

16 신영복,『담론』(파주: 돌베개, 2015), 295-296.

17 이형기, "화해와 치유의 생명공동체로서 '하나님 나라와 교회'(II)," 공적신학과 교회연구소 편,『하나님 나라와 지역교회』(서울: 킹덤북스, 2015), 66.

18 정원범, "WCC의 에큐메니칼 운동과 치유선교,"「선교와 신학」36집(2015), 216.

저를 고쳐주십시오. 그러면 제가 나을 것입니다. 저를 살려 주십시오. 그러면 제가 살아날 것입니다"(렘 17:14). 그러나 신약성서는 질병의 치료를 구원받는 것과 동일시하지 않는다. 또한 신약성서는 치료(curing)와 치유(healing)를 구별한다. 어떤 사람은 병을 치료받았지만, 치유 받지 못했으며(눅 17:15-19) 또 어떤 사람은 병을 치료받지 못했지만, 치유 받았다(고후 12:7-9). '치료'는 잃어버린 건강을 되찾는 것이며 따라서 시원론적인(protological) 견해를 가진다. 그렇지만 '치유'는 예수 그리스도의 사건을 통해 개입된 충만한 생명이 넘치는 종말론적인 현실을 가리킨다.[19] 하나님이 병들고 깨어진 모든 것들을 치유하시고 회복하시는 분이라면, 교회의 선교 역시 깨어진 모든 것들을 치유하고 회복하는 치유 선교를 교회의 중요한 사명으로 수행할 수 있어야 한다.[20]

2. 함께 만드는 것은 '일'이 아니라 '관계'

교회가 마을공동체 사업을 해나갈 때 고민해야 할 일은 마을 주민들과의 관계 형성이다. 마을 주민들과 소통하고 공감하는 친밀한 이웃으로의 관계를 형성하는 일이다. 육아 문제, 공동육아, 청소년 교육정보 공유, 교육 사각지대에 있는 청소년의 교육 돌봄과 일상의 돌봄, 서로 이야기 나눌 수 있는 친밀한 관계 등이 필요하다. 이는 마을에서 살아가는 사람들을 주체로 일어서도록 함께 하는 가장 우선적인 일이며 복수적인 자신의 가치가 타자와 서로 밀접한 관련을

---

19 세계교회협의회/김동선 역, 『통전적 선교를 위한 신학과 실천』 (서울: 대한기독교서회, 2007), 214.

20 정원범, "WCC의 에큐메니칼 운동과 치유선교," 219.

맺으며 서로를 잇게 하는 근력을 강화하는 일이다. '일'을 위해 사업을 하고 그 사업을 통해 더 큰 공동체를 꿈꾸며 주민들의 삶을 풍요롭게 만들려 하는 것은 주민들의 주체적인 근력 활동을 강화하기보다 자칫 수용자로서 전락하게 만드는 일이 될 수 있다. 물론 마을공동체 활동을 하는 교회가 직면한 여러 가지 마을 문제들을 해결하기 위해 벌이는 사업들은 유의미하다. 하지만 문제 해결에 천착하는 것보다 '공동체와 지역사회의 역량을 키우는 것'을 강조하는 것, 마을 주민이 사회서비스의 고객으로 존재하는 것이 아니라 '함께 생산하며 누리는 사람'으로 존재하기 위해서[21] 근력을 강화하는 것에 대한 유의미성이다. 이는 사회적인 영역을 확장하는 것으로 이로써 공공 영역(public sphere)에서 배제되었던 것들이 사회적인 영역으로 인정받게 되어 마을의 일상생활 영역이 공공 영역으로 확장되는 길을 연다.[22]

따라서 교회가 마을과 함께해야 할 것은 '관계 형성'이다. 만남의 면들을 창출하고 벤다이어그램의 교집합을 넓히는 일 안에는 '일'이 있는 것이 아니라 '관계'가 있다. 관계가 있으면 일은 언제 어디서든 생각지도 못한 곳에서, 생각지도 못한 때에 도둑같이 임한다.

그걸 주름이라 생각해요. 주름이 다양할수록 하나의 주제를 가지고 깊이 이야기를 나눌 수도 있고 주름을 가지고 접하다 보면 통합되기도 하고 새로운 의미로서 깊어지기도 하고 그래요. 이런저런 얘기를 통해 통전적

---

21 주은선, "복지공급 주체로서 국가, 시장, 시민사회에 관한 정책 패러다임 검토: 이념과 쟁점," 「사회보장연구」, 32³(2016), 185.

22 조미라, "성찰적 공동체형 복지 실천과 여건에 대한 질적 연구: 인천 계산동의 공동육아 마을교육 공동체를 중심으로," 「미래사회복지연구」 11²(2020), 8.

인 이해가 생기게 되는 거잖아요. 교회는 다양한 주름을 갖는 것이 필요해요. 원래 마을 청소년들을 도와주는 문제도 처음에는 문제집으로 도와주다가 나중엔 장학생으로 해서 학원비를 도와주고 그러다가 정신적인 어려움이 있는 친구가 있으면 상담으로 도와주고 부모가 안 계시는 아이들은 반찬으로 도와주고 … 사실 도와주는 데에는 경계가 없거든요. 돌봄에는 경계가 없는 거죠. 필요하면 회의를 하고 그것에 맞춰 우리가 도와줄 게 무엇이 있는지를 공유하고 도와주는 방식을 고민하고 했던 것 같아요. 다양하게 생각해 보면 뭘 해야겠다라는 것보다는 상대에게 필요한 게 뭘까. 그런 관심으로 마을을 섬겨온 것 같아요.

'함께하는교회'는 그들의 마을 활동 방식으로서 관계 만들기를 '주름 만들기'로 표현한다. 고민하다 보면 깊어지는 주름, 함께 맞대다 보면 다양해지는 주름이 사람에 대한 통전적인 이해를 하게 한다. 경계 없는 만남이 가져다주는 경계 없는 함께함의 방식이 그들에겐 이제 익숙한 마을과의 소통방식이다. 자신의 모습을 견고히 해 나가는 것이 아니라 자기를 부인하고 액체와 같이 스며드는 존재로 마을을 섬기는 것, 그러할 때 발생하는 공간은 사람과 사람 사이의 공간이다. 관계의 최고 형태는 입장의 동일함을 훨씬 뛰어넘는 곳에 있다. 서로를 따뜻하게 해 주는 관계, 깨닫게 해 주고 키워 주는 관계,[23] 공동체는 이렇게 은근히 옷을 적시고자 하였다. 무리하지 않고 조용히 젖어 드는 서로의 관계를 통해 서로가 삶의 주체로 서는 것에 용기를 내었다.

'함께하는교회'의 소통방식에서 가장 핵심적인 키워드는 '만남'

---

23 신영복, 『담론』, 284.

과 '주름'이다. 사람과 사람 사이의 '공간'인 경계 없는 만남을 만들어가는 주체는 단일한 주름을 갖고 있지 않다. 그들의 소통은 다양한 주름의 형식으로 존재한다. 그들의 정체성은 일의적으로 존재하지 않는다. 주체의 정체성은 그 자체가 복수적이다. 복수적 가치의 '사이 공간'(inter-space)에는 항상 어떤 갈등이 존재한다. 사람과 사람이 만나는 공간에 존재라는 갈등은 주체가 복수적이기 때문이다. 주체가 복수적이고 그사이에 항쟁이 존재한다는 것은 주체가 파편화되어 있음을 의미하지 않는다. 정체성의 복수성을 잃는다는 것은 타자를 잃어버리는 것이다.[24] 이 복수성들을 통해 사이 공간을 벌여나가는 사이 주체화 과정은 원활해지며 그 매개는 친밀성이다. 주체의 복수성들이 다양한 공간에서 다양한 형태로 타자와의 만남을 열어가는 장을 만들어 갈 수 있도록 교회공동체는 조력자의 역할에 노력을 기해야 한다. 이러한 관계를 넓혀 나가는 교회의 마을공동체 활동은 마을의 주체를 타자와 공유하는 세계로 초대하는 공간을 만들어 그 안에서 하나님 나라와 그 의를 구하는 일이 될 것이다.[25]

우리의 정체성은 액체 같은 것이랄까요? 정해져 있는 것을 견고히 하는게 핵심이 아니고 상대에게 스며드는 것이라고 생각하거든요. 거기에서 공간이 발생하는 것 같아요. 고정적이 아닌 거죠. 사람의 됨됨이로 찾아가는 선교 … 어떤 모임을 하다 보면 거기서 새로운 아이디어가 생기는 거잖아요. 책 모임 같은 경우 코로나 때문에 6권인가밖에 책을 나누지

---

24 사이토 준이치/윤대석·류수연·윤미란 역,『민주적 공공성』(서울: 도서출판 이음, 2009), 114-115.

25 황홍렬, "마을만들기, 마을목회와 마을목회의 신학적 근거," 강성열·백명기 엮음,『한국교회의 미래와 마을목회』(서울: 한들출판사, 2016), 188.

못했는데, 저도 고민하고 있는데 똑같은 모임이지만 어떤 방식으로 새롭게 할지는 항상 고정적인 것은 아니라는 생각이 들어요.

관계라는 사이 공간을 만들어 가는 것의 소중함을 아는 일은 지난한 과정을 견뎌야 하는 일이다. 모임이 생기고 사라지고 또 생기는 과정이 무수히 반복되면서 사이 공간은 점점 커진다. 만일 일을 중심으로 활동을 하게 되면 '조장자'라는 함정에 빠질 수 있다. 마을 공동체와 교회공동체가 함께 사는 마을에서 자신들의 삶을 주체적으로 살아갈 수 있도록 서로 협력해 나가는 것이 무언가 결과를 도출하기 위한 사업 중심으로 활동 방향을 정하게 되면 주민 스스로 넘어야 할 장애물을 제거하는 일이 될 가능성을 배제하지 못한다. 헌신을 다했음에도 교회공동체는 갈수록 피폐해지는 결과를 낳아 갈수록 일에 지치고 가치는 희석화되어 버리는 문제가 발생한다. 관계와 일은 병행되어야 하나 중심은 관계 형성에 있어야 재생산이 가능해진다. 예를 들어 서울시 마을공동체 지원사업의 단계를 보면 1단계 모임 형성 지원, 2단계 활동 지원, 3단계 공간 지원, 4단계 모임 간 연계 지원, 5단계 종합적 마을계획 수립 지원으로 모임 형성 지원 단계사업이 63.9%로 가장 많다.[26] 다양한 모임을 통해 관계를 형성하는 것에 가장 많은 노력을 하게 되는데 자율성과 공공성은 높으나 자립성이 떨어지는 경향 때문에 사업을 중심으로 방향을 전환하게 된다. 이러한 과정은 마을공동체가 지속적인 공모사업으로 운영, 유지가 되고 이를 위해 사업을 중심으로 사람 관계가 배열되

---

26 안현찬·구아영·조윤정, "서울시 마을공동체 사업의 성과평가와 정책과제," 「정책리포트」 268호(2019), 5.

는 문제가 생긴다. 재정자립도가 낮으니 시 공모사업을 잘 운영, 유지해야 하고 무리한 결과 도출을 하도록 조장하는 활동이 반복되다 보니 사람과 일의 배열 순서가 뒤바뀌어 버리는 결과를 낳게 하는 것이다. 사람이 중심이 되어 일과 물질이 배열되어야 하는데 일이 중심이 되어 버리면 사람은 그리고 관계는 종속적이 되어 버린다. 우선성이 무엇이냐 하는 것은 참으로 중요한 일이 아닐 수 없다. 진정한 공동체 운동은 공동체 구성원으로서의 정체성을 함께 구성해 가는 것이다.[27] 그 안에는 친밀한 관계가 숨 쉬고 있다.

IV. 교회의 공공성 확립을 꿈꾸며

1. 친밀권의 공공성

관계 만들기는 곧 사람 사이의 친밀함을 만드는 일이다. 아렌트는 친밀함이 발생하는 공간을 친밀권이라 하였다. 친밀권은 '상대적으로 안전한 공간'으로서 외부에서 부인 혹은 멸시의 시선에 노출되기 쉬운 사람들에게는 자존 혹은 명예의 감정을 회복하고 저항의 힘을 획득, 재획득하기 위한 의지처이다.[28] 친밀권의 확보는 생명의 다양한 필요에 따르는 활동이며 타자와의 사이에서 이루어진다. 그곳에는 의, 식, 주와 관계된 활동은 물론이고 낳고, 기르고, 늙고, 병들고, 죽는 것에 관계된 모든 돌봄의 활동도 포함된다.[29]

---

27 유양우·신동명·김수동·문재현, 『우리는 마을에 산다』(서울: 살림터, 2018), 26.
28 사이토 준이치, 위의 책, 111.
29 사이토 준이치, 위의 책, 115.

친밀성이 바탕이 된 여러 가지 형태의 돌봄 활동은 시민사회의 공공성과도 관련이 있다. 돌봄 네트워크는 생명을 지탱하는 중요한 차원이며 '인간의 안전보장'의 결정적 역할을 하기 때문에 공공적 가치를 실현하는 일이다.[30]

돌봄은 필요성에 의해 이뤄지는 행동이 아니라 사람 본연의 정이 밑바탕 되는 일이다. 친밀감. 서로를 대가 없이 위해 주고 존중해 주는 마음, 그리스도인의 가장 기본이 되는 마음이 구체적으로 드러나는 가장 우선적인 행동이 곧 돌봄이다. 사람을 바라보는 시선 안에 친밀은 더욱 사람을 끌어당긴다. 관계의 공간은 넓어지고 수많은 각도의 접점이 발생한다. 그 친밀성 안으로 발생하는 관계의 공간은 아무리 이야기해도 모자람이 없다.

마을이 공동의 집합 장소를 제공할지라도 여기에 모이는 사람들의 위치는 상이하다. 두 사물의 위치가 다르듯이 한 사람의 위치와 다른 사람의 위치는 일치할 수 없다. 타자에 의해 보이고 들리는 것이 의미가 있는 까닭은 각자 다른 입장에서 보고 듣기 때문이다. 이것이 공적 삶의 의미이다.[31] 사물들이 많은 사람에 의해 다양한 관점에서 관찰될 수 있을 때, 그래서 그 사물 주변에 모인 사람들이 극도의 다양성 속에서도 동일한 것을 볼 경우에만 세계의 실재성은 진정으로 나타날 수 있다. 교회공동체가 마을을 섬기면서 만들어

---

30 "교회에 처음 왔을 때 한 몇 달 동안 아이와 엄마를 매치할 수 없었어요. 이번 주는 이 아이가 저 엄마 무릎에 앉아 있고, 다음 주는 저 아이가 이 엄마 무릎에 앉아 있고 그러더라구요. 도대체 아이의 엄마가 누구인지 알 수 없게 자기 아이든 남의 아이든 모두 자기 아이처럼 무릎에 앉혀 밥을 먹여 주고 돌봐 주고 하니까 알 수가 있나요? 제가 '함께하는교회'에 정착을 하게 된 것은 교인들의 친밀감 때문이에요. 그 친밀감과 유연함이 제가 이 교회에 정착하게 된 이유입니다."

31 Hannah Arendt/이진우 역, 『인간의 조건』(파주: 한길사, 2015), 141.

가는 무수한 관계성과 다양한 접점은 교회의 공적 삶의 지평을 열어 가는 일이 된다. 또한 교회와 마을이 함께 하는 공공의 가치를 형성 하는 귀중한 일이다. 그렇다면 교회와 마을의 공공의 가치, 공통의 가치, 공적 가치는 친밀성에서 나온다. 매개가 친밀성이기 때문이 다. 그것으로 하여금 공통의 가치는 세상 밖으로 드러난다.

> 도제식은 중요한 거 같아요. 몸이 익히는 방식. 이런 거요. 교회는 이래야 해, 저래야 해 이런 게 아니라 한 사람의 그리스도인으로서 자연스럽게 해야 하는 일들. 이 사람이 어려우면 그리스도인으로서 우선 손을 잡아 주는 게 먼저여야 하는 거죠. 사람됨을, 됨됨이를 찾아가야 되는데 자꾸 무언가 배우려고 하고, 만들려고 하고….

몸이 익히는 방식을 택한 '함께하는교회'는 사람 됨됨이의 가치 를 중요시한다. 바오밥에서 형성되는 수많은 커뮤니티 안에는 시선 자체가 사람에 있다.

본 연구자가 면담을 위해 바오밥을 열 번이 넘게 방문했을 때 한 번도 빠지지 않고 오는 청년이 있었다. 그냥 우두커니 앉아 있는 청년에게 목회자나 교인들은 그를 먼저 맞았다. "면담이 진행 중이 니 조금 기다려 줄래? 잠깐 있어 봐" 등의 이야기를 할 만도 한데 기다리는 쪽은 늘 연구자였다. 하루도 빠짐없이 오는 청년인데 그 청년에게 이 얘기, 저 얘기를 오랫동안 하면서 그들은 서로의 진지 함으로 빠져들고 있었다. 돌봄의 현장을 있는 그대로 보았다. 그 청 년은 혼자서 있는 것에 익숙하지 않은 모양이었다. 그렇다고 단체 생활에도 익숙지 않은 듯 보였다. 당연히 안식처가 되어 주는 바오 밥카페가 그에게는 힘이다. 그 힘을 공동체가 돌아가면서 맞대어 주고 있었다.

감추고 싶은 개인의 사적 영역을 끌어내어 공적 영역으로 만들고, 이를 공동체적 의식으로 돌봄과 치유를 함께하는 것이 곧 교회가 마을공동체에서 해야 할 교회의 공공성 정립이다. '함께하는교회'는 바로 이 부분, 즉 사적 영역을 공적 영역으로 전환하여 마을 주민들을 타자와의 관계 속에서 자신이 삶의 주체로 서게 만드는 사역을 담당하고 있다.

원래 '박탈된'이라는 의미를 가진 '사적'이라는 용어는 공론 영역의 다양한 의미와 관련되어 있다. 완전히 사적인 생활을 한다는 것은 우선 진정한 인간에게 필수적인 것이 박탈되었음을 의미한다. 타인과의 객관적 관계의 박탈, 삶 자체보다 더 영속적인 어떤 것을 성취할 수 있는 가능성의 박탈, 사적 생활의 이 박탈성은 타인의 부재에 기인한다. 타인에게 관심을 가지는 한, 사적 인간은 나타나지 않는다.[32] 한 인간을 '사적'이라는 공간에 구속되지 않도록 공동체가 그를, 그녀를 이끄는 일은 손 내밀어 병자를, 삭개오를 불러내는 예수의 마음이다.

2. 교회 안의 교회(church in the Church)

최근 한국갤럽에서 조사한 "한국인의 종교 1984~2021"의 통계를 보면, "요즘 종교는 사회에 얼마나 도움을 준다고 생각하십니까"라는 질문에 개신교인은 80%가 사회에 도움을 준다고 응답하였다. 하지만 비종교인은 82%가 "종교는 사회에 도움을 주지 않는다"라고

---

32 Hannah Arendt, 『인간의 조건』, 142.

단위(%)

	사례 수	종교의 사회적 기여				사회에 도움을 준다(계)	도움을 주지 않는다(계)
		매우 도움	어느 정도 도움 줌	별로 도움 주지 않음	전혀 도움 주지 않음		
2014년	1,500명	6	57	32	6	63	38
2021년	1,500명	3	35	49	12	38	62
불교	244명	2	57	32	9	59	41
개신교	261명	10	70	20	0	80	20
천주교	87명	4	61	28	6	65	35
비종교	902명	1	17	65	17	18	82

〈한국갤럽조사연구소〉, "한국인의 종교 1984~2021"에서 발췌

답하였다. 정반대 응답의 결과는 여러 가지 시사점을 준다.

또 도움 되지 않는다는 2014년의 응답이 38%에 비해 불과 7년 이후 응답자는 62%로 증가하였다. 비율로만 보아도 충격적이지만 숫자로 보면 더 암담한 수치이다. 사회적 도움에 개신교도들은 200여 명이 넘는 사람들이 매우 도움이 된다고 응답했지만, 비종교인들은 902명 중 9명만이 매우 도움이 된다 했으며 전반적인 부정적인 응답 역시 739명이 넘는다. 물론 기독교를 특정하지 않고 종교인들에 대한 응답이지만 기독교가 반성해야 할 유의미한 통계이다.

이 결과는 비종교인들의 종교에 대한 차가운 시선에도 기독인들은 전혀 문제의식을 못 느끼고 있음을 보여준다. 한국교회가 일반 시민사회와의 소통에 익숙하지 않고 오히려 게토화되어 그들만의 리그에 안주하면서 사회현실에는 공감이 결핍되어 있는 문제이다. 또한 기독교인들이 사회에 영향력을 끼치는 방식의 문제이다. 즉, 기독인들이 사회에 영향력을 끼치고 있다고 생각하는 것은 활동에 있어서는 생필품 나눔, 경제적 지원 등의 시혜적 차원으로 실행되었고, 사회적 문제 해결에 있어서는 지역의 취약 계층 돌봄 사역보다

이웃과 나라를 위한 예배드리기가 우선적인 활동이 되다 보니 비종교인의 입장에서는 시혜적 차원의 지원이나 사회를 위한 예배 등의 활동이 유의미하게 느껴지지 않고 있음을 드러낸 결과이다.

또 다른 통계는 이를 뒷받침한다. 2020년 한국기독교사회문제연구원에서 실시한 "주요 사회 현안에 대한 개신교인 인식조사"를 보면 시민사회의 일원으로서 개신교의 인식은 코로나19 상황에서 출석 교회가 한 사회적 행동에 정부 방역 지침 적극 실시(78.1%), 이웃과 나라를 위한 예배(49.1%), 이웃을 위한 생필품 나눔 및 경제적 지원(34.6%), 사회 취약 계층 돌봄(27.8%), 기타(4.7%) 순으로 응답했다.[33]

대다수 개별 교회는 한국교회 중 하나의 개별적인 교회일 뿐이라고 생각한다. 그러나 지역사회가 보는 한국교회는 그 어떤 교회도 한국교회이다. 개별 교회 하나하나가 한국교회의 모든 대표성을 띠고 있다고 생각한다. 기독교인 자체는 기독교인 중의 하나의 개체라 생각하지만, 외부에서 보는 기독교인 모두는 한국기독교의 대표성을 갖고 있다. 한 사람 한 사람의 움직임, 언행일치 등을 바라보는 사회의 눈은 차가울 수밖에 없는 현실이 이렇게 정반대의 시선으로 존재하는데 기독교인은 이를 받아들이지 않는 경향을 보인다. 우리는 그냥 개별적인 존재들인데 하고 말이다.

이상의 현실적 문제들 속에서 교회가 마을공동체에서 무언가 활동을 하려 할 때 시민들은 경계심을 늦추지 않는다. 그만큼 일반 시민사회에서 교회는 경계의 대상이지 친밀성이나 화합이나 연대

---

33 한국기독교사회문제연구원 기획, 『코로나-19와 한국교회의 사회인식』 대한기독교서회, 2020, 48. 문제 해결에 대한 사회적 행동이 일반 시민들이 최소한 하는 행동과 별다른 차이가 없고 사회적 돌봄 행동보다 종교적 행위(예배와 기도)가 우선하고 있음을 볼 수 있다.

의 대상이 아니다. 이러한 상황에서 교회는 시민사회를 향해 어떤 말을 어떻게 할 수 있는가. 현실을 마주하지 않고 공감하지 못하는 기독교가 어떻게 공적 종교로서의 자기 역할을 할 수 있을까.

삶을 공통으로 살아나가는 현장은 정착이나 자기 확장의 공간이 아니다. 그냥 함께 살아내야 하는 가슴 아픈 공간이다. 무언가의 대상도 아니고 실현하고자 하는 장도 아니다. 교화시킬 공간도 아니며 내가 너를 위해서 기도하니 다 잘 될 거라는 마음 착한 공간도 아니다. 신자유주의 체제는 우리를 순진하게 놓아두지 않는다. 이 구조적 복합성 앞에 이러저러한 회피를 할 여유는 어느 한 곳도 없다. 일말의 틈도 없는 공간에 교회는 하나님의 선교라는 최대의 과제를 놓고 자기 목숨의 연명에 매달리고 있다. 아직도 자선 같은 구시대적 발상에 벗어나지 못하는, 아니면 교회의 시대적 사명을 교회의 해체와 시민사회의 흡수로 보는 극과 극의 개별적인 선택의 기로 위에 우왕좌왕하고 있지는 않은가.

교회 안에는 개별자들의 교회가 존재한다. 교회공동체가 모두 함께 움직여 선택하는 선교 방침의 한계를 극복하고, 교회 구성원의 개별자 하나하나가 그들의 삶이 맞닿는 공간을 넓히고, 그 공간에서 하나님의 선교를 다하는 사명을 감당하는 교회 안의 교회됨이 오늘의 마을공동체 운동에서 필요한 유연성이다. 이러할 때 교회의 교회됨의 방식이 교회 안의 새롭고 다양한 교회로 확산되기를 바라는 '함께하는교회'의 선교적 움직임은 선교적 교회론의 고민에 많은 시사점을 준다.

V. 나가는 말: 하나님 선교 패러다임의 변화

이상으로 '함께하는교회'의 마을공동체가 마을 주민과 함께하는 방식을 여러 가지 통계와 함께 고민해 보았다. 함께하는 공동체는 사적 영역의 공적 드러냄의 가치를 보여주고 있다. 또 사람됨의 가장 기본적인 친밀성의 영역이 얼마나 소중한가를 보여주고 있다. 그리고 교회공동체 전체가 움직이는 비효율성을 넘어서 공동체 구성원의 개별자들이 수시로 자유롭게 움직이며 확장해 나가는 친밀성의 관계, 사이 영역을 넓혀 나감으로 인한 하나님 선교의 유연성을 확보하는 사례를 제시하고 있다. 사적 영역에 숨어 있는 개별자들을 찾아내어 공적 영역으로 함께하고자 하는 노력으로 그동안 개인적 믿음의 영역으로 치부하였던 기독교의 치유 영역을 공적으로 확대하는 사례를 제공하고 있다.

그러나 그들 역시 외부에 말하지 못할 나름의 한계를 가질 수 있다. 당연하지 않은가. 하지만 자신들의 한계는 무엇일까를 고민하고, 그 한계를 극복하는 것이 무엇일까 고민하는 공동체의 힘은 늘 새로운 가능성을 품고 있다.

'함께하는교회'가 이렇듯 한국교회의 여러 가지 시도들은 '함께하는교회'뿐 아니라 더 많은 사례에서도 꾸준히 노력하고 있는 교회공동체의 모습에서 엄연히 존재하고 있다. 그래서 시민사회에서 공공성의 영역을 여전히 유지, 확장하는 노력을 멈추지 않는 교회들의 다양한 사례연구가 발굴되고 그들의 건강한 선교 방식이 한국교회 전역에 확산되기를 바란다. 그리고 더 많은 교회가 이 공공성의 영역에 참여하여 하나님의 거룩한 선교 사역을 일궈내는 일에 총력을 다하기를 기대한다.

교회의 역량은 너무나 크다. 그 역량과 헌신의 마음은 어느 시민 단체에서도 볼 수 없는 잠재성을 갖고 있다. 그만큼 한국교회에는 역사적으로 형성된 나를 내어놓는 온전한 헌신 그리고 사회를 보다 더 진보하게 하여 종국에는 하나님의 나라를 이 땅에 이루고자 하는 종말론적 믿음의 DNA가 철저히 내재되어 있다. 그것을 의심해서는 안 된다. 그것은 이미 역사적으로 증명된 믿음의 선조들이 흘린 피 땀으로 이뤄낸 것이기 때문이다.

● 함께 생각해 볼 질문

1. '비를 함께 맞는다는 것'과 비를 맞지 않도록 '우산을 받쳐 주는 일'의 차이점은 무엇일까요? 우리와 내 이웃이 함께 사는 삶 속에서 구체적으로 생각해 봅시다.
2. 함께 만드는 '관계'는 마을공동체를 어떻게 지속 가능하게 할까요?
3. 삶과 맞닿는 공간을 만드는 일은 생활 속에서 일어납니다. 그러면 그 일의 주체는 누구일까요?

● 도움이 될 만한 자료

신영복.『담론』. 파주: 돌베개, 2015

사이토 준이치/윤대석·류수연·윤미란 역.『민주적 공공성』. 서울: 도서출판 이음, 2009.

유양우·신동명·김수동·문재현.『우리는 마을에 산다』. 서울: 살림터, 2018.

송호근.『국민의 탄생; 식민지 공론장의 구조변동』. 서울: 민음사, 2020.

9장

교회 밖(학교) 청소년 선교
― 넥타 링크 사역의 실제

김경숙*

I. 들어가면서

청소년 선교 사역의 현장은 어느 곳이든 에너지가 넘치고 신이 난다. 삼삼오오 모여 떠드는 수다에 우당퉁탕 뛰고 들썩거리는 소리가 더해지고 깔깔거리는 웃음소리가 쌓이기 때문이다. 무엇이 그리 재미나고 신이 나는지, 저렇게 재밌고 웃을 일인가 싶어지는데 나도 모르게 따라서 웃게 된다. 그러면 잔뜩 궁금해지고 곁에서 쳐다보게 된다. 쳐다보는 눈길에 서로 살짝 민망하지만 "같이 웃자" 그러면 기다렸다는 듯이 이야기를 시작한다. '그래, 그렇게 너희는 신나는 오늘을 살아야 한다. 그게 가장 아름답고 빛나는 너희의 모습이구나!'라고 말하고 싶다.

그래서 웃지도 않고 떠들지도 않고 가만히 있거나 무언가 어려운 문제를 맞닥뜨리고 어쩔 줄 몰라 절망하는 아이들을 보면 걱정이 되고 안쓰러워진다. 들어줄 사람이 없다고 느끼고 입을 다무는 것은

---

* 넥타 대표간사, 학원 선교사, 목사.

가장 청소년답지 않으면서 또 역설적으로 청소년답다고 느껴진다. 그래서 그런 건지 대부분의 아이들이 자꾸 입을 다문다. 같이 놀고 웃어야 입을 열고 그러면서 생각을 말하고 마음을 열게 되는 법이다. 마음을 열고 진심을 나누는 곳이 청소년 사역의 현장이고 선교의 현장이다. 청소년과 만날 수 있고 함께 무언가를 할 수 있는 곳이 현장이다.

청소년을 만날 수 있고 함께 무언가를 할 수 있는 곳은 많지만 모든 곳에 찾아갈 수 없으니 그들의 일상의 삶의 자리를 살펴보고 찾아가는 것부터가 청소년 선교 사역의 시작이 된다. 가정, 학교, 교회, 마을 등 청소년의 일상에 가장 가깝고 많은 시간을 보내는 곳, 누구나 성장하면서 필수적으로 경험하게 되는 곳, 어느 마을이든지 가장 많은 아이가 있는 곳, 한국 사회 대부분의 청소년이 일상을 보내는 곳, 중·고등학교이다. 그곳이 청소년 선교 사역의 현장이 되는 이유이다.

본 글에서는 교회 밖의 청소년 선교 사역의 현장인 비기독교 중·고등학교에서 사역해 온 넥타의 링크 사역을 소개하면서 공교육 안에서 청소년 선교의 비전과 실제 사역이 어떻게 이루어지고 있는지를 살펴보고자 한다. 또한 학교에서의 사역을 위해 지역 교회의 헌신과 사역자 파송에 대한 지속 가능한 지원과 협력의 내용을 제안하고자 한다. 이를 통해 같은 지역 내 중·고등학교와 지역 교회 그리고 교회 밖 사역 단체인 넥타의 연대와 동역이 교회 안과 밖에서 청소년들의 일상과 신앙생활에 다양하고 즐거운 복음의 직, 간접적인 경험을 제공하게 되기를 그리고 청소년이 복음에 반응하여 건강한 신앙인으로 풍성한 일상을 살아가게 되기를 기대한다.

II. 넥타의 청소년 선교 사역 이해

1. 선교지로서의 중 · 고등학교에 대한 이해

청소년 선교를 위해 1318로 대변되는 청소년의 일상을 살펴보면 대부분의 아이들이 중 · 고등학교에서 가장 많은 시간을 보낸다. 10여 년 전부터 지금까지 유명한 "고딩의 하루"라는 영상[2]을 보면 고등학생의 하루가 5초로 요약되는데 매우 단조롭고 반복적인 일상을 보여준다. 영상에 대한 공감대가 높아서 지금까지 유명한 청소년 관련 영상으로 회자되고 있다. 물론 방과 후에 학원을 가기도 하고 친구들과 교제하며 시간을 보내기도 하지만 대부분의 청소년들은 학교생활과 학업이 하루의 거의 전부를 차지하는 시간을 살고 있다. 그 시간을 어떻게 보내고 누리는가? 무엇을 경험하고 배우는가는 그 사람의 인생에 매우 중요한 요인이 될 것이다. 그래서 청소년 선교 사역의 현장으로서 중 · 고등학교는 매우 중요한 사역지가 된다.

넥타는 사역 초기부터 청소년 사역의 현장을 중 · 고등학교와 그 학교가 속한 지역으로 정하고 시작하였다. 기독 교사를 찾아가 만나고 청소년 선교 사역에 대한 비전을 공유하고 사역을 함께하면서 동역자로서 공감하게 되었다. 결국 기독 교사와 학교에 대한 권위를 인정하고 신뢰하며 사역을 의논하고 사역의 주체로서 동역을 요청하게 되었다.[3] 이후 학교에서 사역이 가능해지고, 그 횟수와 요청이 확대되면서 학교가 속한 지역의 교회들을 탐색하고 찾아가 학교로

---

2 https://youtu.be/z7IqUVK7qMc "고딩의 하루".

3 김경숙, "넥타의 비전과 링크 사역을 통한 다음 세대 선교 전망," 『다음 세대 선교, 지역교회와 어떻게 할 것인가?』 「넥타포럼 자료집」, 2018. 10.

찾아가는 사역에 대한 선교적 비전을 나누고 동역을 요청하며 현재까지 사역을 유지하고 확장해 왔다.

교회 밖 학교 선교 사역을 단순히 학교 앞 전도의 일환으로 그리고 교회교육 부서의 부흥과 성장을 위한 프로그램으로 이해하는 것이 아니라 학교에서 이미 사역하고 있는 기독 교사와 협력하며 청소년들과의 구체적이고 지속적인 만남을 통해 복음을 전하는 선교 사역으로 이해하는 것이 필요하다. 단체나 교회 중심이 아닌 학교와 교사, 청소년 중심의 사역으로 이해하고 협력할 때 기독 교사는 안심하고 동역의 절차에 참여한다. 학교와 교사들이 학생들의 안전과 교육의 내용 그리고 절차에 안심할 수 있을 때 학교 밖의 사역자들은 알 수 없는 행정 절차와 학생들과 교사들을 위한 사역적 필요를 공유하게 되고, 지속 가능한 사역을 할 수 있게 된다. 지원하는 단계에서 협력으로 관계가 발전하면 다양한 선교와 교육의 기회들이 발생한다. 중·고등학교는 그런 의미에서 청소년 선교 사역의 특수 선교지이자 사역의 현장으로 이해해야 한다.

또한 학교에 대한 선교 사역적 이해는 교회교육에 대한 접근도 실제적이며 구체적으로 할 수 있다. 교회교육 부서에 참석하는 대부분의 청소년들이 중·고등학교 학생들인데 학교생활에 대한 관심과 이해를 기반으로 목회를 하는 것은 매우 필요한 과정이다. 학교와 교육제도는 변화하고 있다. 변화하는 학교생활에 교회 안의 아이들도 교회 밖의 아이들도 큰 영향을 받는다. 선교적인 면에서 그리고 교회교육적인 면에서 선교지이면서 사역지인 학교는 중요하게 다루어져야 할 것이다.

2. 청소년 선교 사역의 목표 점검

청소년 선교 사역에 대한 관심은 한국교회 위기 상황과 밀접한 관련이 있다고 할 수 있다. 청소년 인구의 감소와 탈교회적 행태가 일반화되면서 교회 청소년부가 위축되고 사역이 어려워지고 있다. 아이들이 교회에 오지 않는다. 만날 수 없으니 하나님의 사랑과 예수 그리스도의 구원의 복음을 전할 수 없다. 신앙생활의 유익과 교회공동체의 넓고 큰 품도 경험할 수가 없다. 이런 상황에서 사역자들은 오히려 우리의 사역적 목표점을 재점검하고, 신앙 교육의 본질을 교육, 훈련하는 것을 강화하고, 신앙과 일상을 균형 있게 살아가는 청소년 사역을 하고 있는지를 확인해야 할 것이다.

고등학교에서의 수업을 마치고 하교하는 길에 1학년 학생과 나누었던 대화를 소개한다. 여성 목회자를 처음 봤다고 말문을 열었던 그 친구는 청소년 사역자로 살아 온 필자에게 여러 가지 고민을 던져 주었다. 초·중·고등학교를 다니는 동안 교회를 한 번도 가본 적이 없다는 아이에게 이유를 물었더니 초청하는 사람이 없었다고 한다. 교회 다니는 친구가 있기는 하지만 초청받아 본 적은 없다고 했다. 목사님을 만나니 교회가 궁금해졌다고 했다. 수업을 진행하며 그리스도인의 생활에 대해, 교회에 대해 질문할 때마다 성의껏 대답을 하였고 수업에 참여하는 학생들 가운데 기독 학생들에게 제안했었다. 주변의 친구들을 교회에 초청하라고 말이다. 사정상 학기 중 전학을 가게 되어 이후 상황을 알 길은 없지만, 가끔 생각나는 아이가 되었다.

청소년 선교 사역은 청소년들이 청소년기에 하나님의 사랑과 복음을 알고 믿어 건강한 신앙인으로 살아가는 것이다. 종교적 언어에 익숙하지 않은 대다수의 청소년들에게 어떻게 복음을 들려주고 반응할 수 있도록 도울 것인지 선교적, 교육적 목표와 내용을 조정해야 할 필요가 있다. 그것을 위해 교회 안과 밖에 청소년 현실을 이해할 수 있는 현장을 경험하는 것이 필요하다.

넥타의 청소년 선교 사역은 복음에 반응하는 청소년을 만나고 축복하는 것이다. 넥타의 초기 사역은 기독 학생들과 학교에서 예배하고 성경을 공부하며 학교와 교사, 학생들을 위한 섬김의 사역으로 동아리를 운영하였다. 그러나 20여 년의 시간이 지난 학교에서는 기독 학생들이 모여 예배하고 섬김의 사역을 위해 동아리로 모이는 것보다 복음의 정서적 경험을 제공하고 주제를 담아 구성한 청소년 프로그램을 통해 청소년들과 소통하고 교감하며 복음을 전하고 있다. 앞서 언급했듯 누구를 만나 어떤 이야기를 나누고 생각하는 기회를 경험했느냐가 중요한 시기라서 그렇다. 부정적 이미지의 기독교와 교회, 복음에 대한 무관심에서 관심과 호감을 높이는 사역이 선교지로서의 학교에 필요한 때이다. 청소년 중심의 선교와 사역에 대한 이해를 바탕으로 교회 안과 밖에서 사역할 수 있는 적극적이고 구체적인 선교의 목표를 세우고 찾아가서 만날 수 있도록 도전해야 할 때이다.

III. 넥타의 청소년 사역 이해

1. 넥타, 지역 교회의 연합과 선교적 비전

서울 강북과 동쪽의 지역 교회 담임목사의 연합모임으로 시작한 넥타는 초기 동북선교회라는 이름으로 지역 내 청소년 선교에 사역 비전을 두고, 타문화선교를 위해 선교사를 파송하듯 청소년 선교를 위한 선교사를 파송하기로 결의하면서 본격적으로 청소년 사역 단체로 시작하였다.[4] 이는 개 교회의 부흥과 유익을 위한 사역이 아니라 교회 연합체를 통해 지역 내 청소년 선교에 헌신하기로 결의한 적극적 의미의 선교이며 청소년 선교 사역의 지속 가능한 도전과 모색이 되었다. 1999년부터 현재에 이르기까지 이 선교 사역적 비전을 기반으로 학교에서 사역하면서 교단을 넘어서 청소년 선교 사역의 현장과 지역 교회의 협력과 연대의 방식으로 사역하고 있다.

2. 넥타의 비전

넥타는 다음 세대의 부흥을 위해 교회, 학교, 가정 그리고 지역사회가 연대하여 청소년들이 복음 안에서 성장할 수 있는 지역적 토양을 가꾸는 것을 비전으로 사역한다. 이를 위해 첫째, 청소년들이 예수 그리스도의 본을 받아 영적, 지적, 사회적 그리고 신체적으로 균형 있게 성장하며, 하나님 나라의 확장을 위해 헌신하는 성숙한 그리스도인이 되는 것을 목적으로 한다. 둘째, 각 지역의 교회 연합체를 중심으로 가정과 학교 그리고 지역사회가 연대하여 기독교적 지역문화를 창조하는 것을 목적으로 한다.[5]

---

4 『넥타 20년사: Transforming NECTAR 20년 그리고 소망』, 2019, 6. 넥타는 다음 세대의 부흥을 위한 연대(Network for Christian Teenagers' Revival, http://nectar1318.net/)이다.

5 위의 책, 6.

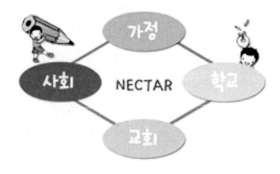

넥타 비전

3. 넥타의 핵심 가치

넥타의 사역을 10주년에 맞추어 정리하면서 비전과 함께 청소년에게, 기독 교사에게, 교회 사역자들에게 나누고 싶은 넥타의 핵심 가치를 정리해서 다음과 같이 발표하고 사역적 공감대를 넓혀가고 있다.

(1) 복음 전파

(2) 청소년의 행복

(3) 연대(network)

넥타의 사역은 청소년들이 복음을 듣고 반응하여 그리스도인으로 살아가기를 바라기 때문에 복음의 전달 방식과 응답할 수 있는 경험을 나누고자 사역의 내용에 가치를 반영하고 있다. 그리고 내일로 미뤄진 행복을 위해 오늘을 인내하기보다 오늘의 즐거움과 감사가 내일에 대한 기대가 될 수 있기를 바라며 사역하고 있다. 또한 청소년 사역은 개인의 헌신에 더해 교회공동체의 협력과 유관한 기관의 연대를 통해 청소년을 위한 사역의 풍성한 내용과 안정성, 지속성을 기대할 수 있도록 사역하고 있다. 이 세 가지 핵심 가치를 반영한 사역 프로그램을 개발하고 공유하며 선교 사역의 현장에서 동역자들과 사역하고 있다.

IV. 교회 밖, 청소년 선교 사역: 넥타 링크 사역

1. 링크 사역 이해

같은 지역에 있는 중·고등학교의 기독 교사와 교회의 사역팀(다 품사)이 서로를 파트너로 이해하여 기독 교사에 의해 개설된 동아리(CA)를 교회가 인적·물적 자원으로 사역하도록 연결하고 수업을 운영하면서 접촉점을 늘려가는 사역이다. 이 과정에서 수업 운영팀과 청소년들의 교제권이 생기고 소통하면서 신뢰가 쌓여 비기독교 청소년들이 교회 사역자의 영향을 받고 복음을 직간접적으로 경험하게 된다. 이후 기독 청소년으로 성장하도록 돕고 지역 교회로의 안내를 할 수 있다. 이 사역은 기독 교사의 헌신을 기반으로 시작하고 넥타와 같은 선교 사역 단체와의 협력으로 지역 교회 사역자들이 수업을 운영하고 동역하는 청소년 선교 사역이다.

넥타의 링크 사역은 넥타의 사역자와 중·고등학교 기독 교사 그리고 지역 교회 목회자를 포함한 사역자들이 협력하는 사역이다. 학교라는 선교 사역지에 이미 파송된 선교사로서의 기독 교사와 사역의 가능성과 목표를 설정하고 지역 교회 사역자들과 청소년을 대상으로 하는 기독교 정서를 담았지만, 학교에서 소통 가능하고 수업에 합당한 양질의 내용을 가지고 넥타의 사역자들이 찾아간다. 학교

링크 사역이해

에서는 수업이지만 교회 사역팀에게는 사역이다. 교회의 접근이지만 전도가 아니라 포괄적 의미의 선교이며 재미있고 유익한 수업을 경험하게 하는 것이다. 이러한 접근과 사역에 동의할 때 링크 사역이 시작되고 청소년과의 정기적인 만남이 가능해지고 하나님이 일하시는 때를 바라고 기도하는 선교 사역이 된다.

2. 링크 사역의 동역자

1) 이미 파송된 선교사, 기독 교사

비기독교 중·고등학교에서 복음을 전하는 소명을 가지고 있는 이미 파송된 선교사로서 기독 교사는 링크 사역의 핵심 사역자이기도 하다. 학교라는 청소년 선교 사역지에 대한 이해는 물론 사역적 필요를 가장 명확하게 알고 있기 때문이다. 또한 사역적 접근을 가장 잘 보호하고 연결을 유지 가능하게 할 수 있는 사역자이므로 링크 사역을 시작하고 구성하는데 중요한 동역자이다.

넥타는 기독 교사가 학교에서 안정적으로 사역하고 공감할 수 있도록 기독 교사 신우회를 지원하고 여름방학을 시작하면서 '하늘걸음'이라는 이름으로 학교 심방을 통해 학교와 교사, 학생들을 축복하는 기도회를 운영하고 있다. 겨울방학에는 새 학년 청소년 선교 사역을 준비하며 넥타의 명실상부한 동역자인 학교 선교사로서 청소년 선교 사역에 대한 비전과 사역을 공유하는 넥타기독교사컨퍼런스(NTC)를 진행하고 있다.

2) 지금 파송되는 선교사, 지역 교회 사역자(팀)

비기독교 학교에서 사역을 주체적으로 운영하는 지역 교회 사역자(팀)으로 선교지인 학교로 파송되는 사역자들이다. 기독, 비기독 청소년과 직접 대면하고 그리스도인의 증인된 삶의 태도를 드러내고 교회공동체의 선한 영향력을 비추며 복음을 직, 간접으로 전하는 사역자이다. 기독 교사와 협력하고 넥타의 사역자와 동역하는 사역자(팀)이다.

주일 교회교육부서 사역이 주중 학교 사역과 연계하는 사역으로 운영해야 하기 때문에 청소년 선교 사역자로서의 비전을 가지고 사역에 임해야 한다. 학교에서 만나는 청소년들이 교회공동체에 잘 적응하고 신앙인으로 성장하도록 잘 품어 주는 사역자들이 교회 사역자(팀)이다. 넥타는 교회 사역자들과 사역 공감을 나누고 청소년 사역 프로그램을 공유하며 선교지로서의 학교에 대한 이해를 더하고 청소년 사역자로서의 전문성을 키워 가도록 협력하고 있다.

3) 선교지에서 목회하는 선교사, 넥타 사역자

넥타의 사역자는 기독 교사와 사역적 비전을 공유하고 학교라는 선교지에 적합한 사역 콘텐츠를 연구하고 개발하여 지역 교회 사역자들의 훈련과 사역을 지원하는 청소년 선교 사역 단체의 실무자이며 학교 선교를 위해 지역 교회와 연계하는 링크를 개설, 유지, 관리하는 실무 사역자이다. 넥타 사역자의 청소년 사역은 학교와 교회를 모두 사역지로 보고, 기독 교사와 교회 사역자들을 목회하며 청소년을 함께 품는 특수 사역이다.

3. 링크 사역의 실제

1) 중 · 고등학교 수업 계획과 구성

중 · 고등학교 창의적 체험활동의 일환으로 구성하는 CA수업6의 경우 1년에 2학기 연 8회에서 10회의 수업을 학사일정에 따라 계획한다. 3월 이전에 기독 교사와 미리 상의하면서 학교 학생들의 호감도와 교회의 협력 내용을 미리 공지하고, 학년과 학생 수를 결정한다. 대부분 학년별로 따로 수업을 구성하며 12~15인 이내로 학생 수를 결정한다. 소그룹 운영을 전제로 하는 수업이라 학생 수에 맞게 소그룹의 운영 여부를 결정하고 사역자를 결정한다. 소그룹 교사의 준비와 태도가 수업 운영에도 매우 영향력이 크다. 교회의 사역자 파송 상황과 수업 운영의 장점을 더해 수업을 구성한다.

수업의 주제와 구성은 청소년 일상의 관심 주제들을 통한 자기 탐색 과정인 파워틴즈,7 자기 이해를 바탕으로 한 진로 · 직업 탐색

---

6 CA는 Club Activity의 약자로 학생들의 관심사를 반영하는 교과 외 수업의 명칭이다. 현재는 창의적 체험 활동의 동아리 활동을 지칭한다.

7 넥타의 청소년 사역 교재인 파워틴즈는 각각 생활편, 생활편+, 신앙편으로 구성하였고 독자적으로 활용 가능하고 신앙편은 교회 청소년 프로그램으로 운영할 수 있다.

과정의 두드림[8] 등으로 구성하고 놀이와 미디어 활동 등을 포함하는 소그룹 워크숍 방식으로 진행한다.

중학교 1학년 대상 자유학년제 수업으로 구성하는 수업은 학기에 8회씩 2회차 수업으로 16주씩 2학기 32주를 수업하게 되는데, 진로·직업 탐색을 주제로 계획 운영하게 된다. 이 수업은 회차별 20~24명까지 참여하는데 소그룹으로 운영하기 때문에 교회와의 협력이 중요하다. 또한 이 수업은 매주 운영하므로 교회에서 주도적으로 수업 운영을 사역으로 인정하고 참여하는 것이 필요하다. 따라서 부서의 선교 사역에서 확대하여 교회와 동등한 학교의 사역을 감당해야 한다는 이해를 전제로 사역을 준비하고 운영해야 한다.

2) 연간 수업 운영

수업 계획과 학생 모집을 마치면 학사 일정에 따라서 수업을 운영한다. 정규 수업이므로 출결이 중요하고 수업 시간을 성실하게 지키고 그 시간 안에서 교과 수업과는 다른 즐거움을 경험하는 수업이 되어야 한다. 사실 학년말에 학생기록부에 수업 참여를 반영하여 평가서를 지도 교사가 기록해야 하므로 소홀히 할 수 없는 수업이다. 같은 방식으로 학생들도 연말에 수업의 내용을 평가하기 때문에 종교에 관련한 내용을 강조하거나 일방적으로 가르칠 수 없다. 그렇지만 회차가 더해질수록 청소년과 친밀해지고 외부 강사에 대한 관심과 호감이 늘어간다. 사역자들도 청소년과의 소통과 공감에 따라 교회의 사역에 새로운 도전과 이해가 깊어진다. 링크 사역은 청소년

---

8 두드림은 2021년 중학교 1학년 대상 자유학년제 진로·직업 탐색 주제 활동 수업으로 운영 중이다.

선교 사역이면서 교사와 사역자들에게 은혜가 되는 하나님의 사역의 시간이다.

3) 링크 사역 설문지와 평가서

비기독학교에서 1년간 운영하는 수업을 통해 학생들의 수업 참여도와 만족도 그리고 교회의 협력에 대한 이해를 수업 평가 설문지로 확인하고 지역 교회의 선교 사역에 대한 피드백의 내용으로 그리고 다음 해의 사역을 준비하는 과정으로 진행한다. 이는 교회의 학교 사역에 대한 공감을 늘리기 위한 방법이면서 청소년 선교 사역에 대한 교회의 지속 가능한 사역으로 세우기 위한 것이다. 담임목사님부터 선교부, 교육부, 담당 목회자와 사역자들이 모두 공감할 수 있도록 내용을 정리하고 넥타의 사역자의 요청이 첨부된다.

CA수업을 통한 학생과 교사의 평가는 대부분 만족도가 높고 종교적인 부분에 대한 거부감이나 부정적 이미지는 긍정적으로 선회하는 결과를 보여준다. 동아리의 경우 학년을 연계하는 평가서의 내용을 통해 기독교동아리의 수업 운영이 훨씬 참여도와 만족도가 높다는 것을 볼 수 있다. 다음에 소개하는 평가 내용은 2019년 사역의 중학교 CA수업과 고등학교 동아리 수업의 결과를 그래프로 작성한 것이다.9

(1) 사례 1. ○○고 하은이반(조○○ 교사)
① 링크 교회: 동숭교회(예장통합, 서정오 목사) 허재호, 이상택

---

9 2020년은 코로나로 학교 수업 운영에 대한 서면 평가를 받기가 어려워 온전히 대면했던 2019년 자료를 제시한다.

목사/넥타 지원

② 수업 참석 인원: 1~3학년 32명(평가서 작성 시 3학년 일부 진

로 결정 후 수업 제외)

③ 사역 지원: 수요일 아침 예배(7:40~8:15), 금요일 계발활동

(5~7교시)

④ 수업 형식: 계발활동 CA수업-예배와 파워틴즈

⑤ 수업 평가

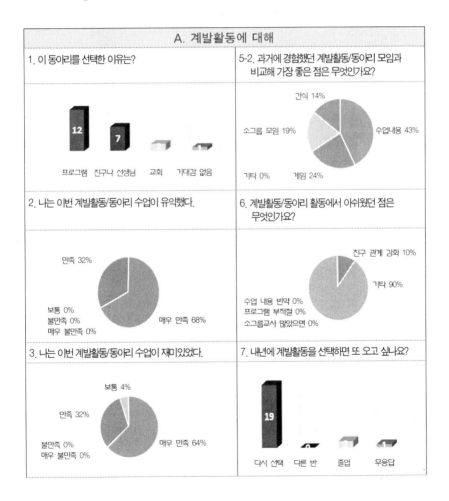

A. 계발활동에 대해	
4. 이번 계발활동/동아리 수업에서 가장 기억에 남는 수업 한 가지와 이유는 무엇인가요?	8. 이 수업을 내년에 친구와 후배에게 추천하고 싶나요?
〈게임〉 상상했던 것보다 재미있어서 기억에 남는다. 모둠을 지어서 했던 것이 재미있었기 때문에 〈예배, 말씀 듣기〉 유익하고 좋은 말씀이 많아서 좋다. 〈찬양 인도〉 친구들이 예배할 때 직접 찬양 인도를 준비해서 더욱 의미 있었다. 〈외부 활동〉 영화도 같이 보고 밥도 같이 먹어서 〈CTS방송 촬영〉 처음 해 본 경험이라서 신기하고 좋았다 〈자화상 그리기〉 자기소개를 재미있게 해서 분위기가 좋았다. 〈스트레스 날리기〉 종이 자르고 구기기 등의 활동을 하며 스트레스 날리는 게 재미있었다. 검은색이었던 물이 투명한 색의 물로 바뀌는 게 너무 신기했다	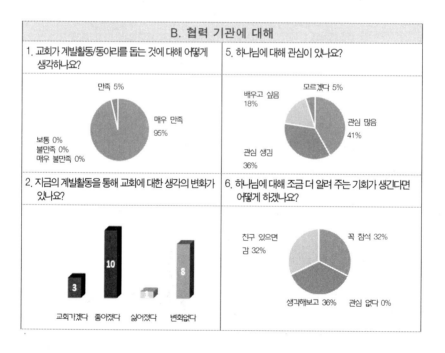 21 추천 다른 반 무응답
5-1. 과거에 선택했던 계발활동/동아리는 무엇인가요?	9. 내년에 이 수업에서 하고 싶은 활동은 무엇인가요?
서울 문화 탐방, 탁구, 드론 동아리, 문화 동아리	게임, 지금 이대로가 좋습니다, 혼자 왔습니다, 친목의 기회, 찬양, 서로 얼굴 그리기, 직접 참여하는 것이 많은 예배, 외부 활동

B. 협력 기관에 대해	
1. 교회가 계발활동/동아리를 돕는 것에 대해 어떻게 생각하나요? 만족 5% 매우 만족 95% 보통 0% 불만족 0% 매우 불만족 0%	5. 하나님에 대해 관심이 있나요? 모르겠다 5% 배우고 싶음 18% 관심 많음 41% 관심 생김 36%
2. 지금의 계발활동을 통해 교회에 대한 생각의 변화가 있나요? 3 교회가겠다 10 좋아졌다 싫어졌다 8 변화없다	6. 하나님에 대해 조금 더 알려 주는 기회가 생긴다면 어떻게 하겠나요? 친구 있으면 감 32% 꼭 참석 32% 생각해보고 36% 관심 없다 0%

3. 교회에 다니고 있나요?	6. 장소와 간식, 프로그램 운영을 위해 지원과 후원을 해 준 동숭교회에 한마디 한다면?
모르겠다 9% 다니고 싶다 36% 출석 중 55% 출석하기 시작 0%	맛있는 간식 감사합니다! 항상 감사드립니다♡ 많은 친구들이 하은이반 동아리를 부러워해서 뿌듯합니다. 앞으로도 잘 부탁드립니다. 좋은 기회 많이 만들어 주셔서 감사합니다. 너무 감사하고 같이 한 시간 동안 너무 행복했습니다~! 곧 졸업이지만 3년 동안 즐거웠고 감사했습니다. 항상 잘 챙겨주시고 좋은 말씀 들려 주셔서 감사합니다. 꾸준히 지원해 주셔서 저희 하은이반 뿐만 아니라 학교 학생들에게 유익한 시간이었습니다. 매년 저희 하은이반을 위해 챙겨 주시고 기도해 주셔서 감사합니다. 늘 감사한 마음으로 동아리에 임하고 있어요!
4. 계발활동 운영을 위해 교회에 부탁하고 싶은 것은?	7. 수고하신 선생님들에게 한마디 한다면?
지금 이대로 63% 간식 33% 종교적 내용 늘이기 4% 종교적 내용 줄이기 0%	3년 동안 정이 많이 들었는데 항상 감사드리고 수고하셨습니다! 한 해 동안 수고하셨습니당. 사랑합니다♡ 고생많으셨어요~~~. 1년 동안 너무 감사했고 앞으로도 잘 부탁드립니다. 감사하고 사랑해윰. 내년, 내후년에도 만났으면 좋겠어요! 한 해 동안 수고 많으셨습니다! 항상 감사드려요. 저희 위해 프로그램 기획해 주시고 하은이반 언제나 신경 써주셔서 감사합니다. 사랑해요♡

(2) **사례 2. ○○중 파워틴즈반(박○○ 교사)**

① 링크교회: 잠실동교회(고신) 장인엽 목사

② 수업 참석 인원: 1~3학년 21명

③ 사역 지원: 수요일 계발활동(5~7교시), 교육 장소(교회교육관) 제공

④ 수업 형식: 계발활동 CA수업-교회 자체 준비, 일부 넥타 지원

⑤ 수업 평가

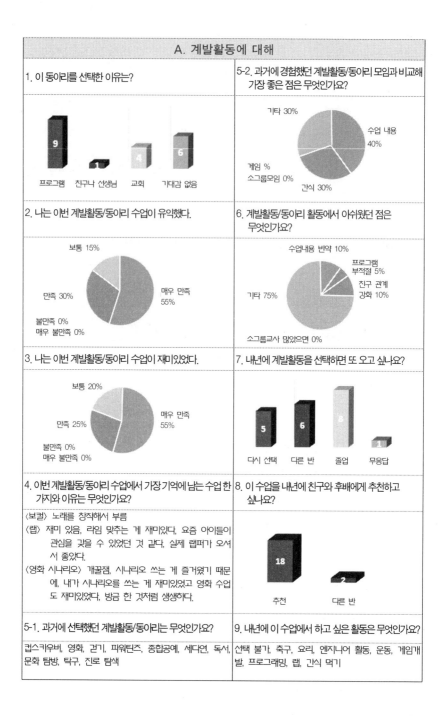

A. 계발활동에 대해	
1. 이 동아리를 선택한 이유는? 9 · 프로그램 1 · 친구나 선생님 4 · 교회 6 · 기대감 없음	5-2. 과거에 경험했던 계발활동/동아리 모임과 비교해 가장 좋은 점은 무엇인가요? 기타 30% 수업 내용 40% 게임 % 소그룹모임 0% 간식 30%
2. 나는 이번 계발활동/동아리 수업이 유익했다. 보통 15% 만족 30% 매우 만족 55% 불만족 0% 매우 불만족 0%	6. 계발활동/동아리 활동에서 아쉬웠던 점은 무엇인가요? 수업내용 빈약 10% 프로그램 부적절 5% 친구 관계 강화 10% 기타 75% 소그룹교사 많았으면 0%
3. 나는 이번 계발활동/동아리 수업이 재미있었다. 보통 20% 만족 25% 매우 만족 55% 불만족 0% 매우 불만족 0%	7. 내년에 계발활동을 선택하면 또 오고 싶나요? 5 · 다시 선택 6 · 다른 반 8 · 졸업 1 · 무응답
4. 이번 계발활동/동아리 수업에서 가장 기억에 남는 수업 한 가지와 이유는 무엇인가요? 〈보컬〉 노래를 창작해서 부름 〈랩〉 재미 있음, 라임 맞추는 게 재미있다, 요즘 아이들이 관심을 가질 수 있었던 것 같다, 실제 랩퍼가 오셔서 좋았다. 〈영화 시나리오〉 개꿀잼, 시나리오 쓰는 게 즐거웠기 때문에, 내가 시나리오를 쓰는 게 재미있었고 영화 수업도 재미있었다, 방금 한 것처럼 생생하다.	8. 이 수업을 내년에 친구와 후배에게 추천하고 싶나요? 18 · 추천 2 · 다른 반
5-1. 과거에 선택했던 계발활동/동아리는 무엇인가요? 컵스카우버, 영화, 걷기, 파워틴즈, 종합공예, 세다연, 독서, 문화 탐방, 탁구, 진로 탐색	9. 내년에 이 수업에서 하고 싶은 활동은 무엇인가요? 선택 불가, 축구, 요리, 엔지니어 활동, 운동, 게임개발, 프로그래밍, 랩, 간식 먹기

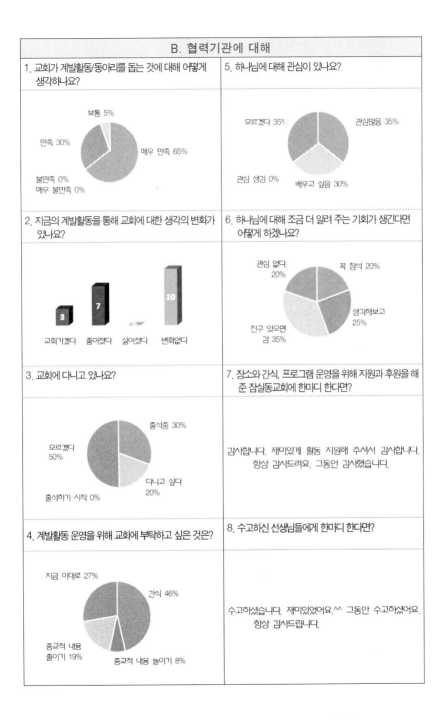

B. 협력기관에 대해	
1. 교회가 계발활동/동아리를 돕는 것에 대해 어떻게 생각하나요?	5. 하나님에 대해 관심이 있나요?
보통 5% 만족 30% 매우 만족 65% 불만족 0% 매우 불만족 0%	모르겠다 35% 관심많음 35% 관심 생김 0% 배우고 싶음 30%
2. 지금의 계발활동을 통해 교회에 대한 생각의 변화가 있나요?	6. 하나님에 대해 조금 더 알려 주는 기회가 생긴다면 어떻게 하겠나요?
3 교회가겠다 7 좋아졌다 싫어졌다 10 변화없다	관심 없다. 20% 꼭 참석 20% 친구 있으면 감 35% 생각해보고 25%
3. 교회에 다니고 있나요?	7. 장소와 간식, 프로그램 운영을 위해 지원과 후원을 해준 잠실동교회에 한마디 한다면?
출석중 30% 모르겠다 50% 출석하기 시작 0% 다니고 싶다 20%	감사합니다. 재미있게 활동 지원해 주셔서 감사합니다. 항상 감사드려요. 그동안 감사했습니다.
4. 계발활동 운영을 위해 교회에 부탁하고 싶은 것은?	8. 수고하신 선생님들에게 한마디 한다면?
지금 이대로 27% 간식 46% 종교적 내용 줄이기 19% 종교적 내용 늘이기 8%	수고하셨습니다. 재미있었어요.^^ 그동안 수고하셨어요. 항상 감사드립니다.

4) 링크 사역을 통한 청소년선교 사역의 특징과 도전

비기독교 중·고등학교에서의 링크 사역은 선교적 목적을 가진 교육 사역으로 변화하고 있다. 교회와 학교의 관계와 동역의 변화에 따른 것이다. 전통적으로 교회의 선교는 교회 중심이었지만 이제는 기독교교육의 장을 그리고 목회의 목적과 사역자들의 역할을 교회 밖으로 확장해야 한다.[10] 링크 사역은 그 변화를 가장 적극적으로 경험하며 청소년의 현실에 반영할 수 있는 사역의 현장이다. 교회의 사역에 더해 교회 밖으로 나가야 할 사역적 도전과 이를 지속 가능하게 구조를 만드는 것이 필요하다.

링크 사역은 같은 지역 내의 교회와 학교가 파트너십을 가지고 협력하기를 기대하며 사역해 왔다. 학교는 지역 내 인프라를 활용하고 협력하여 청소년들이 다양하고 풍성한 교육적 경험을 가지기를 바란다. 교회는 지역 내 가장 풍성하고 건강한 인적, 물적, 심리적 인프라를 가지고 있다. 링크 사역을 통해 청소년을 함께 키우고 품는 목적 아래 두 기관의 실제적인 협력이 가능하다는 기대를 할 수 있었다. 이제, 보다 안정적으로 협력할 수 있도록 기독 교사를 통해 두 기관이 만날 수 있는 실제적인 도전을 시작해야 한다.

링크 사역은 수업 운영이 기본 사역의 방식이다. 기독 학생 중심의 종교교육 과목의 활동이 아니라 기독, 비기독 청소년을 만나고 소통하며 공감할 수 있는 방법으로 사역해야 한다. 모두를 아우르고 품을 수 있는 사역자(팀)가 매우 중요하다는 말이다. 학교에서 만난 청소년들이 교회를 방문하고 교육부서에 찾아간다면 그곳에서 누

---

10 김도일·한국일, "다음 세대의 생명을 살리고 번성케 하는 교회교육모델탐구," 『다음 세대 신학과 목회』 (서울: 장로회신학대학교출판부, 2016), 27.

구를 만나고 안심하고 정착하게 될까? 결국 교회 안에서도 청소년 전문 사역자가 필요하며 연계하여 교회 밖으로 파송할 사역자가 있어야 한다. 청소년들은 프로그램을 경험하면서도 사역자에게 마음을 열게 된다. 교회부서를 포함한 지역 내 청소년 사역을 꿈꾸는 교회 청소년 전문 사역 팀을 구성하고 운영하며 지원할 수 있도록 도전해야 한다.

코로나를 겪으며 학교 링크 사역에도 변화가 생겼다. 온라인 수업 운영이다. 교회도 마찬가지로 비대면을 경험하며 온라인에 대한 사역적 도전이 늘고 있다. 청소년은 온라인에 익숙한 세대이고 종교적 변화의 시대를 급진적으로 경험하였다. 온라인 비대면의 시간을 2년 가까이 경험한 청소년 세대에게 어떤 내용과 방식으로 복음을 전할 것인지, 반응할 때 어떻게 도울 것인지 연구하고 도전해야 할 것이다. 그 시간을 함께 기도하며 버틸 수 있어야 한다.

V. 나가면서: 다음 세대를 품는 사람들

넥타의 사역을 지역 교회에 소개하게 되면 자연스럽게 중·고등부 목회자를 소개받게 된다. 주일 사역이 아니라 주중 사역의 현장에 대한 협력을 요청해도 마찬가지이다. 청소년은 교회교육부서의 몫이라고 판단하기 때문이다. 그러나 사역의 현실을 나누다 보면 부서 사역의 일환으로 감당하기에는 부족하다고 판단하게 된다. 사역의 공감대가 확장된다고 느끼면서 교육 담당 목사님과 대화를 하게 되고, 목회자를 포함해 평신도 사역자들이 함께 파송되어야 한다고 안내를 하면 담임목사님까지 면담을 하게 된다. 절차와 과정이 쉽지 않지만, 개인의 헌신에만 의지하지 않고 교회의 사역자들이 모두 공감하는 사역으로 이해하는 것이 넥타 사역의 중요함이라고 말을 하기도 한다.

그러나 복음을 전하고 반응하는 청소년을 만나는 일은 결국 사람을 키우고 지원하는 사역이기 때문에 프로그램을 운영하듯 가볍게 다룰 수 없다. 개인의 헌신으로 채워지기는 더욱 어렵다. 청소년 선교 사역을 위해 사역자를 세워야 한다. 아이를 키우려면 마을이 필요하다는 아프리카의 속담은 지금 우리의 현실에도 동일하게 적용해야 한다. 넥타는 지역 교회가 지역 내 교회의 선교적 사명과 시대의 요구에 반응하는 사역의 관점을 잘 지켜 나가기 위해 다음 세대 사역자 그룹을 구성하고 주일 사역과 주중 사역의 연계점을 찾아야 한다고 제안한다.

넥타는 다음 세대를 품는 사람들을 교회에서 사역하도록 세우고 교회 안과 밖에서 사역할 수 있도록 파송하기를 요청한다. 교회와 사역자의 품[11]에서 하나님의 사랑으로 자라면 얼마나 좋을까 싶은 아이들이 많다. 교회는 다음 세대를 품고 사역자를 파송하고 지원해야 한다. 그 품에서 교회 안과 동일한 하나님의 사랑이 전해져야 한다. 품은 안전하고 쉼이 있고 성장이 있다.[12] 그 품에서 청소년들이, 사역자들이 안전하게 성장하고 하나님의 때에 반응할 수 있어야 한다. 그 사역의 현장이 있고 그곳에서 만나게 되는 청소년이 있다. 그곳에 하나님이 일하고 계신다. 우리가 주저할 이유가 없다.

수업을 마치고 나가던 중학생이 떠오른다. 수업 중에 생일 축하

---

11 두 팔을 벌려서 안을 때의 가슴(네이버국어사전). 박상진, "한국교회교육의 위기 진단과 대안연구," 『다음 세대 신학과 목회』(서울: 장로회신학대학교출판부, 2016), 336.
12 위의 책, 342.

의 순서를 마련하고 축복하며 작은 선물을 주었는데 그게 마음에 걸렸는지 작은 소리로 "제가 교회에 가야 하는 건가요?"라고 물었다. 누군가 베푼 선행의 의미를 알고 싶었던 것인지 받은 게 있으니 갚아야 한다는 의미였는지는 모르겠지만 우리 사역팀이 교회에서 온 것을 알기 때문에 했던 질문이었다고 생각한다. "아니야. 교회는 네가 관심이 생기고 가고 싶을 때 가면 돼. 우리는 너를 알게 되어 기쁘고 네가 기뻐하는 걸 보니 기분 좋았어. 너도 그냥 기뻐하면 되는데 괜찮지?" 나의 대답이 맘에 들었는지 어땠는지 모르겠지만 홀가분하게 교실 문을 나가던 아이의 뒷모습을 보며 학교가 선교지임을 다시 한번 확인했다. 소소하고 익숙한 나눔과 축복은 교회공동체의 품이 그만큼 따뜻하고 전적인 수용이 있다는 것이다. 그것을 경험하지 못한 청소년들에게도 동일한 품으로 제안하고 안내해야 한다. 지금이 아니더라도 우리는 계속 이 사역의 현장을 지키고 찾아가야 한다.

교회와 사역자와 협력하고 학교에서 교사와 동일한 마음을 품고 청소년을 만나고 교제하면 아이들이 반응한다. 그 반응과 관계가 지속되어야 한다면 그 아이들을 풀어야 할 품이 넓어져야 한다. 그 품에서 자라는 아이들이 다시 그들과 같은 아이들을 만나러 찾아가는 건강한 신앙인 그리고 사역자가 될 수 있을 것이다. 오늘 우리가 선교 사역지인 학교에서 사역하는 이유이다.

● 함께 생각해 볼 질문

1. 청소년 선교, 특별히 교회 밖(학교) 사역의 궁극적 목표는 무엇일까요?
2. MZ세대로 분류되는 21세기 청소년 선교 사역의 도구로 온라인 사역에 어떻게 접근할 것인지 나누어 보세요.
3. 청소년 사역 단체와 지역 교회의 지속 가능한 협력의 방법은 무엇일까요?

● 도움이 될 만한 자료

1. 넥타. 『넥타 20년사: Transforming NECTAR 20년 그리고 소망』. 서울: NECTAR, 2020.
2. 김경숙. "넥타 비전과 링크 사역을 통한 다음 세대 선교 전망." 「넥타포럼 자료집」. 2018.
3. 김도일 외 10인. 『다음 세대 신학과 목회』. 서울: 장로회신학대학교출판부, 2016.
4. 성석환. 『공공신학과 한국사회』. 서울: 새물결플러스, 2019.
5. 영화 <죽은 시인의 사회>
6. TV 드라마 <학교> 시리즈
7. TV 시리즈 <쇼미더머니>

10장

약대마을에서 진리 실험하기

이승훈*

I. 2021년 봄, 내가 선 좌표를 찍다

몇 해 전부터 새롬교회 내부에선 나를 차기 담임목사로 생각하는 기류가 흐르고 있었다. 2021년 2월에 나는 교역자 회의와 제직회에 공식적으로 향후 담임목사 후보에서 제외해 줄 것을 요청했다. 이는 작은 교회를 떠나겠다는 예고가 아니라 위기와 전환의 시대에서 '교회됨'을 오늘의 언어로 정초하는 시도의 일환이라 덧붙였다. 신앙 공동체는 최첨단의 교회론을 토론하는 강단에서보다 현장에서 고유한 숙성의 과정을 거쳐 이루어진 새 시대의 응답이라 믿기 때문이다. 이는 "이전 것은 지나갔으니 보라 새것이 되었도다"(고후 5:17, 개역개정)라는 새롬교회의 뿌리 성구와도 긴밀하게 연결된다. 십자가의 복음을 자신을 향한 이야기로 받아들인 순간, 우린 이미 구습과 전형에 얽매이지 않고 예수님의 몸 된 교회를 향해가는 끊임없는 변혁에 초대된 것이다. 교회공동체는 '자본 권력에 대한 숭배, 부의 불평등, 계층 간 배제와 혐오, 지구생태계의 파괴와 기후 위기'에 맞선 대안적 행동

---

* 부천새롬교회.

양식과 소통 구조를 요구받고 있다. 그 응답으로 교회조직을 운영하는 자리보단 좋은 이웃이 되는 데 힘을 쏟기로 했다.

"로마는 게르만족이나 한니발에 의해서가 아니라 자기 자신의 힘 때문에 무너지리라"는 호라티우스(Horatius)의 시구[1]처럼 국가, 사회, 조직을 쇠망하게 하는 진원은 보통 내부에 있다. 교회라고 해서 예외는 아니다. 한국의 교회 풍토에서 성장한 나는 복음과 구원에 대해 의심의 여지가 없는 진실을 이미 쥔 양 알량한 확신과 우월감을 반복 학습해 왔다. 그 결과 나는 일방적으로 세상을 적대하고 무시하고 동정하고 사랑했다. 그러다 몇 가지 계기로 한국교회가 맺어온 결실들이 그동안 강론해 왔던 대의와 불일치하고 있다는 걸 발견하기 시작했다. 세력 확장을 최우선으로 삼아 성도들을 복속시키며 스스로의 교회됨을 기만하는 행태가 점진되는 걸 보았다. 이와는 달리 교회 밖에서는 정의와 평화, 생명을 회복시키고자 자신과 이웃을 독려하며 용감하게 걸음을 내딛는 어른들과 선생님들을 만나며 신앙인의 삶을 재성찰했다.

주님의 말씀 앞에서 '나와 이웃, 세계와의 관계'를 고찰하고 궁리하며 비틀거리는 걸음으로 지금껏 왔다. 매듭이 완성되지 않은 공동체를 이루는 여정을 여전히 걷고 있다. 약대마을에서의 짧은 행적들과 기록들을 이어보니 나침반의 지남철처럼 흔들리지만 분명히 가리키는 방향성이 보인다. 머튼(Thomas Merton)의 지적처럼 현대 사회의 가장 큰 폭력은 번잡함과 압박감인 게 분명하다.[2] 분주함과 압력을 걸어내고 멈춰서니 내가 어디에서 와서 어디로 가고 있는지

---

1 신영복, 『더불어숲』(서울: 랜덤하우스 중앙, 2004), 161.

2 Keith James / 김은혜 역, 『토마스 머튼: 은둔하는 수도자, 문필가, 활동하는 예언가』(서울: 비아, 2015), 35.

명쾌해진다. 그래서 어떤 형식이든 '자기 목소리로 글쓰기'는 필요한 법이다. 비록 처한 환경과 여건, 하나님 나라를 구현해 가는 모양은 저마다 다를지라도 근본적으로 그리스도인의 정체성은 예수님의 도정을 따르는 구도자이다. 그런 점에서 내 소박한 이야기 또한 하나님 나라를 고민하며 실천했던 과거와 현재, 미래의 길벗들의 큰 흐름 안에서 합류될 수 있으리라 짐작해 본다.

II. 2015년 봄, 마을을 만나다

그해 3월, 장로회신학대학원 채플에서 한국일 교수님의 설교를 들었다. 이 땅에 자생하는 건강한 작은 교회들을 학생들에게 많이 알려 주고 싶다는 말씀에 용기를 내서 교수실을 찾았다. 선생님은 이 초면의 풋내기에게 부천의 새롬교회를 권해 주셨다. 며칠 뒤 부활절 아침 나는 약대마을 새롬교회에 당도해 있었다. 2020년에 퇴임하신 한국일 선생님은 인터뷰에서 "한국교회 목사들과 선교사들이 일상에서 선교적인 그리스도인으로 삶과 사역을 통해 실천해 나갈 수 있도록 기도하고 있다"고 하셨다[3]. 많은 후학이 이 성실하고 한결같은 선교적 열심에 영감을 받았는데 근본 없이 튀어나온 나 또한 은사로부터 영예를 입었다. 보잘것없는 제자가 스승께 할 수 있는 보은이라곤 배운 바를 진실하게 세상에 풀어내는 것이라 생각한다.

새롬교회의 첫인상은 신선하기 그지없었다. 낙후된 구도심 주택

---

3 정성경, "(인터뷰) 한국일 교수, 선교적 '교회', 절망이 아니라 희망이다," 「가스펠투데이」 2020. 6. 17., http://www.gospeltoday.co.kr/news/articleView.html?idxno=6804 (2021. 4. 5. 접속).

가 골목 사이로 먼저 '새롬어린이집' 간판이 눈에 들어왔다. 빨간 벽돌 건물의 1~2층은 별도의 보육시설이었고 지하에 낡은 예배당만 덩그러니 있었다. 화장실의 대소변기가 전부 유아용이라 당황했다. 20명 남짓 모인 주일예배를 같이 드렸다. 이원돈 목사님은 르네 지라르(René Girard)의 희생양 매커니즘을 바탕으로 오해받고 멸시당하며 짓밟힌 이들이 되신 예수님을 설파했다. 내가 약대마을까지 흘러간 데는 기성교회들이 추구하는 가치와 질서에 대한 강한 거부감과 혜안에 대한 갈망이 있었다. 신기하게 새롬교회는 진보적 정신과 보수적 예배형식이 상충되지 않고 접목되는 것처럼 보였다. 목회자의 관심이 시대 전환에 유연하게 적용하며 사유를 쌓아가는 모습이 생경했다. 나는 삶 전체로 하나님 나라를 구현하되 변질되지 않고 예수님의 뜻을 지탱할 힘을 기르기 위해서 앞서 걸어간 어른들 곁에서 정주(定住)하기로 결심했다.

마침 새롬가정지원센터(NGO)를 중심으로 공공기관(부천교육지원청, 부천시설관리공단, 지역복지관)과 시민사회(주민 모임, 지역 교회)가 연합하여 '꼽이청소년심야식당'을 개소한 때였다. 매주 금요일 저녁이면 지역 네트워크로 맺어진 봉사자들이 부천체육관 광장에서 청소년들을 위한 무료 급식을 위해 힘을 합쳤다. 이 선량한 일에 고무되어 동참하면서 지역 주민들을 만나고 마을에 발을 들이게 되었다. 1986년 부천 약대마을에 둥지를 틀고 빈민구제와 어린이집, 공부방 운동을 시작한 새롬교회는 '아동 · 청소년 · 이주민 · 실버 세대 돌봄망, 작은도서관, 평생학습문화교육, 마을만들기'를 다방면에서 동시다발적으로 다루고 있었다. 단편적인 이해로는 복잡다단하고 방대한 새롬교회의 면모를 이해할 수 없었다. 마을에서 전개되는 선교적 교회론의 윤곽을 잡으려면 직접 그 속에 뛰어들어야 했다.

그렇게 하여 꿈이청소년심야식당의 대표인 오세향 선생님을 처음 만났다. 내겐 오 대표님은 새롬교회 사모님이기보다는 여성·청소년 인권운동가이자 시민 활동의 멘토이다. 지금도 마을 일로 난국에 처하면 제일 먼저 자문을 청하는 분이기도 하다. 언제든 함께 해결의 실마리를 찾아 나선다. 심야식당의 탄생은 약대마을에서 벌어지는 일들에 고무된 한 사업가의 후원 문의에서 비롯되었다. 새롬교회가 중심축이 된 주민 네트워크에선 어떻게 의미 있게 비용을 사용할지 논의했다. 그러던 중 마을에 청소년을 위한 공간이 부재해 온 사실이 공론화되었다. 그리하여 먼저 부천역에서 학교 밖 청소년들을 대상으로 무료 급식을 해 온 청개구리밥차를 찾아가 배우고 우리 지역에 맞는 청소년 무료 밥차를 꾸리게 되었다.

'심야식당'(深夜食堂)은 지친 손님들에게 위로가 되는 식사를 대접하는 동명의 만화에서 아이디어를 얻었다. '꿈이'는 2013년부터 개최한 마을영화제의 메인 캐릭터이다. 칸과 같은 국제영화제가 열릴 때 지방에도 주민들과 관광객들을 위한 소규모영화제가 개최된다고 들었다. 약대마을도 부천국제판타스틱영화제(BIFAN) 틈새에 껴서 독립영화를 상영하고 문화공연을 하는 '꿈사리영화제'를 열었다. 상상의 분홍색 먼지를 형상화한 캐릭터 꿈이는 동네 아이들에게 이미 친근한 존재라 단체의 성격과 잘 맞았다. 지역 교회(약대감리교회, 약대중앙교회, 새롬교회, 드림교회) 연합이 청소년 무료 급식소 운영을 위한 인적·물적 지원을 1주씩 돌아가며 맡았고 이것이 든든한 초석이 되었다. 그러면서도 종교와 소속에 구애받지 않고 다양한 봉사자와 청소년들이 어울리는 열린 공간을 형성했다. 활동가들을 '귀요미 이모, 민들레 쌤, 포근 이모, 맥가이버 삼촌'과 같은 별명으로 부르며 탈권위적 관계를 형성했다. 청소년들을 함부로 가르치거나 교정하려 들지 않고 내면에 담긴 감정과 의견을 들어주는 데 주력했다. 7년을 채워가는 심야식당은 어른들이 만든 무한경쟁 교육제도의 절대적 피해자이자 복지 사각지대에 놓인 아이들에게 따뜻한 밥과 정(情)을 나누는 통로의 기능을 계속 지켜가고자 애쓰고 있다.4

여기에 교회 중심의 선교는 존재하지 않는다. 평범한 주민들이 함께 식탁과 음식을 준비하고 아이들과 대화하거나 놀이 프로그램들이 진행된다. 어디에도 후원 단체나 교회명이 붙어 있지 않다. 이용자를 몇 명까지 달성해야 한다는 양적 지표는 애초에 없었다. 이곳에서 나는 '사심 없는 섬김, 의도 없는 환대, 경계 짓지 않는 베풂'을 풍성하게 경험했다. 자신의 시간과 물질, 육체적 수고가 전적으로 타자와 연대하는 데 쓰이는 순간, 이 땅에서 하나님 나라 백성의 삶을 맛보게 된다. 겉보기엔 이전에 해 오던 교회 봉사활동과 별반 다를 게 없지만, 알맹이는 전혀 달랐다. 내 신념을 강권하거나 주장할 필요가 없었다. 그저 아이들의 곁에서 나다움을 자연스럽게 개방하며 함께할 뿐이었다. 많은 얼굴을 마주하며 아이들은 나를 '꼽이쌤'이라 부르기 시작했다. 그렇게 어느 기관에도 공인된 적 없는 마을의 선생이 되어 대안적 공동체의 터를 닦게 되었다.

---

4 유청희, "무료 식사 제공하는 식당… 청소년들 호응," 「KTV국민방송」 2021. 3. 23. https://m.ktv.go.kr/program/again/view?program_id=PG2150012D&content_id=621684&unit=287 (2021. 4. 5. 접속).

III. 2016년 봄, 밥심(心)에서 피어난 마을교육

'선생'이라 함은 제자된 이들에게 먼저 경험한 세계를 진정성 있게 공유하고 더 나은 삶을 상상하고 가꾸도록 돕는 거울이라 생각한다. 이러한 정의(定義)에 부합하도록 소임을 다하고자 부단히 애썼다. "한 아이를 위해서 가정이 제 기능을 해야 하고 한 가정이 건강히 형성되기 위해 온 마을이 필요하다"[5]는 명제에 전적으로 동의했지만, 어디에서부터 접근할지 난감했다. 같이 먹는 밥으로 묶인 청소년들과 가치 있는 삶을 모색하고 좋아하는 일을 배우고 익힐 '교실 없는 학교'를 떠올렸다. 이 무형의 학교는 교육제도의 울타리 너머에서 만난 좋은 어른, 이웃, 친구들과 어울리며 '정의, 평화, 생명'을 탐구하고 실천해 보며 당면한 현실의 문제들을 헤쳐 나갈 능력과 지혜를 기르는 장으로 설계되었다. "살아감이란 언제나 함께-살아감"이라는 데리다(Jacaues Derrida)의 존재론적 통찰[6]에 기대어 사람됨은 타자의 아픔과 고통에 공명하고 연대하며 일깨워진다는 데 이르렀다. 약대마을의 탈권위적 관계 맺기와 개방적 의사소통에 고양된 나는 변화를 일으키는 교육을 직접 시도했다.

첫걸음은 의욕만 넘치고 엉성하고 서툴렀다. 일단 내가 좋아하면서 가르칠 수 있는 숙련된 주제로 접근했다. 사회적 연대를 추구하는 여행을 계획하고 실행하는 걸 한 꼭지로 잡고 매주 종합격투기 수련과 철인 3종 훈련을 병행하는 수업을 개설했다. 누군가에게 등

---

5 이원돈, 『마을이 꿈을 꾸면 도시가 춤을 춘다』(서울: 동연, 2011); 181, 차상진·하태욱, "십대와 유아, 서로 돌보며 자라는 교육공동체," 『마을육아 : 아이를 함께 키우며 삶이 풍요로워진 사람들의 이야기』(서울: 민들레, 2017), 217.

6 강남순, 『매니큐어 하는 남자』(파주: 한길사, 2018), 198.

떠밀려서가 아니라 배움 자체를 원하면 단 1명을 위해서라도 시간을 냈다. 그렇게 신학대학원 과정과 서울에 위치한 교회에서 파트타임 사역을 하면서 주 2회 이상 부천을 오갔다. 사실 학교라 부르기에는 민망한 수준이었다. 조력자가 전무했던 터라 수업 진행, 행정 서류 작성, 학생 모집과 관리를 혼자서 했다. 의욕에 앞서 소진되어 갈 무렵 엄철용 전도사님을 보며 가르침의 내용보다 신뢰로 쌓인 관계가 훨씬 더 중요하단 걸 깨달았다. 20년 넘게 새롬교회를 섬기고 약대신나는가족도서관을 운영해 온 전도사님은 도서관에 오는 아이들의 성장 과정을 꿰고 계셨다. 동네 사람들이 자녀의 양육 문제를 상담하고 사춘기에 접어든 십대들은 소소한 고민들을 들고 왔다. 이걸 보며 학생들과 좋은 삶을 논하기에 앞서 같은 선상에서 대화할 수 있는 '믿을 만한 어른'이 되기로 했다. 밭을 일구듯 마을 아이들과의 신뢰와 우정을 길렀다.

마을의 어르신들을 뵈면서도 공부를 바라보는 시야가 트였다. 노인자치연구소 은빛날개에서 한글 문해 수업을 듣는 70~80대의 할머님들이 문화 프로그램의 일환으로 참여해 단편영화를 찍었다. 이 작품이 서울시 노인영화제에 입상까지 했다. 어르신들은 그 상금을 세월호 유가족들과 밀양 송전탑 마을 주민들을 초청해 위로하고 격려하기로 하셨다. 정치적 선전(프로파겐다)과 언론의 호도에 연연치 않고 사회적 약자들을 보살피는 어른들의 선택이었다. 한글만이 아니라 사회를 읽고 타자와 연대하는 공적 식견 또한 같이 익혔던 것이다. 차디찬 바다에서 아이를 잃은 부모들은 여러 모임에 갔지만 이런 고령의 분들을 만난 건 처음이라고 했다. 친정엄마 보듯 포근하고 편안하다며 간담회가 끝나고도 남아 할머니들과 정답게 담소를 나눴다. 애통해 하는 이들의 이웃이 된 어른들을 보며 우리가 해야 할 전인적 교육을 상상할 수 있었다.

　마을학교는 고정된 명사가 아니라 역동하고 유연한 동사에 가까웠다. 수업 과목과 커리큘럼은 변화무쌍했지만, 그 근본은 '나와 다른 생명에 대한 존중, 차별과 편견에 저항하는 사유, 타자와 연대하는 실천적 용기'를 익히는 데 있었다. '시리아 난민 돕기 평화의 철인 삼종경기' 도전도 이런 맥락에서였다.[7] 수영도 못하는 제자들을 훈련시켜 함께 한강을 도하했다. 어떤 해엔 물살이 세서 하류까지 쓸려갔다 반환점에서 노끈으로 서로를 묶고 헤엄쳐 왔다. 땡볕에 자전거를 40km 타고, 10km를 달리면 육체적 한계에 조금씩 이른다. 그 고통의 자리에서 난민들의 고통을 다른 의미에서 체험했다. 아이들은 순위경쟁에 목매지 않고 자신만의 경주를 하는 법을 배웠다. 느리지만 완주를 통해 자신 안의 힘을 발견하고 스스로를 믿을 수 있음을 배웠다.

　그와 함께 마을활동가 오은정 PD와 협업하여 청소년들과 꼽사리영화제에 출품할 영화를 제작하는 수업을 꾸렸다. 십대들의 관심사와 문제의식이 담긴 작품들이 매해 발전된 형태로 상영되었다. 좋은 이웃들을 교사로 섭외하며 부족한 조각들이 채워졌다. 그렇게 축제기획단, 생명살림(동물권 보호), 파란만장골목식당(요리·제과제빵), 웹진기획단, 청춘만찬, 디자인클래스 등 여러 학과들이 개설되었다. 서열주의 교육 현장과 부익부 빈익빈 사교육시장에서 찻잔 안 돌풍 같은 작은 파장이겠지만 타자의 아픔에 공명하는 감수성과 공감 능력을 기르고 베풂과 환대의 경험을 지속 가능한 연대로 이어

---

7 이향림, "누구나 참여할 수 있는 철인3종경기, 양평서 열린다," 「오마이뉴스」 2018. 6. 26. http://www.ohmynews.com/NWS_Web/View/at_pg.aspx?CNTN_CD=A0002448585 (2021. 4. 8. 접속).

가는 공부를 감행했다. 2015년 여름부터 DMZ 평화마을, 팽목항, 제주 강정마을, 광화문광장, 안산 화랑유원지, 홍천 도심리교회, 광주 나눔의집, 포천 평화나무농장, 양평 책보고가게, 비자림로 숲에 이르며 대안적 삶을 실천하는 이들을 만나고 시대적 아픔의 처소에 함께 했다. 마을학교는 세상을 교실로 삼았다. 인격적 관계에서 사람을 길러 내는 교육은 유기적 생태계와 닮은 점이 있다. 모진 외부 환경에도 굴하지 않고 자정하고 회복하며 교사나 학생 구별 없이 그 안에 연결된 모두를 성장하게 한다.

차츰 인원도 늘고 내용도 전문화되며 더 많은 운영비가 필요했다. 작은 교회의 재정으로 감당할 수도 없었거니와 청소년들과 주민들을 연결하는 마을교육을 공공재로 이해했기에 공공의 재원을 활용했다. 그럼에도 국가재정에 전적으로 의존치 않게 각별하게 주의했다. 보통 공모사업은 예산이 지원되는 기간만 운영한다. 그러나 우리는 이에 구애받지 않고 사시사철 모였다. 배울 용기와 가르칠 의지가 만나 경험과 지식이 공유되는 시공간이 작게나마 조성되어 갔다. 단지 양질의 방과후수업 수준에 그치지 않고 공교육제도의 한계를 메울 대안적 교육을 지향했다. 결국 정말 중요한 건 '사람'임이 분명해졌다. 한 명의 변화와 깨달음, 신뢰와 결속으로 가시화된 사귐을 소중히 여기는 우리들의 마을학교는 현재 진행형이다.

IV. 2017년 봄, 마을살이

혁명은 낡은 체제를 전복하는 물리적 재건이 아니라 기존 질서와 체제를 끊임없이 탈주하는 새로운 존재 양식을 개척하는 일이다. 개혁교회의 정신(semper reformanda)[8]에 힘입어 신대원 졸업 후 노동하는 일상과 묵상하는 기도 생활을 합치하고자 현장의 온도를 고스란히 느낄 수 있는 약대마을에 정착했다. 나우웬(Henri Nouwen)은 예수님의 내려가는 삶은 새로운 공동체를 이루는 길이라 하였다.[9] 이를 따라 나는 약한 자들의 친구이자 온 생명을 위해 자기를 비우고 전신을 내던진 예수님을 흉내 내어 모험을 감행할 때라 결심했다. 학교에서 배운 선교적 교회론은 그리스도의 성육신(빌 2:5-11)을 중심으로 이 땅에 하늘의 뜻을 완성해 가는 하나님의 선교(Missio Dei)를 도출해 낸다. 활자와 사유로 짜인 이론을 바탕으로 살과 뼈로 구성된 일상에서 대안적 공동체를 실현하는 걸 오늘을 살아내는 나의 과제로 삼았다.

졸업 후 은빛날개 할머니들이 한글 수업을 하는 월세 빌라를 교회 청년과 함께 주거지로 삼았다. 새롬교회 전임 교역자가 되니 당장 사례비는 3분의 1로 줄었다. 이를 지역아동센터에서 하루 4시간씩 초등학생들 학습 보조하며 생존 조건을 갖추었다. 대학과 교단의 먹물은 빼고 비정규직 노동자이자 마을 청년으로 평범한 생활 리듬을 따랐다. 10분 거리의 생활권(작은도서관-마을카페-지역아동센터)을 도보와 자전거로 누볐다. 식사는 일터, 심야식당, 교회에서 해결했고, 토요일이면 마을학교에서 아이들을 만났다. 가능한 선에서 국가적 적폐와 불의에 대항하고 사회적 약자들과 연대하는 시민운동에 참석했다. 지역아동센터에서 열악한 형편의 가정과 아동들을 일선에서 접하며 현실의 단면과 마주했다. 마을에서 20년 넘게 일한 선

---

8 한국선교신학회, 『선교적 교회론과 한국교회』 (서울: 대한기독교서회, 2020), 187.
9 Henri Nouwen/윤종석 역, 『헨리 나우웬의 영성편지』 (서울: 복 있는사람, 2003), 66.

생님들에게서 복지와 돌봄의 기본기를 곁눈질로 배웠다. 마을 카페 협동조합을 이용하며 종종 일손을 거들다 '사회적 경제'라는 주제와 접촉점들이 생겼다. 대학에서 공부할 때는 포착한 문제에 대해 즉각 행동을 취할 수 없는 데서 오는 괴리감이 깊었다. 마을에서는 뜻한 바를 현실로 이뤄갈 수 있는 역동하는 자유가 있었다. 같은 위치에 숨쉬기에 일부러 사랑을 끼치고자 낮은 데를 찾아가지 않아도 되었다. 내가 만나는 아이들과 사람들을 진실하게 대하는 만큼 하나님 나라에 참여하고 있다는 의식이 생겨갔다.

목회자로서 주일학교를 맡았다. 이곳에는 교인을 대상화하는 분위기는 전혀 없었다. 나의 한정된 경험을 비추어 보면 조직 교회의 회의는 몇 명이 출석했고 인원은 이만큼 동원되어야 한다는 위기의식이 늘 의제의 중심에 섰다. 시종일관 구원과 선교라는 대의명분 아래 권위적 의사전달과 성과 달성을 위한 헌신을 밀어붙였다. 나는 확장과 번영에 매진하는 교회의 공기가 은연중에 소속된 이들에게 스며든다고 본다. 몸이 거한 데 마음도 동하기 마련이다. 이와 다르게 "교회가 마을에서 어떤 역할을 해야 하는가"를 토의하는 새롭교회 교역자 회의는 획일적인 선교 방법론과 복음 전파에 대한 고인 사고를 환기시켜 주었다. 시대적 과제를 분석하고 변화하는 교회의 역할을 궁리하는 독특한 사유 전통 위에서 '돌봄 공동체의 이웃으로의 교회, 기후변화에 대처하는 녹색교회'라는 목표설정이 잇달았다.

마을교회의 한계도 분명히 있었다. 주일학교에는 출석하는 학생이 몇 없었다. 민중에게로 다가가 마을교회가 되었지만 1세대를 이을 2·3세대가 전무했다. 진취적인 가치와 지향점에는 동의하나 실천은 머리에서 손끝까지의 거리만큼 멀어 보였다. 이에 주눅 들지 않고 아이들과 예수님의 삶을 배우고 느끼는 예배적 만남을 자연스레 만들어 갔다. 동네 아이들과 낯을 익혀가며 여러 상황을 알게 되었고, 교회라는 관계망이 우선적으로 필요한 친구들에게 같이 예배하자고 권했다. 각자가 가진 문제에 해결책을 주겠단 욕심보단 그 상황을 함께 속상해하고 골머리 썩으며 좋은 동무이자 기댈 곳이 되기로 다짐했다. 주일과 교회라는 특정한 날과 장소에다 나를 가둬두지 않았다. 직분과 지위에 매이지 않고 '날 것 그대로' 마을 곳곳에서 주민들과 교제하고 셋집에 밥상을 차려 제자들과 함께 먹고, 공부방과 카페에서 번갈아 일했다. 이 모든 일상을 하나님 나라와 연결해 바라보았다.

교회에 갇혀 있지 않고, 횡횡하는 시대적 불안에 맞서 정의를 위해 기도하고 연대하고자 마을 너머의 광장을 찾았다. 수많은 36.5도의 온기들이 모여 당신은 혼자가 아니라며 냉랭한 거리를 채우고 있었다. 나도 무명의 촛불이 되어 길 위에서 사회적 영성을 묵상했다. 예수님이 낮은 곳에서 애통하는 이들과 함께 계신다는 말씀(빌 2:6-8, 개역개정)이 절로 와 닿았다. 좋은 신앙인, 좋은 이웃, 좋은 선생이 되기 위해서 반드시 필요한 움직임이라 믿었다. 소시민이 어떻게 시대적 도전에 맞서 응전할 수 있는지를 경험하니 잠에서 깨듯 지금껏 묵과해 왔던 사회적 문제들이 가까이 다가왔다. 밀린 숙제처럼 동분서주하며 복지사 몇이 할 업무를 처리했다. 그렇게 호기롭게 젊음을 갈아 넣고 있었다. 피곤에 절은 얼굴로 동네를 누비며 교회 식구들과 주변의 염려를 샀다. 경고등이 켜졌지만, 아예 멈추는 것 말고 기어를 변속하여 속도를 줄이는 법을 몰랐다.

V. 2018년 봄, 이웃되기

　매서운 겨울 한파로 지역단위 동파사고가 빈번했다. 살던 낡은 월셋집도 수도가 얼어 2주 동안 냉동고가 되었다. 근처에 사는 독거 어르신, 이주민, 저소득 가정의 생활과 내 형편이 매한가지였다. 타자의 삶이 내 생활의 언어로 읽혀지기 시작했다. 테레사 수녀(Mother Teresa)는 자신은 한 번에 대중 전체가 아닌 단지 한 사람만 껴안을 수 있다고 했다.[10] 이에 비추어 나와 닿는 한 사람부터 소탈하고 진정성 있게 대하면서 좋은 이웃이 될 수 있다고 생각했다. 섬김과 봉사에 대해 추상적 접근, 변죽만 울리는 사회개혁의 거대 담론들은 지긋지긋했다. 한 사람을 대하는 내 일상이 그 자체로 예수님을 대하는 사랑의 표현으로 다가왔다. 사심 없이 도움을 주고받으며 동지들이 생겼다. 영화제를 열고 마을학교를 세우고 심야식당과 주민 모임을 하며 만나 함께 땀 흘린 사람들이다. 우리의 진정성을 시간이 검증한다. 진실하게 행동하고자 부단히 노력하면 신뢰는 그 시간만큼 이자 붙듯 쌓인다.

　꼽사리영화제 운영위원장이 된 것도 그런 경우다. 2013~2014년 두 번에 걸쳐 꼽사리영화제를 성대하게 열었다. 그러나 다음 해엔 품만 많이 들고 공을 세우기 힘든 마을사업에 재정 지원이 막혔다. 소멸의 갈림길에서 그동안 마을 축제를 진행하는 물심양면으로 힘쓴 오세향 선생님과 주민들이 나섰다. 새롬교회 마을선교로 생긴 기관들과 조력자들의 저력이 드러났다. 신뢰가 쌓인 시민사회의 연대와 인맥은 빈약한 재정을 상쇄할만한 자산이었다. 품앗이하듯 부

---

10 조정래, 『인간 연습』(서울: 실천문학사, 2006), 179-180,

족한 봉사자와 행사 물품들이 채워졌다. 대형스크린이 없어 청년들과 1톤 트럭 옆면에 하얀 천을 덧씌우고 그 앞에 은박돗자리를 깔아 야외 영화 상영관을 만들었다. 사무용 빔과 노트북으로 영사기를 대체했다. 평점을 매겼다면 시설 면에선 불합격이었을지도 모른다. 그러나 반전이 일어났다. 광장에 300~400명의 인파가 몰렸다. 밤하늘 아래 가족들과 친구들이 따끈따끈 밥을 나눠 먹고, 지인이 등장한 영화에 집중하는 눈빛들이 반짝였다. 매끄럽지 못한 진행과 중간에 영화마저 끊기는 어처구니없는 실수에도 축제의 흥은 사그라들지 않았다. 조장되지 않은 무공해 즐거움이었다. 이런 소소한 기쁨에 고무되어 해마다 영화제 준비에 매진했다. 시예산으로 운영되는 거대 축제는 무너지고 주민들과 맨땅에 다시 세운 터라 전체 경비부터 조달해야 했다. 보여주기식 행사가 아닌 이웃들 사이를 잇는 축제의 본의를 간직한 영화제를 시도해 왔다.[11] 행정 전반을 도맡다가 어느새 중추에 있게 되었다.

약대마을에는 새롬교회와 직간접적으로 연관된 어린이집, 지역아동센터, 작은도서관, 가정지원센터의 실무자들이 매월 정기적으로 지역 현안을 공유하는 지역선교위원회가 있다. 현장에서의 어려움은 종국에는 마을 전체의 구조적 난제들과 연결되었다. 듣다 보면 막막함이 켜켜이 쌓이고 기도가 절로 나왔다. 남의 문제가 아니라 나의 문제로 동네를 바라보게 되었다. 머리가 아닌 몸으로 행하며 온전해지는 사회적 영성을 기도의 토대로 삼았다. 그런 와중에 성년에 이른 제자들과 '어떻게 올바르게 먹고 살지'에 대한 문제의식이

---

11 홍명근, "약대마을 '2020년 제8회 꿈사리 영화제 개최', '모두의, 모두에 의한, 모두를 위한 마을영화제'," 「부천시티저널」 2020. 10. 27. http://thenewsof.co.kr/news/view.php?no=3656 (2021. 4. 9. 접속).

깊어졌다. 노동자를 존중하고 공공선을 추구하는 경제활동의 사례들을 공부해 갔다. 배운 바를 행동으로 옮기지 못하면 견디질 못했던 공자의 제자 자로(子路)처럼 몸의 신학에 몰입했다.[12] 오전과 저녁 짬을 내서 마을카페 달토협동조합을 운영하며 학습한 아이디어들을 실습했다. 공동으로 카페 경영을 하자던 사업가가 반년 만에 다른 일로 떠나며 하루아침에 대표가 되었다. 곧장 월말 정산하고 재고 파악해서 주문을 넣고 직원들 급여를 챙기고 매장에선 음료와 음식을 만들며 청소와 마감까지 하는 자영업자의 세계에 입문했다. 한적한 카페에서 겉은 우아하지만, 수면 밑에선 바삐 헤엄치는 호수 위 오리와 같은 현장 노동자가 되었다.

그리하여 총 3년간 협동조합의 방향키를 잡았다. '각자도생'에서 '더불어 살기'로 전환하려는 첫 시도는 결론부터 말하면 극적인 성공담은 없었다. 매출 증가보다 안전하고 생태적인 먹거리와 사회적 가치에 초점을 맞춰 경영하는 게 실제 얼마나 어려운지 여실히 경험했다. 법인통장 잔고가 목덜미를 짓누르고 쳇바퀴 같은 육체노동에 지쳤다. 소정의 매니저 운영비로 적자를 메웠다. 그래도 포기하지 않았던 건 약대마을에 주민들에게 열린 공유공간이 필요하다는 신념 때문이었다. 이와 함께 사람과 자연을 고려한 한 끼를 만들고 노동자를 존중하는 이상적인 가게를 만들고 싶었다. 보여지는 성과에 급급하지 않고 이해득실에 무심하게 마을살이를 했던 것은 결혼 후에도 아내의 동의도 한몫했다.

카페를 맡기 전에 있던 적자까지 해결하고 후임자의 3개월분 임

---

12 동양고전연구회, 『논어』(서울: 지식산업사, 2002), 65. 公冶長 14, 子路有聞, 未之能行, 唯恐有聞.

차료를 마련해 놓고 바통을 넘겼다. 친한 마을 주민 중 몇은 내게 왜 그렇게까지 하냐며 물었다. 협동조합에서 나는 사익보다 온전히 공익에 기여하는 게 앞으로 내게 더 큰 자산이 될 거라고 답했다. 사람들의 생활전선에서 오가는 시장의 언어를 원어민 같이 이해할 수 있게 되었다. 내가 얻은 건 몸 노동의 실체, 자영업자의 심정과 경험, 이제는 익명의 존재가 아닌 얼굴이 익은 동네 이웃들이었다. 주말엔 교회에서 주중엔 마을 안팎으로 사람들과 허물없이 지내며 이질감 없는 지역 주민이 되어 갔다.

VI. 2019년 봄, 현장에서 비로소 보이는 것들

한국 사회는 가장 취약한 계층이 가장 많은 책임의 하중을 받는다. 소득의 위계 서열 밑바닥에 있는 구성원들의 건강과 미래, 가정의 안녕을 담보로 불의한 자본 권력은 이익을 축적하고 성장 가도를 달려왔다. 신자유주의 사회 전반에 깔린 자본 중심의 사유 양식은 인재(人災)를 연이어 낳았다. 2018년 12월 11일 새벽 3시 홀로 석탄 운반용 컨베이어를 점검하던 24살 청년 김용균이 벨트에 끼어 사망했다. 속속 전해지는 뼈아픈 소식에 마음이 멍들었다. 우리 아이들과 청년들도 언제, 어디서 비인간화된 노동시장의 희생자가 될 수 있단 걸 직감했다. 매일 2.5명이 산업재해로 생을 마감했다.[13] 반생명적 세계에 저항하는 실존적 방법을 모색하지 않고는 그리스도인

---

13 황경상, "매일 김용균이 있었다. 오늘도 3명이 퇴근하지 못했다," 「경향신문」 2020. 1. 14.
https://www.khan.co.kr/national/labor/article/201911210600155 (2021. 4. 11. 접속).

이란 게 무색하게 느껴졌다. 비용을 절감하고 부를 극대화하기 위해 타자의 생존과 안전, 지구생태계와 온 생명의 미래를 모두 뒷전에 둔 일그러진 현실을 다시 마주하고 나니 이전의 생활 방식으로 돌아올 수 없었다. 인간을 기계 부속처럼 다루는 풍토와 계급의식과 여기에 편승해 이익을 강탈하는 자본·기술 권력이 있었다. 이를 방관하며 부산물을 챙기는 소비자로서 내 모습이 드러났다. 통탄스러웠다. 적어도 자율권을 지킬 수 있는 영역에선 동료 노동자들과 프리랜서 강사들에게 투명하고 공정한 노무 조건을 만들고자 이를 악물었다.

현장에 서야만 비로소 보이는 세계가 있다. 자본의 논리가 설득력 있게 건네는 타협의 유혹이 난무한다. 노무계약을 맺고 시급과 휴무를 산정하고 4대 보험을 챙기는 일에서도 갑을관계의 권력이 상존한다. 출처가 불분명한 값싸고 편리한 재료들은 면밀히 살펴보면 먹는 이와 자연에 해를 입히며 노동자와 생태계자원을 착취하며 생산되는 경우가 많았다. 장사하려면 묻고 따질 여유도 없이 그 파괴에 동참해야 할 때가 즐비했다. 시장의 불문율은 경쟁에서 생존하려면 빨리 소비되고 손쉽게 쓰레기를 양산하는 관행과 대세를 따르라 윽박질렀다. 노동하는 자리에서 신자유주의의 시대정신에 저항하는 그리스도인의 삶이 실제적으로 구체화된다고 생각한다. 제 손에 물 한 번 묻히지 않고 제도와 평등을 외치는 노동 없는 활동가의 전철을 밟고 싶지 않았다. 사회적 약자와 민중을 대변한다며 열변을 토하지만 정작 그들의 자리에 앉아본 적 없는 운동가들에 질색했다.

마을로 오기 전의 나는 민중교회에 대한 이해는커녕 민주화·노동·환경운동, 페미니즘에 대해 학술적 수준 너머의 관심과 연구를 하지 않았다. 미련하고 옹졸했던 흔적들이 짙어 새로이 부상하는 신학적 화두를 감히 천착할 수 있을까 했다. 그 비루함에 엄두를 내지 못할 때면 "여든아홉도 운동하기 딱 좋은 나이"[14]라던 이용수 할머니의 카랑카랑한 목소리가 안일한 정신을 깨운다. 정의롭고 올곧게 사는 데 늦은 때는 없다고 등짝을 한 대 후려 맞은 기분이 든다. 알싸하고 따끔한 각성 뒤에 개운하고 상쾌한 용기를 붙잡는다. 돌이켜보면 내가 새롬교회에서 공동체를 이루려 한 결정적 계기에는 더 옳은 삶에 대한 각성과 회심이 깊이 결속되어 있었다. 2014년 부활절 전야, 평생을 다니며 내 안에 주조되어 있던 교회상(敎會像)이 망치로 내려치듯 와장창 부서졌다. 부활절 전야 죽음을 무릅쓴 사랑으로 다시 사신 예수님을 기념하는 교회력과 극명한 대조를 이뤘다. 당시 모 교회의 청년부 기도회가 있었다. 담당목사님은 수학여행을 떠난 청소년들과 무고한 시민들이 진도 앞바다에 수장되고 실종한 대참사에 대해 '판단유보'를 선언했다. 가짜뉴스를 유포한 언론, 책임을 방기한 정부, 부실 운영을 자초했던 기업에 대해 통렬히 비판하진 못하더라도 희생된 생명들을 애도해야 했다. 애통하는 이들에게 침묵을 강요하는 감춰진 권위를 마주했다. 4.16세월호참사를 겪으며 내가 몸담던 한국교회가 배제와 혐오를 뒷받침하는 원리주의와 번영과 성공을 맹신하는 기복신앙에 마비되어 있음을 깨달았다.

조직 교회가 제안하는 철저한 헌신과 금욕에 순종하고 교회적 선교를 존재 이유로 삼았던 청년에게 인식론적 회심(epistemological conversion)이 일어났다. 모든 노력과 열심이 예수님이 설파한 하나님 나라의 정의와 평화와는 아무 상관없음이 드러났을 때, 나는 힘

---

14 채용민, "수요집회 24주년, 이용수 할머니 '89세, 운동하기 딱 좋은 나이'," 「경향신문」 2016. 1. 16. https://m.khan.co.kr/national/national-general/article/201601061702461#c2b (2021. 4. 11. 접속).

의 중심이 아닌 변방으로 떠나기로 작정했다. 무참히 사라진 생명을 망각하는 교회의 권위를 거역하지 않을 수 없었다. 배가 바다 밑으로 사라지기까지 이 사회의 구조적 악이 필연적인 결과를 토해내는 동안 나는 무지하고 무력한 방관자였다. 생명 경시 문화, 빈부, 학력, 젠더, 인종, 세대, 문명 간의 차별과 갈등, 생태계 파괴까지 자본과 권력의 비호 아래 자행된 모든 폭력에 대해 현시대의 그리스도인으로 책임을 느꼈다. 소시민 홀로 정치, 경제, 사회, 문화를 통괄하는 거대 악에 맞설 순 없지만 적어도 내 곁의 사람들은 지킬 수 있다고 생각했다. 패악한 시대정신에 더 이상 생명들을 빼앗기지 않을 방법을 골몰했다. 침몰하는 세계에서 가만히 있으라는 명령을 수동적으로 따라야만 하는 아이들을 부당한 강제에서 해방된 존재로 탈피하게끔 돕고 싶었다. 그래서 사유와 물음을 박탈한 획일화된 사회에서 다음 세대가 세상과 자신을 탐험하며 진실한 세상을 창조적으로 구현할 수 있는 최전선, 바로 마을로 오게 되었다.

VII. 2020년 봄, 작은 것들의 이야기

엄마 손에 이끌려 쿠키 만들러 온 3살 꼬마부터 심야식당을 찾은 청소년, 동네일 하다 친해진 청년, 이주민, 어머니뻘의 이웃들, 어르신들과 그들의 근황과 사정을 듣고, 관심사들을 수더분하게 대화하곤 한다. 숨 가쁜 노동 일과를 환대의 처소로 만드는 하나님의 손길을 경이롭게 느낀다. 누군가의 곁이 되는 찰나마다 하나님 나라의 도래와 임재를 선물처럼 체험한다. 이러한 타자와의 공감과 연대의 경험은 우리 내면 깊숙이 잠들어 있는 생의 감각을 깨우고 생명의 본 모습을 되찾게 한다. 누가복음에 실린 예수님의 착한 사마리아인 비유의 도입은 "내 이웃이 누구입니까?"(눅 10:29, 표준새번역)라는 물음에서 촉발된다. 이 말씀에 기초해 보면 좋은 신앙인과 좋은 이웃은 분리되지 않는다. 여력이 되는 만큼 주변의 어린이, 청소년, 주민, 교인, 동료들 구분 없이 다사다난한 기쁨과 우정, 피로와 애증을 만끽하며 공동체를 보는 시각을 재구성해 갔다. '목사, 봉사자, 선생'이란 계급장을 떼고 동등하게 나 자신을 개방하며 전체의 한 부분으로 속했다. 일방적인 도움과 사랑을 끼치는 데 방점을 찍지 않으며 시혜자와 수혜자를 허물고, 서로 받고 누리는 호혜의 관계 맺기를 배워가고 있다.

전 세계적인 코로나19 대유행의 원년, 사회적 거리를 두는 흐름에서 물리적 거리감을 초월하는 '인격적 유대, 정서적 교제, 영적 조우'는 공동체가 당면한 과제로 대두된다. 사변적인 개념만 걷어내고 일상에서 민감하게 타자의 입장을 공감하는 감수성을 기르는 영성 훈련으로 공동체적 삶에 가까워질 수 있다고 본다. 일례로 카페를 운영했을 때는 영세 자영업자들이 입은 타격과 체념이 실감됐다. 고난받는 이들의 자리에 같이 서게 된다. 팬데믹으로 가뜩이나 소외되고 단절된 이들의 상황은 더욱 비참해졌다. 지역아동센터에서 돌보던 장애 학생이 있었는데 승강기가 없는 3층을 어머니가 업어 올리고 내렸다. 유일하게 받아 주는 센터에 자신보다 훨씬 무거운 아들을 어떻게든 보내기 위해서였다. 그냥 보고 있을 수만은 없어 대신 올려주다 보니 친분이 생겼다. 졸업 후 소식을 들으니 외부와 완전히 차단된 생활의 연속이었다. 장애가 있거나 노쇠하여 거동이 힘든 분들 대부분이 그러했다. 마음에 걸려 오가다 문가에서 안부를 물었다. 해맑은 미소로 반가워하는 제자의 얼굴에서 숨겨지고 목소리를 잃은 존재들을 본다. 각자가 짊어진 문제를 해결해 주기란 불가능해 보이나 서로를 잊지 않고 곁을 지키면서 누구나 누군가에게 힘과 위로가 될 수 있다는 걸 배운다.

코로나19로 아이들은 혼자 불규칙하고 질 낮은 음식으로 배를 채우며 삶의 질은 곤두박질쳤다. 기초수급가정 자녀는 급식카드로, 부유층 학생은 부모 카드로 패스트푸드점과 편의점을 떠돈다.[15] 청소년 무료 급식소에서 활동하고 대표까지 맡으면서 이 부분만큼은 좌시할 수 없었다. 집밥을 빼앗긴 아이들을 위해 애정과 온기를 가득 담은 도시락을 준비했다. 손에 들려 보내기도 하고 직접 집에 찾아갔다. 불균형한 영양과 온갖 화학첨가제 범벅의 음식이 아닌 어디 내놔도 손색없는 유기농, 친환경 재료들로 밥을 차렸다. 아이들은 이런 대접을 받기에 충분한 존재라고 밥상으로 말하고 싶었다. 존중받아 본 사람이 타자도 존중할 거라 믿는다. 음식 장사했던 경험을 살려 친환경적이며 동시에 맛도 고려한 메뉴를 짰다. 플라스틱 제로(plastic zero) 포장에 대한 나름의 해법도 세웠다. 미래세대를 위한 베풂이기에 더더욱 환경문제를 소홀히 여길 수 없었다. 음식은 생명 활동의 원천이고, 먹는 사건은 죽음에 대항하는 행위로 본다면 그 의미가 무한정 커진다. 마을 아이들이 가차 없는 경쟁과 서열화로 좀먹은 현실에서 밥심을 내서 올곧게 크라고 응원의 마음을 꾹꾹 담았다.

이곳의 공동체가 만들어져 가는 역사를 써 내려간다는 일념으로 몰려오는 걱정을 밀쳐 내며 가지 않은 길을 열어 간다. 밖에서는 매

---

15 변진경, "먹어도 먹는 게 아닌 '아동 흙밥 보고서'," 「시사IN」 2020. 2. 10.
　　https://www.sisain.co.kr/news/articleView.html?idxno=41225 (2021. 4. 11. 접속).

력적으로 비추어지는 봉사의 성과를 살피며 기독교 포교 활동의 유형 중 하나로 치부한다. 어떻게 보이든 정작 중요한 건 왜 우리는 이번 주도 심야식당을 운영하러 나오는가를 해명하는 것이다. 처음에야 선의와 봉사 정신으로 접근하지만, 단적인 동기로는 감수하기 어려운 수고스럽고 비효율적인 부분들이 너무 많다. 지역의 아동과 청소년을 위한 식당을 지킴으로 우리는 알게 모르게 생명의 존엄을 경시하는 문화와 제도, 구조와 싸우는 조용한 혁명에 참여 중이다. 다음 세대들은 청소년기 여러 관계망에 얽혀 자기를 찾는 미로를 걷고 내적 폭풍우를 겪는다. 그럴 때 긴장과 경계를 풀고 쉴 곳과 마음을 나눌 수 있는 상대가 필요하기 마련이다. 심야식당은 이들을 환대하고 귀중하게 대함으로 맡은 바 소임을 다한다.

짧은 기간 마을에서 제법 많은 사업을 해냈고 주변에서 신망이 조금씩 생겨갔다. 동년배의 목사들처럼 교회 사무와 일정에 구속되진 않았지만 열린 활동은 말 그대로 하는 만큼 모두 '일'이었다. 공동체의 원형을 발굴하고 개척하는 행보가 '일'로 치환될 때, 자신을 돌아볼 시간이라 판단했다. 무얼 위해 하염없이 애쓰는지 물었다. "슬픔도 분노도 없는 사랑이 / 무슨 사랑인가 / 저항도 순명도 없는 자유가 / 무슨 자유인가"[16]라며 박노해 시인은 반문했다. 우리는 예수님에게서 욕망의 굴레에서 자유를 쟁취하고 현재 사회와 문화에 조응하며 회개와 변혁, 새 창조를 이루는 사랑을 여실히 배운다. 예수님은 자신에게 맡겨진 십자가 수난과 죽음을 떨림과 담대함 사이에서 짊어지셨다. 철저한 자기 부인과 버림에서 부활은 이뤄졌다.

---

16 박노해, 『걷는 독서』 (서울: 느린걸음, 2021). https://www.nanum.com/site/?mid=poet_walk&category=784440&page=18&document_srl=10737661 (2021. 4. 11. 접속).

이로써 모든 생명은 절망을 넘어 소망을 현실에서 감행할 길을 얻었다. 그분의 여정을 묵상해보면 주님은 만나는 사람들을 고귀하게 대했다. 마을공동체도, 사회적경제도, 도시재생이나 돌봄망도 한 생명이 좋은 삶을 가능하게 하는 기저 환경을 조성하는 도구에 불과하다. 결국 우리의 목적은 '사람'(생명)에 있어야 함이 다시 분명해졌다.

VIII. 2021년 봄, 다시 초심으로

관계적 사유는 우리를 마을이란 물리적 경계 너머 신음하고 아파하는 세상과 연결시킨다. 조그만 마을에 살고 작은 교회를 다니지만, 드넓은 세계를 향해 기도하며 역사에 동참하는 존재로 거듭난다. 분절되어 보이는 개별 사태들은 광활한 문명의 줄기로 이어진다. 타자와 맞닿는 접점마다 항시 불꽃은 튄다. 변화는 이 작은 발화점부터다. 꺾일 것 같지 않던 불의한 체제와 구조를 쇄신하는 횃불이 타오르기도 하고 들불처럼 폭력적인 여론과 맹목적 광신이 번지기도 한다. 우리는 전염성 높은 악의 권세에 직면해 있다. '아동학대, N번방으로 폭로된 기형적인 성 인식, 진영과 세대 간 갈등과 혐오, 성 불평등, 빈부 양극화, 탐욕의 부동산경제, 살인적인 노동 환경, 비정규직 문제, 생태계 파괴' 어디부터 건드려야 될지 하나하나가 버겁다. 봉착한 문제에 압도되거나 무력감에 굴복되지 않고 동지(同志)들과 아래에서부터 느리지만 변화의 뿌리를 내린다. 내일의 부모가 될 이들이 잘 성장하게 버팀목이 된다면 또 다른 '정인이'가 나오지 않을 거라 믿는다. 다음 세대들의 욕구와 열망을 평화롭게 발현하게 돕는 데서 잔혹 범죄, 성 착취, 혐오성 댓글 한 건을 없앨 거라 믿는다. 제자들이 행복의 조건을 성찰하고 스스로를 지킬 힘을 키우면서 '구의역 김군'의 희생이 재발되지 않기를 희망해 본다.

생명의 가치를 자본으로 환전하지 않는 마을공동체에서 하나님 나라는 실체를 갖춰 간다. 코로나19로 폐원한 새롬어린이집을 마을 공유 공간으로 전환해 가며 새롬 공동체만의 투쟁과 고민을 반추해 본다. 약대마을에서의 수많은 도전과 실험의 중심에는 '예수님의 삶을 해석하고 적용하여 경계를 넘어 새로운 세상을 여는 선교적 사명'이 있었다. 이를 위해 벼랑 끝에 몰린 생명의 신음에 감응하여 선택과 책임의 문제를 회피하지 않고, 온몸으로 답해 내는 '좋은 사람'들이 많이 필요하다. 그동안 맡아 온 사업들은 정리하고 사람을 만나 함께 새로운 길을 상상하는 소통에 시간을 돌렸다. 마을 역사 문화 공간이 성공적으로 재건축되든, 심야식당이 더욱 탄탄한 입지를 갖추든, 마을학교가 공신력을 얻든 비본질에 이목을 뺏겨선 안된다고 판단한다. 연약한 이들이 서로를 보듬으며 지금-여기에 그리스도의 몸 된 공동체를 이루는 서사, 즉 사건과 현상을 관통하는 하나님 나라의 이야기에 귀 기울여야 함을 되새겨 본다.

전형적인 목회자의 진로를 뒤로하고 마을로 오면서 생각했다. 선택의 지점들에서 그때마다 정직한 고민을 담은 결정을 내리다 보면 좋은 삶을 꽃피우리라고 말이다. 박보경 교수님의 새롬교회 사례 연구논문의 결론부엔 우연히 비슷한 시기 전혀 다른 길을 택한 두 명의 같은 연배의 신학도를 비교한다. 그러면서 세습으로 대형교회를 대물림하는 한국기독교의 부패와 타락 가운데 신대원을 갓 졸업해 넉넉지 않은 형편의 작은 교회를 택한 마을 청년을 작은 데서 피는 하나님의 희망으로 언급했다.[17] 이야기의 진정한 끝이 어떻게 마무리될지는 우리 각자의 선택에 달려 있다. 변방으로 가서 주변인이 되는 건 특출난 기질이 있거나 거룩한 성품을 가져서가 아니었다. 눈 딱 감고 상승과 확장일로를 택하고 나면 순식간에 다른 선택을 박탈당하는 족쇄를 찬다는 걸 눈치챘을 뿐이다. 불의한 결정을 정당화하기 위해 진실을 외면하고 거짓을 옹호하는 올무를 피해서 이 땅에서 하나님 나라를 구현할 빈 곳으로 왔다.

예수님의 진리는 우리를 자유롭게 한다(요 8:32, 개역개정). 말씀의 빛 아래 양심의 울림을 끝내 매몰차게 저버리지 못하고 항복을 선언한 사람들에게 고단한 자유가 임한다. 험난한 광야는 사실 제약하거나 강제하지 않고 더 넓은 세계로 인도한다는 걸 우리는 애초에 말씀에서 읽어 안다. 이집트 제국에서 탈출한 이스라엘 민족의 광야 생활과 이방 제국의 포로가 된 유대 백성들이 겪고, 예수님과 제자들이 보내온 일대기가 이를 입증한다. 우리 역시 정의, 평화, 생명으로 통치되는 하나님 나라의 오래된 미래로 초대받았다. 좋은 삶을 택하고 좋은 세상을 만드는 좋은 사람이 되는 건 값없이 온전한 자유를 얻은 우리들의 몫이다. 그 길에서 벗으로 서로 마주하길 소망한다.

---

17 Bokyoung Park, "Constructing Korean Expressions of Missional Church: From the Case of Bucheon Saerom Church," 2018, 22.

● 함께 생각해 볼 질문

1. 여러분에게 '잘 산다'는 건 어떤 모습인가요?
2. 1번에 대한 답변과 연결해 '좋은 사람이 된다'는 어떤 의미를 지니나요?
3. 위 질문들을 통해 얻는 성찰을 가지고 예수님의 제자, 하나님 나라의 백성은 어떤 삶을 사는 사람일지 함께 고민하며 생각을 나누어 봅시다.

● 도움이 될 만한 자료

1. 미로슬라브 볼프/박세혁 역.『배제와 포용』. 서울: IVP, 2012.
2. 강남순.『매니큐어 하는 남자』. 서울: 한길사, 2018.
3. 이본 쉬나드/이영래 역.『파도가 칠 때는 서핑을』. 서울: 라이팅하우스, 2020.